Artur Paul Duniecki   Architekt

Artur Paul Duniecki   Architekt

Birkhäuser
Basel

Zu sehen sind Spitzmühle, Taschenrechner, Kreisschablone, Tischbeserl, Reißschiene, Geodreieck, Aquafix-Rolle, Bleistiftspitzer, Radiergummi, Dreikantmaßstab, Tesaband, Rapidograph und zwei Architekten – Artur Paul Duniecki und Claus Hasslinger – am Reißbrett arbeitend; im Atelier Duniecki um 1994.

7 Vowort
Otto Kapfinger

9 Album

41 Drei Studienarbeiten und das Projekt »Instantan«
1964–1971

53 Ausgewählte Werke
1975–2013

221 Im Kontext Wien: Zu Leben und Werk von Artur Paul Duniecki
Otto Kapfinger

249 Werkverzeichnis

275 Biografie

276 Mitarbeiterinnen und Mitarbeiter 1975–2005

277 Personenregister

278 Bildnachweis, Impressum

279 Dank

Vorwort

»In jeder Epoche muss versucht werden, die Überlieferung von neuem dem Konformismus abzugewinnen, der im Begriff steht, sie zu überwältigen.«

Walter Benjamin

Diese Werkbiografie des Architekten Artur Paul Duniecki ist eingebettet in die speziellen Räume und Verläufe seiner Lebensgeschichte. Sie beginnt im Winter des für Europa und die Welt so folgenschweren Jahres 1939. Seine frühesten Erinnerungen reichen in die letzten Monate des Krieges zurück und Alltagsszenen in der zerstörten, bitterarmen Stadt sind ihm heute noch als prägende Momente der Kindheit präsent. Als Kinderdarsteller in Rundfunk und Theater nimmt er am wiedererwachenden Kultur- und Theaterleben aktiv teil und hat früh Kontakt mit der neuartigen Produkt- und Technikkultur, die nun als US-Import Wien erreicht.

Die Studienzeit spannt sich über die Phase des »Wirtschaftswunders« der 1960er-Jahre – personifiziert in der Karriere des Hochschullehrers und Mentors Architekt Karl Schwanzer – bis zu den euphorischen Auf- und Umbrüchen um 1968.

Dunieckis Praxiszeit bei Wilhelm Holzbauer, als Teil eines legendären, jungen Entwurfsteams, fällt in jene janusköpfigen »goldenen« Jahre der Zweiten Republik, in der sich nach innen und außen Öffnungen auftun, soziale und geistige Reformen Platz greifen: Österreichische Architekten wie Holzbauer, Hollein und Schwanzer liefern erstmals auch wieder im Ausland maßgebliche Beiträge, Wien etabliert mit U-Bahn, Donauinsel und UNO-City neue Infrastrukturen, der Ölschock von 1973 beendet aber die schematischen Großprojekte, und im sozialen Wohn- und Städtebau beginnt die Rückkehr zur kompakten Stadt, zu Revitalisierungen und kleinkörnigen Typologien, zu differenzierten Wettbewerbsverfahren...

In diese Phase fällt Dunieckis viel beachtetes Erstlingswerk, die Wohnanlage der Stadt Wien in der Dresdner Straße, mit der er exemplarisch Lösungen an einem für Wohnzwecke schwierigen Standort findet.

Schon früh kommt es zur Zusammenarbeit mit Weltkonzernen wie Sony, Philips oder Xerox, für die er in West- und Osteuropa Ausstellungs- und Messebauten unter oft schwierigen Bedingungen realisiert. Er profiliert sich in geladenen Wettbewerben mit probaten städtebaulichen Konzepten ebenso wie mit kleinmaßstäblichen baukünstlerischen Auftritten, oft im Team mit seiner zweiten Frau, der Malerin Charlotte Weinmann.

Seine geradlinige, individuelle Äquidistanz zu allen politnahen Berufsgruppierungen, Lobbys und Netzwerken mögen mit ein Grund gewesen sein, dass trotz fachlicher Qualität viele Projekte in den Verfilzungen und Konstellationen speziell am Wiener Platz zum Stillstand kamen. Erst in den 1990er-Jahren gelingen große Realisierungen wie das Spardat-Gebäude, das Einrichtungshaus Kika-Nord, das Austrian Institute of Technology oder der Kurkomplex Sauerbrunn.

Dank der in vielen Gesprächen mit ihm faktisch und sprachlich geschärften Erinnerungen werden aus der subjektiven Lebensbilanz dieses Baukünstlers auch die allgemeinen Licht- und Schattenseiten, die Avancen und Elegien der Epoche plastisch spürbar. So eröffnet sich, im Sinne des Wortes von Benjamin, vom Persönlichen aus der Rundblick auf die Planungs-, die Bau- und Lebenskultur der ganzen Ära: als ein modellhafter, kritischer Reflexionsspiegel – für den zweifellos noch gesteigerten Hang der Gegenwart zum Konformismus – in all den Fragen.

Otto Kapfinger

Album

Das Funkhaus in der Argentinierstraße, Wien 4, um 1939

Foyer, Blick gegen den Haupteingang

Hauptstiegenhaus

Prolog

Clemens Holzmeisters »Funkhaus« in der Argentinierstraße, geplant für die RAVAG, der Radio Verkehrs AG, wurde 1939 seiner Bestimmung übergeben, meinem Geburtsjahr. Als der Bau 1935 begonnen wurde, war mein Vater Arthur Duniecki (1881–1954) bei der RAVAG als Sprecher tätig, und als der junge österreichische Rundfunk 1939 von der Johannesgasse in das neue Haus in der Argentinierstraße übersiedelte, hieß dieser bereits »Reichssender Wien«.

Am 21. Dezember 1939 geboren, hatte ich also gewissermaßen von Anfang an ein Naheverhältnis zur Architektur Holzmeisters. Mein Vater nahm mit seiner jungen Frau Lydia (1920–1978) sicherlich schon vor der Fertigstellung des Funkhauses seinen neuen Arbeitsplatz in Augenschein, denn der Weg von der elterlichen Wohnung am Mittersteig im 5. Bezirk zur Argentinierstraße war ja nicht weit. Ich selbst sollte ihn später viele Male gehen.

1939 war außerdem das Jahr, in dem der Zweite Weltkrieg seinen schicksalhaften, verheerenden Lauf nahm und mit all seinen katastrophalen Ereignissen auch meine Familie traf. Wir lebten in einer zerbombten Großstadt. Unsere Wohnung war beschädigt, es gab kein Wasser, keinen Strom, kaum Lebensmittel und kein Heizmaterial.

Das Funkhaus überstand den Krieg mit Blessuren, sodass die wieder erstandene RAVAG, nun unter sowjetischer Kontrolle, 1945 den Sendebetrieb wieder aufnehmen konnte. Der erratisch-monumental wirkende Bau Clemens Holzmeisters sollte nun auch für mich eine zentrale Rolle spielen, denn mehr als zehn Jahre wirkte ich in dessen Aufnahmestudios in ungezählten Schulfunksendungen und Hörspielen mit. Das intensive Erleben dieser aus dem Üblichen herausragenden Architektur war vielleicht mitentscheidend für meinen Bildungsweg und meine Berufswahl.

Aus Clemens Holzmeisters Meisterklasse gingen viele bekannte Architekten hervor, darunter der vielleicht bedeutendste: Wilhelm Holzbauer. Es fügte sich, dass ich nach Abschluss meines Studiums den Großteil meiner Praxis bei ihm absolvieren konnte, ein Privileg, das nur wenigen zuteil wurde. So trat ich neuerlich in jenen wirkmächtigen »Gestaltkreis« ein, der mir als Heranwachsendem Jahre zuvor den Weg gewiesen haben mag.

Arthur Stanislaus Duniecki, um 1937

Lydia Duniecki, um 1938

Das Familienhaus am Mittersteig

Das Haus wurde um die vorletzte Jahrhundertwende von meinem Großvater, Dr. Paul Duniecki, für seine Anwaltskanzlei und als Wohnsitz für sich und seine Familie gebaut. Als Doyen der Wiener Rechtsanwälte genoss er zu Lebzeiten beträchtliches Ansehen. Bei seinem Tod im Jahr 1924 fand er in der Presse große Würdigung. Er hinterließ seinen drei Söhnen ein stattliches Haus.

Gustav, der Älteste, übernahm die Anwaltskanzlei, Clemens, der Zweitgeborene, akademischer Maler, zog aufs Land, und Arthur, mein Vater, vor dem Krieg am Münchner Schauspielhaus engagiert, kehrte München den Rücken und bezog nun eine Wohnung im Haus am Mittersteig.

Es war die Zeit zwischen den zwei großen Kriegen, die Zeit, wo Vermögen über Nacht verloren gehen konnte. Und so überrascht es nicht, dass Dr. Gustav Duniecki, Mäzen des Künstlerhauses, seine Mitgliedschaft wegen großer finanzieller Verluste beenden musste.

Mein Vater jedenfalls nahm beim österreichischen Rundfunk eine Stelle als Sprecher an und gab nebenbei Schauspielern Sprechunterricht. Und so lernten sie einander kennen, meine Mutter Lydia, die Schauspielerin werden wollte, und Arthur, »erster jugendlicher Liebhaber« am Münchner Schauspielhaus, damals, vor dem Ersten Weltkrieg. Man beschloss zu heiraten und Arthurs Wohnung im dritten Stock des Hauses am Mittersteig wurde der Lebensmittelpunkt der jungen Familie. Es war eine schöne Wohnung, nach Südosten orientiert, die eher kleine Grundfläche geschickt nutzend, mit einem Erker an der Ecke zur Kleinen Neugasse, die Zimmer – aristokratische Attitüde – in Form einer Enfilade miteinander verbunden. An heißen Sommertagen tauchten tannengrün gestrichene Brettljalousien die Räume in dämmrig kühles Licht und hohe, schlanke Kachelöfen spendeten an kalten Tagen wohlige Wärme.

Doch die Idylle war von kurzer Dauer, der Zweite Weltkrieg brach aus, von dem ich, neu in dieser Welt, noch nichts ahnen konnte. Erst 1944, mit den Bombenangriffen, setzt die Erinnerung an Schreckliches ein. Unser Haus blieb zwar von direkten Treffern verschont, doch die Schäden waren beträchtlich und die Fassaden zeigten bis in die jüngste Vergangenheit die Spuren des Krieges.

Manchmal besuche ich spazierend den Ort meiner Jugend. Das Haus ist nun frisch renoviert und auch die Nachbarschaft erstrahlt im neuen Glanz. Mein Blick wandert über die Fassade, hinauf zum dritten Stock, dorthin, wo mein Zuhause war.

Das Haus am Mittersteig 2b, Wien 5, Juli 1944

Blick vom Eckzimmer in die Klagbaumgasse, Juli 1944

Spiel

Meine frühe Kindheit verlief umhegt in der elterlichen Wohnung. Ich zeichnete viel und verbrachte vor allem ungezählte Stunden mit meinem geliebten Bausteinkasten, den ein Tischler gleich um die Ecke extra für mich angefertigt hatte. Werkstatt und Meister sind längst nicht mehr, doch das Spiel mit den wunderbaren Holzbausteinen war für meinen späteren Lebens- und Berufsweg von Bedeutung.

Die Liebe zur Eisenbahn wiederum erwachte in mir mit einem Weihnachtsgeschenk, einer schönen Blecheisenbahn, deren Gleise das halbe Zimmer einnahmen, mit Lokomotiven zum Aufziehen. Dass eine Eisenbahnfahrt – z. B. über den Semmering – noch heute für mich ein besonderes Erlebnis bedeutet, mag auch darin begründet sein.

Mein Puppentheater hingegen war ein Geburtstagsgeschenk. Die Kulissen hatte mein Vater und die Puppen mit allerliebst bemalten Gesichtern meine Mutter gestaltet. Selbst eine Drehbühne gab es, die von der ebenfalls vorhandenen Unterbühne aus bewegt werden konnte. Wer immer zu Besuch war, musste als Publikum dienen, denn es wurde viel gespielt.

Mir allerdings war bald das Spiel weniger wichtig als die Adaptierung des Theaters, der Maschinerie, der Beleuchtung, denn im »großen« Theater hatte ich ja schon gesehen, welche Wunder an Technik es da gab. Das führte letztendlich zum Erliegen des Spiels und stattdessen zu einer permanenten Baustelle im Miniaturformat, vielleicht ein früher Hinweis, dass meine Zukunft eher etwas mit dem Bauen und Konstruieren, also mit der Schwere der Materie, zu tun haben könnte als mit den flüchtigen Emanationen der darstellenden Kunst.

Vorerst sah es aber eher danach aus, als sollte ich in die Fußstapfen meines Vaters treten, denn ich spielte nach 1945 neben meiner Tätigkeit im Rundfunk in einigen Kinderrollen am Volkstheater.

Seither ist mir das Theater mit seinen riesigen, geheimnisvollen Räumen in meiner Kindheitserinnerung stets präsent. Der Bühnenraum – meist im Halbdunkel – mit Schnürboden und Unterbühne, der »Eiserne«, den nur der Inspizient bedienen durfte, die Drehbühne. Der unvergleichliche Geruch, das grelle Licht der Scheinwerfer, das Rascheln der Kostüme. Und Paul Hörbiger, der, versteckt in den Kulissen,

Eine »Kirche« aus Bausteinen, um 1944

Das Volkstheater nach dem Wiederaufbau, noch ohne Kuppel, 1946

Szenenfoto aus »Der Verschwender« von Ferdinand Raimund im Volkstheater; Widmung von Paul Hörbiger: »Meinem lieben ›Sohn‹, dem Rotzbuam Hiasl, zur Erinnerung«, 1949

(v.l.n.r.) Otto Woegerer, Paula Pfluger, Siegfried Herzberger (vorne), Artur Paul Duniecki (Hiesel), Karl Winter (?), Paul Hörbiger, Peter Doppler (?), Herta Konrad

Abendzettel der Festvorstellung »Der Verschwender« von Ferdinand Raimund im Volkstheater, 14. September 1949

Witze reißt. Der Zuschauerraum mit seinen atemberaubenden Perspektiven, das Geflecht der erschließenden Foyers, Treppen, Gänge, für uns schauspielende Kinder waren das fantastische Orte.

Vergleichsweise nüchtern war die Atmosphäre beim Rundfunk und im Falle des Senders »Rot-Weiß-Rot«, geführt von der amerikanischen Besatzungsmacht in Österreich nach dem Krieg, an Pragmatismus nicht zu überbieten. Untergebracht in einem Wohnhaus im 7. Bezirk hatten die winzigen Studios mit Faserplatten gedämmte Fenster und Wandverkleidungen, die alten Parkettböden waren mit Spannteppichen bedeckt (trotzdem knarrte es bei jedem Schritt) und die Sitzgelegenheiten waren Metall-Klappsessel aus Armeebeständen, die es dem Fußboden gleichmachten. Alles wirkte provisorisch, hatte keinerlei gestalterischen Anspruch, aber die pragmatische, »schnoddrige« Art, mit der die »Amis« an die Sache herangingen, war doch bemerkenswert. Und: Sie hatten bereits moderne Tonbandmaschinen (ich konnte oft beim Schneiden zuschauen), wie überhaupt alles »Technische« bei den Amerikanern irgendwie anders aussah als in der eigentlich nicht so alten RAVAG. Auch die Arbeitsatmosphäre war anders, hemdsärmeliger vielleicht, sicher aber auch mit mehr Druck, das »Amerikanische« begann, seine Dominanz zu entfalten.

Livesendung im Studio von »Rot-Weiß-Rot« (rechts im Bild Artur Paul Duniecki; an die Namen der mitwirkenden Schauspieler kann ich mich leider nicht erinnern), um 1953

Die Ruinen. Wien 1945

Meine Erinnerungen an die Wochen und Tage vor dem Kriegsende sind eigenartigerweise spärlich. Im Gedächtnis geblieben sind mir der »Kuckuck«, die Vorwarnung zum Bombenangriff im Radio, das Laufen zu den Luftschutzräumen in den Kellergewölben des Theresianums, unser gepölzter Luftschutzkeller im eigenen Haus, der schwere Bombenangriff, als wir dort unten im Keller waren, die grellen Blitze, das dumpfe Krachen, die schreienden Menschen, der Lichtkegel der Taschenlampe im Staub. Ich erinnere mich auch an den Tieffliegerangriff, der uns in den Keller stürzen ließ, an unsere nicht direkt getroffene, jedoch verwüstete Wohnung und an meine weinende Mutter. Und immer wieder die heulenden Sirenen. Später dann die ersten russischen Soldaten, die im Hausflur Eintopf aßen und mir etwas anboten, was ich schaudernd ablehnte, und die Panik meiner Mutter, wie das wohl ausgehen würde (wie sie mir später gestand).

Die Erinnerungen an die frühe Nachkriegszeit sind hingegen vielfältig und lebendig: Die Schuttlandschaften der zerbombten Häuser mit ihren halb verschütteten, einen

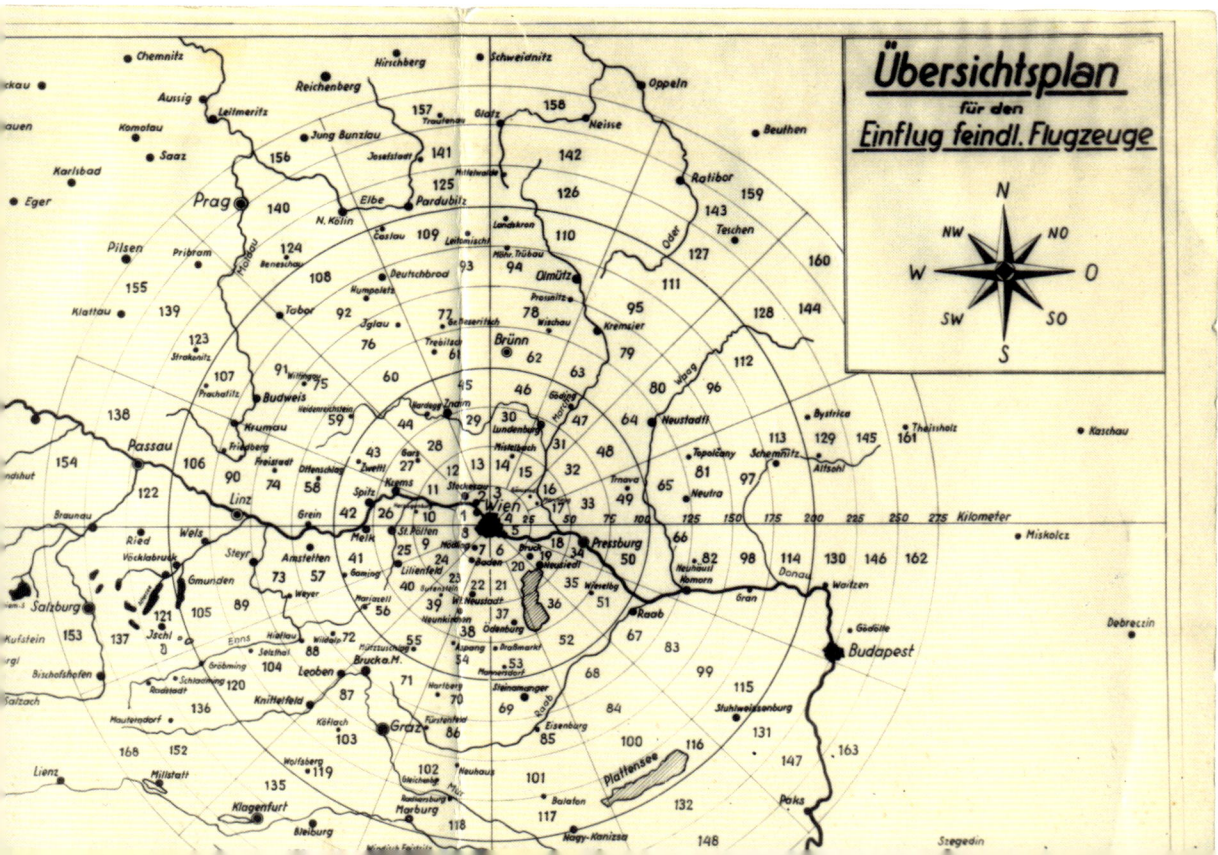

Fliegeralarm …
Der Plan, der in jedem Haushalt zu finden war.

seltsam modrigen Geruch verströmenden Kellergewölben, oft schon von Unkraut überwuchert, waren für uns Kinder verbotenes, doch beliebtes Territorium. Die »aufgerissenen Leiber« der Häuser, wo noch Möbel auf den Resten der Geschoßdecken standen, die Innenwände, nun Außenwände, tapeziert, gemalt, manchmal hing auch noch ein Bild dort. Die Männer, die ein Seil hoch oben um einen Schornstein gelegt hatten und rhythmisch daran zogen, bis dieser krachend, in Staubwolken verschwindend, einstürzte (Schornsteine bzw. Kaminwände waren besonders robust und stachen nach einem Bombenangriff oft wie Felszacken aus den Schuttbergen).

Ich erinnere mich an die Bombentrichter inmitten der Straßen oder auch in den Wegen des Schlossparks von Schönbrunn oder an die »moderne« Wohnung von Mutters Freundin Julischka in der Operngasse, die schon eine Zentralheizung, aber keinen Notkamin hatte, daher ragten die Ofenrohre aus Löchern in den Fenstern. Auch der Blindgänger unter dem Bett der Greißlerin gegenüber ist mir im Gedächtnis geblieben, der mit langen Stangen herausgefischt wurde, war dies doch ein gefährlicher Vorgang. Ich entsinne mich der russischen Soldaten in erbärmlichen Uniformen, die vor dem Tröpferlbad in Reih und Glied auf ihre verordnete Körperpflege warteten, und schließlich an die verwundeten Soldaten, die in ihren Betten auf der Terrasse der Hofburg zum Burggarten hin in langer Reihe in der Sonne standen.* Ein surreales Bild, das ich wohl nie vergessen werde. Und noch 1961 (!) kam ich täglich an einer Bombenruine vorbei, wo der Schutt aus dem zerborstenen Haustor auf die Straße quoll.

Diese Zeit hielt aber für uns (heilgebliebene) Kinder eine sehr große Bewegungsfreiheit und ein gerüttelt Maß an Abenteuertum bereit, Eigenschaften, die unserer Gegenwart weitgehend abhandengekommen sind.

Zerstörungen am Mittersteig, Winter 1944/45

---

* Das Orthopädische Spital in der Gassergasse in Wien 5 wurde nach seiner Zerstörung im Jahr 1945 in der Hofburg provisorisch untergebracht.

Verheißungen

Das Café Wortner
Manchmal begleitete ich meinen Vater in sein Stammcafé, das Café Wortner in der Wiedner Hauptstraße im 4. Bezirk. Dort richtete er mit Vorliebe seine Manuskripte für Rundfunksendungen ein, eine für Radiosprecher unverzichtbare Tätigkeit, bei der er offenbar vom »Häuslichen« nicht gestört werden wollte. Obwohl ich mich also ruhig zu verhalten hatte, liebte ich unsere Kaffeehausaufenthalte, denn es gab viele Zeitschriften und – tatsächlich – umfängliche amerikanische Versandhauskataloge. Da war sie also, die amerikanische Verheißung. Alles gab es da und alles bunt, hochglänzend, immer mit jungen, strahlenden Frauen und Männern garniert, die lächelnd in all den polierten Stromlinienerrungenschaften des modernen Amerika posierten. Welch ein Kontrast zu meinem Lebensumfeld im frühen Nachkriegswien, dem Wien der Bombenzerstörungen, dem grauen Wien. Ich war fasziniert ob all der Wunder amerikanischer Glücksverheißungen und begann, meine Eltern zu bedrängen, doch auch unsere Wohnung zu modernisieren, also zu »amerikanisieren«. Mein Vater meinte, man könne ja die beiden Biedermeierschränke und die Kommode hierhin und die Kredenz vielleicht dorthin stellen, das würde doch meinen Vorstellungen entgegenkommen, ich hingegen musste für mich feststellen, dass man mich überhaupt nicht verstanden hatte.

Café Wortner (Eröffnung 1880), Wien 4, heutiger Zustand

Seite aus einem amerikanischen Versandhauskatalog, Anfang der 1950er-Jahre

Albrecht F. Hrzan, Filmcasino (Umgestaltung 1954),
Wien 5, heutiger Zustand

Das Filmcasino
Ein Gerücht machte die Runde, ein neues Kino würde eröffnet werden. Alles strömte herbei, um das »Nachkriegswunder« Filmcasino zu bestaunen. Ein kleines Stück Amerika, ein Stück Hollywood schien sich für uns damals in der alten, schmutzigen Margaretenstraße materialisiert zu haben, spielerisch, leuchtend, glitzernd, ganz im Look der 1950er-Jahre erstrahlend. Für uns Junge war dies die aufregende Verheißung einer neuen, weniger belasteten, bunt leuchtenden Welt.

Der Ami-Schlitten
Onkel Heinz war im Krieg mit 18 Jahren an die Ostfront abkommandiert worden und wie durch ein Wunder heil heimgekehrt. Er bekam sofort eine Anstellung bei der britischen Besatzungsmacht und chauffierte deren hohe Offiziere in riesigen amerikanischen Limousinen durch Wien, damals eine prestigeträchtige Angelegenheit. Hatte er dienstfrei, besuchte er oft sein Elternhaus, meine Großeltern, und parkte den »Schlitten« direkt vor der Gartentür. Manchmal erlaubte er mir, allein im Wagen zu bleiben, allerdings mit der Ermahnung, dieses und jenes ja zu unterlassen. Da saß ich nun in weichen Ledersitzen, umgeben von chromblitzenden Armaturen, eifrig im geheimnisvoll leuchtenden Autoradio (!) nach Sendern mit Schlagermusik suchend. Ich war ungemein stolz und erklärte meinen neugierig herbeigeeilten Spielkameraden herablassend die Wunder amerikanischer Mobilität.

Gartenstadt Am Tivoli, Wien 12, Tyroltgasse, Blick gegen Norden, um 1930

Die Gartenstadt Am Tivoli

Meine Großeltern wohnten in der Gartenstadt Am Tivoli, einer der wenigen Siedlungen in Wien, die der Idee der Gartenstadt verpflichtet sind. Aber nicht die städtebauliche oder architektonische Qualität der Siedlung soll im Folgenden thematisiert werden, sondern die Erinnerung an mein kindliches Erleben dieser Form der Gemeinschaft in einer großen Stadt.

Meine elterliche Wohnung befand sich im 3. Stock eines Gründerzeithauses im 5. Bezirk, einem dicht bebauten Stadtteil. Sie hatte keinen Balkon, also keinen privaten Freiraum, und war im Sommer sehr heiß. Für uns Kinder bot ein nahe gelegener »Beserlpark« bescheidene Spielmöglichkeit, war aber von den Eltern nicht unbedingt gern gesehen. Gänzlich verboten war – und daher von besonderem Reiz – das Spiel auf den Schutthalden der zerbombten Häuser oder gar in deren Kellergewölben.

Welch ein Unterschied zur Situation bei meinen Großeltern! Jedes Wohnhaus, in dem meist vier Wohnungen untergebracht sind, verfügt über einen kleinen, zugeordneten Gartenbereich, dessen Intimität damals von dichten Ligusterhecken geschützt war. Lindenalleen – an deren Duft ich mich mein ganzes Leben erinnern sollte – begleiteten das sparsam dimensionierte Straßen- und Wegenetz, das, sich weitend, kleine Platzräume, Häuser und Spielplätze erschließt.

Gartentür Tyroltgasse 7, die Wohnung der Großeltern, heutiger Zustand

Ein Paradies für uns Kinder! Die ganze Gartenstadt diente uns als Spielplatz, fast bei jedem Wetter waren wir draußen, von früh bis spät beim gemeinsamen Spiel. Die Ligusterhecken waren unser Versteck, wir wähnten uns unbeobachtet von den Erwachsenen und sicher vor den »Feinden«, jeder der liebevoll gestalteten Garten- und Hauszugänge war uns Verabredungs- und »Palaverplatz«. Im Garten meiner Großeltern stand ein Marillenbaum, natürlich mit Schaukel, es gab Ribiselsträucher und einen gemütlichen Sitzplatz.

Es ging dörflich zu. Jeder kannte jeden, Neuigkeiten machten rasch die Runde und unsere kindlichen Missetaten blieben nie lange verborgen. Nachrichtenzentren waren der

Gartenstadt Am Tivoli, Lindenallee, heutiger Zustand

Artur Paul im Garten der Großeltern, um 1942

Großmutter Lydia Priemer und Mutter Lydia Duniecki am Küchenfenster, um 1938

Gartenstadt Am Tivoli, Waschsalon und Tröpferlbad, um 1935

»Konsum«, die zentrale Waschküche und das Tröpferlbad, denn es gab weder Badezimmer noch die Möglichkeit der großen Wäsche in den kleinen Wohnungen. Es wurde eben vorausgesetzt, dass sowohl die Körperpflege als auch jene der Wäsche ein gemeinschaftliches Unterfangen sind.

In der Waschküche, genannt Waschsalon, werkten die Frauen. In riesigen Kochkesseln blubberte es, Zentrifugen standen da, Trockenkammern trieben die Feuchtigkeit aus der Wäsche und in Kalandermaschinen wurde die Wäsche gebügelt. Überall Dampf, Hitze (Fritz Langs »Metropolis« fällt mir dazu ein). Und über allem wachte der Waschmeister, teilte ein und schlichtete Streit, eine Respektsperson.

Das Tröpferlbad hingegen war mir damals verdächtig, hatten wir doch in der elterlichen Wohnung am Mittersteig ein Bad, sodass ich die vergemeinschaftete Körperpflege nur vom Hörensagen kannte. Bei den Großeltern wurden wir Kinder einfach im Lavoir gewaschen, das genügte. Die Wohnung hatte zwar ein WC – eine Errungenschaft des sozialen Wohnbaus nach dem Ersten Weltkrieg –, jedoch kein Bad. In der kleinen Küche gab es einen Herd, eine Wasserstelle, aber keine Abwasch, keinen Kühlschrank und der Geschirrspüler war noch nicht erfunden. Aber meine Großmutter war eine hervorragende Köchin. Alles wurde frisch zubereitet, das Kochen für den Sonntagstisch begann daher schon am Samstag, tätig unterstützt von meiner Mutter und meiner Tante war das ein allwöchentliches Ritual.

Wir wuchsen heran und unser Territorium wuchs mit. Der ganze Schlosspark von Schönbrunn lag sozusagen vor der Gartentür. Dort badeten noch die britischen Offiziere im Teich hinter der Gloriette oder fuhren Ski, den Hang hinunter zum Schloss, für uns Kinder natürlich streng verboten. Für unsere ersten Versuche auf Skiern nutzten wir das abschüssige Gelände der Meierei Tivoli, jener berühmten Biedermeiergaststätte nördlich der Gartenstadt, die bis in die 1960er-Jahre bestand und einst von ganz Wien frequentiert wurde, darunter Künstlerpersönlichkeiten wie Gustav Klimt oder Egon Schiele.

Am Höhenrücken oberhalb der ehemaligen Meierei verläuft die Hohenbergstraße, die auch die nördliche Begrenzung der Gartenstadt bildet. Über diese Straße sollte die Straßenbahn an die Gartenstadt herangeführt werden, um sie an das öffentliche Verkehrsnetz der Stadt anzubinden (die dafür freigehaltene Trasse ist noch heute zu erkennen). Dazu kam es aber nie, sodass die Gartenstadt bis in die 1950er-Jahre nur zu Fuß erreichbar war. Mag sein, dass dies mit ein Grund für ihre dörfliche Abgeschiedenheit in jenen Jahren gewesen war.

Meierei Tivoli, um die Jahrhundertwende

Die Stadtbahnfahrt

Um zu meinen Großeltern in die Gartenstadt Am Tivoli zu gelangen, konnte man auch die Stadtbahn benützen, am Hinweg immer die Wientallinie, für den Rückweg kam aber auch die Gürtellinie infrage. Diese Fahrt dauerte ungleich länger und war mit dem Risiko einer Fahrscheinkontrolle verbunden, denn Vorschrift war, die kürzeste Verbindung zu nehmen, sonst – wurde man erwischt – war Strafe zu zahlen. Hin und wieder konnte ich meine Eltern überreden, dieses Risiko und die lange Fahrzeit in Kauf zu nehmen, denn für mich war die Stadtbahnfahrt ein großes Erlebnis.

In der Station Meidlinger Hauptstraße ging es los, aber nur jeder zweite Zug fuhr auch die Gürtelstrecke, die Innenstadt umrundend, zur Zielstation Kettenbrückengasse. Da fuhren wir also, in den alten, offenen Garnituren, gemächlich den Höhenunterschied vom Wiental zur Hochstrecke überwindend, zum ersten Höhepunkt der Reise, der Überquerung des Wientales über die große Brücke, die Otto-Wagner-Brücke, wie ich später erfahren sollte.

Hier rückt die Bebauung so nahe an die Trasse, dass man in die Fenster der Wohnungen sehen kann. Dann gleich die erste Hochstation, die Gumpendorfer Straße, und weiter über Viadukte und Brücken von Station zu Station, die Aufenthalte mit dem immer gleichen Ritual der Zugabfertigung durch zwei (!) Schaffner, es gab damals keinen Arbeitsplatzmangel.

Kirchen gleiten vorbei, Fassaden, tiefe Perspektiven querender Straßenräume öffnen sich, gleichsam Palladios Teatro Olimpico zitierend. Später, nach der Station Nußdorfer Straße, wieder diese aufregende Situation des Heranrückens der Fassaden, wieder kann man in die Wohnungen der Menschen schauen.

Dann weitet sich der Blick und in einem ausgedehnten Bogen überquert die Trasse die Franz-Josefs-Bahn, senkt sich und erreicht das Niveau des Donaukanals bzw. der Donau. Die Fahrt verläuft nun in den Galerien und gibt stroboskopartig den Blick auf den Kanal und die nördliche Bebauung frei, damals noch gezeichnet von den Kriegshandlungen. Später

Historischer Streckenplan, die Stadtbahnfahrt meiner Kindheit färbig eingezeichnet, 1905, Ausschnitt

im Tunnel nur spärliche Waggonbeleuchtung, doch gleich nochmals ein Höhepunkt, die Querung des Wienflusses vor der Station Hauptzollamt (jetzt Landstraße). Nur wenn man genau aufgepasst hat, konnte man in den wenigen Sekunden der Passage die sich in zwei Ebenen schneidenden und überlagernden Brückenbauwerke im streng begrenzten Flussbett begreifen.

Die hohe Qualität der architektonischen Durchbildung von Stationsgebäuden, Tragwerken, Viadukten usw. ahnte ich damals vielleicht, aber das Abenteuer der Bewegung im (Stadt-)Raum wurde mir schon als Kind bewusst. In Heimito von Doderers Erzählung *Ein Mord den jeder begeht* fand ich viel später eine literarische Entsprechung zu meiner Kindheitserfahrung, dort ist der Schauplatz allerdings Berlin.

Friedrich Ohmann und Josef Hackhofer, Zollamtssteg (1899–1900), heutiger Zustand

Semmeringbahn, Krauselklause-Viadukt, 1988

Die Semmeringfahrt

In den frühen Nachkriegsjahren fuhren wir zu einem Ferienaufenthalt nach Alpl in der Steiermark. Autos gab es so gut wie keine, die Eisenbahn sollte uns also in die Nähe des Ziels bringen. Der Zug, von einer riesigen Dampflokomotive gezogen, bestand aus vielen Pullmanwagen und dem wunderschönen, dunkelblauen Speisewagen in der Mitte, der, man kann es mittlerweile kaum glauben, einen Kohleherd als Kochstelle hatte. Weiß gekleidete Köche hantierten schon vor der Abfahrt, das durfte ich alles noch bewundern, wir waren früh genug am Bahnhof.

Dann im Coupé Platz genommen, das aufgeregte Hin und Her der Gepäckträger, Schaffner, Fahrdienstleiter und der Männer mit langstieligen Hämmern, die Räder der Waggons prüfend. Dann ein Gepfeife, vorne, hinten, knirschend setzt sich der Zug in Bewegung, das anfangs gemächliche »Tak-Tak« der Schienenstöße, bald rasender Rhythmus. Alles war aufregend, unmittelbar erlebbar, denn damals waren die Fenster noch zu öffnen.

Die Bilder der Landschaft flogen vorbei, Felder und Fluren, Waldstreifen, Gehöfte, Dörfer, aber keine Zersiedelung, keine Industrie-Agglomerationen, keine Stromtrassen, geschweige denn Windräder.

Dann Gloggnitz. Aufenthalt! Eine zweite Lok wird dem Zug vorgespannt, denn die Bergstrecke Carl Ritter von Ghegas kann nur so bezwungen werden. Im Speisewagen gedeckte Tische, der Blick links und rechts frei auf die vorbeieilende Szenerie. In kühnen Bögen geht es bergauf, man sieht vorne und hinten den gekrümmten Zug. Viadukte, Brücken, Galerien, rechts die Felswand, links der Abgrund, an dessen Rand wir entlanggleiten. Die Lokomotiven paffen riesige schwarze Rauchschwaden, fast körperlich kann man die Kraftentfaltung spüren.

Station Semmering. Mein Vater nennt den Namen des Erbauers der Gebirgsstrecke, hier ist ja auch eine Gedenkstätte. Erst viele Jahre danach lese ich Doderers Roman *Die Wasserfälle von Slunj*, eine Sequenz darin ist eine Apotheose auf Ghegas Meisterwerk.

Jahrzehnte später besuchte ich den Thalhof nahe Reichenau. Die »letzte Waissnix« führte dort das Regiment, Schnitzler, Altenberg und wie sie alle heißen, sind ganz nah, auch der Kaiser samt Gefolge logierte im Sommer einige Male dort, der Thalhof war für eine bestimmte Zeit der Mittelpunkt der Monarchie. Und auch die berühmten Villenbauten der Jahrhundertwende am und um den Semmering, all das wäre ohne die Semmeringbahn nicht geworden.

Thalhof, Reichenau, heutiger Zustand

Kleine Bücher – Große Offenbarung

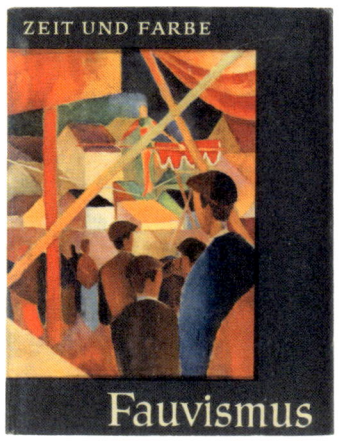

Heinrich Neumayer, *Fauvismus*, aus der Reihe »Zeit und Farbe«, erschienen im Rosenbaum Verlag, Wien, 1956, 13 × 18 cm

* Heinrich Neumayer, *Zeit und Farbe. Eine Einführung in die neue Malerei*, 6 Bde., Wien: Rosenbaum Verlag, 1956.

Es war am Anfang der 7. Klasse. Professor Fellinger, unser Zeichenlehrer, betritt die Klasse und eröffnet unsere erste Unterrichtsstunde in Kunstgeschichte, indem er einen Stapel kleiner Bücher auf den Tisch legt und beginnt, über Impressionismus, Pointillismus, Expressionismus, Surrealismus und so weiter, also über die Moderne in der Malerei, zu erzählen, wobei er die farbigen Abbildungen in den Büchern zur Verdeutlichung seiner Ausführungen heranzieht.* Ich erinnere mich sehr gut an diese Unterrichtsstunde, hatte ich doch noch nie Derartiges gesehen, es war ein »Erweckungserlebnis«!

Rückblickend allerdings erscheint es mir bemerkenswert, dass ich bis zu diesem Zeitpunkt (1957!) mit der Moderne in der Malerei nicht (wissentlich) in Kontakt gekommen war, mich niemand früher darauf aufmerksam gemacht und keine Auslage einer Buchhandlung meine Neugier darauf gelenkt hatte.

In Bezug auf die Architektur erging es mir nicht besser, denn mein erstes »Rendezvous« mit der Moderne in diesem Bereich hatte ich zu Beginn meines Studiums im »Amerikahaus« (damals im Opernringhof), als mir ein Buch über Richard Neutra in die Hände fiel, wenn man einmal davon absieht, dass ich viele Jahre in guter moderner Architektur aus und ein gegangen bin, dem Gebäude der (damaligen) RAVAG in der Argentinierstraße von Clemens Holzmeister, sicher eine nachwirkende Erfahrung.

Werkstudent

Als Werkstudent mit Architekt
Ernst Plojhar auf der Baustelle, 1966

Architekt Anton Liebe in seinem Büro,
Bösendorferstraße 6, Wien 1, 1968

Würstelverkäufer im Schnellzug, Tellerwäscher in Stockholm oder »Lattist« in einem Vermessungstrupp waren unter anderem die Jobs, mit denen frisch gebackene Maturanten, so auch ich, Anfang der 1960er-Jahre ihr erstes Geld verdienten. Sozusagen ein Karrieresprung war dann die Beschäftigung beim Österreichischen Fernsehen (ORF) als Ton- oder Kameraassistent, um die ein richtiges Griss war, denn man verdiente dabei gut. Solcherart wurde ich auch Zeuge denkwürdiger Produktionen des noch jungen Mediums, wie zum Beispiel »Salome« von Richard Strauss oder »Der Prozess« von Gottfried von Einem, übrigens die erste Opernproduktion des Fernsehens, die ohne Play-back auskam.

Erst mit der ersten Staatsprüfung, also mit einer Ahnung davon, was in einem Architekturbüro gebraucht wird, nahm ich meine erste einschlägige Anstellung bei Architekt Ernst Plojhar an. Es wurden lehrreiche Jahre, an die ich gerne zurückdenke, auch weil Plojhar – Zeuge des Krieges und der frühen Nachkriegszeit – oft von seinen Erlebnissen erzählte. Die Ausstellung »Kalter Krieg und Architektur« Anfang 2020 im Architekturzentrum Wien räumte Plojhar einen prominenten Platz ein und ließ meine eigenen Erinnerungen lebendig werden.

Während meines letzten Studienjahres, 1968, arbeitete ich bei Architekt Anton Liebe in dessen Büro in der Bösendorferstraße 6 im 1. Bezirk. Liebe projektierte gerade die Erneuerung des Zuschauerraumes der Wiener Volksoper und so wurde ich in diese Planung eingebunden, von der noch heute einiges erhalten ist. Viele Jahre später, 1975, wurde diese Adresse wieder für mich von Bedeutung, denn es ergab sich, dass diese Räumlichkeiten über 30 Jahre lang der Sitz meines eigenen Ateliers werden sollten.

Die 1960er an der Architekturfakultät

Schikaneders Theater*, in dem Mozarts »Zauberflöte« uraufgeführt wurde, gab es schon lange nicht mehr, aber die Reste des Freihauses standen noch, dort, wo heute der Erweiterungsbau der Technischen Universität steht. Es gab noch keine U-Bahn und der Resselpark vor dem Hauptgebäude der Technischen Hochschule zeigte noch seine gründerzeitliche Gestalt samt den angestammten Plätzen für Brahms, Madersperger und Co. Im Jahr 1959 begann ich mein Studium der Architektur an dieser Hochschule, in einer Zeit, als die Wunden des Krieges bereits vernarbt, aber noch erkennbar waren und Hoffnung und Vertrauen in die Zukunft sich festigten.

Es gab noch keinen PC, keinen Plotter, kein Mobiltelefon, man rechnete »zu Fuß« oder mit dem Rechenschieber und es wurde mit Hand gezeichnet. Das Handwerkszeug des angehenden Architekten waren Zirkel, Dreieck, Reißschiene, Reißfeder, natürlich Bleistift, Spitzmühle und Radiergummi. 300 Studenten begannen damals das Studium der Architektur, der Hörsaal war bereits damals überfüllt und manchen stiegen bereits die »Grausbirnen« auf ob der rätselhaften Kreidezeichnungen auf der Tafel. Es war die erste Vorlesung in Darstellender Geometrie. Nun, aller Anfang ist schwer, doch langsam fand ich mich zurecht.

Ich war gerade »zu Besuch« bei einem befreundeten Studenten im Zeichensaal 4, für Städtebau reserviert, also für die im Studium weit Fortgeschrittenen. Da geht die Tür auf, der Dekan und Professor für Städtebau, Rudolf Wurzer, erscheint, gefolgt von einer Schar Assistenten und hält eine Korrektur ab. Beim Ersten geht alles gut, der Professor scheint zufrieden. Dann der Nächste. Auch er hat die Wand mit riesigen Plänen »tapeziert« und erläutert seinen Entwurf. Die Stimmung verfinstert sich, der Professor hakt nach, der Kollege kommt ins Stottern, es endet fürchterlich. Für mich Neuling bleibt alles rätselhaft, scheinen sich doch die Pläne der beiden an Aufwand und Optik kaum zu unterscheiden.

Die geschilderte Szene zeigt, wie apodiktisch und hierarchisch es damals zuging. Der Lehrkörper und insbesondere die Professoren waren Respektspersonen, scheinbar allmächtig verfügend über Erfolg oder Misslingen. 1968 lag noch in der Zukunft.

Konservativ war mitunter auch die Lehrmeinung, die sehr gut mit einem Ausspruch eines Professors (er unterrichtete immerhin Hochbau und Entwerfen) charakterisiert werden kann. In einer seiner Vorlesungen meinte er sinngemäß – und vermutlich in Anspielung auf Mies van der Rohe und Richard Neutra –, es gäbe da so gewisse Architekten, die wüssten nicht, ob sie nun drinnen oder draußen sein wollen.

Die Lehrkanzel für Gebäudelehre und Entwerfen II von Karl Schwanzer war etwas ganz anderes. Schwanzer steuerte auf den Zenit seiner Laufbahn zu und führte neben seiner Professur sehr erfolgreich ein großes Architekturbüro. Seine Korrekturen waren wohlwollend und ermunternd, seine Persönlichkeit überzeugend und seine Lehre in der Praxis bestätigt. Sein Chefassistent, Günther Feuerstein, war es indessen, der uns in seinen berühmten Vorlesungen im Hörsaal 14a die Entwicklung der Architektur in der neueren Geschichte näherbrachte. Seine Vorlesungen sind mir bleibend im Gedächtnis, hatten sie doch bei aller Dichte und Authentizität der Information Showcharakter, er verstand es meisterlich, uns mitzureißen und zu begeistern.

Günther Feuerstein, um 1965

* »Freihaustheater« oder »Theater auf der Wieden« (1787–1801), Direktor Emanuel Schikaneder (1789–1801).

Karl Schwanzer und das Philipshaus

Karl Schwanzer erzählte uns Studenten anlässlich einer persönlichen Führung durch die fast fertige Baustelle der Philips-Zentrale am Wienerberg, wie es zu diesem wichtigen Auftrag gekommen ist:

    Schwanzer: »Meine Sekretärin kommt herein und informiert mich, zwei Herren von Philips* wären da, die um ein Gespräch bitten! In der Annahme, es handelt sich um Vertreter, gab ich Bescheid, die Herren mögen warten und vertiefte mich wieder in die Arbeit. Nach geraumer Zeit erinnert sie mich an die Wartenden und so bat ich sie herein. Alsbald stellte sich heraus, dass die Herren wohl von Philips waren, jedoch keinesfalls Vertreter, sondern eine Abordnung von Philips Eindhoven. Die Herren eröffneten mir, dass die Generaldirektion vom Österreich-Pavillon auf der Expo in Brüssel** sehr beeindruckt wäre und man daher das Angebot unterbreite, das neue Headquarter von Philips Österreich am Wienerberg durch mein Atelier planen zu lassen.« Eine schöne Geschichte!

Karl Schwanzer mit Studenten auf der Baustelle der Philips-Zentrale, 1964

  * Philips war zu dieser Zeit ein Weltkonzern, der sich mit Konzernriesen wie Sony durchaus messen konnte.

** Der Österreich-Pavillon auf der Expo in Brüssel (1958) war eine Stahlkonstruktion, die so konzipiert war, dass sie ab- und in modifizierter Form wieder aufgebaut als das »20er Haus« (Museum moderner Kunst) für lange Zeit der einzig wirklich moderne Museums- und Ausstellungsbau Wiens sein sollte.

Praxis, Praxis

Die Staatsprüfung war bestanden, ich hielt das Diplom in Händen, nun galt es, eine entsprechende Stelle zu finden. Die kleinen, feinen Büros mit gutem Ruf, etwa von Wolfgang Windprechtinger oder Johann Georg Gsteu, waren bald abgeklappert, doch keines hatte eine Stelle frei, die Auftragssituation 1969 war nicht gut.

Als Nächstes ging ich also zu Karl Schwanzer. Bei ihm hatte ich ja die schriftliche Staatsprüfung mit sehr gutem Erfolg abgelegt. Das Vorstellungsgespräch führte sein Büroleiter, er blieb unverbindlich. Doch tags darauf kam ein Anruf, der Professor wünsche mich sofort zu sehen. Es klappte und ich bezog meinen Arbeitsplatz im allerheiligsten Entwurfskammerl, gleich neben einem jungen Kollegen, der später zu professoralen Ehren in Deutschland kommen sollte und gerade ein Modell für den Messestand der Austria Tabakwerke zusammenklebte, lauter weiße Röhrchen.

Die Arbeit begann sofort – mit Druck. Der Professor wünschte für die laufende Planung, das WIFI in St. Pölten, Detailentwürfe, möglichst in Varianten, und war erst zufrieden, wenn alle verfügbaren Wände mit unseren Vorschlägen tapeziert waren, um daraus wählen zu können. Auch das ist Arbeitsalltag in einem großen Architekturbüro. Und so lief es weiter, wir produzierten für die unterschiedlichsten Projekte Detaillösungen sonder Zahl bis, ja, bis für mich der Ruf aus dem Büro von Wilhelm Holzbauer kam, man suche einen weiteren Mitarbeiter.

Nun war damals das Büro von Holzbauer das Wunschbüro schlechthin und entsprechend aufregend war mein Vorstellungsgespräch. Meine vorgelegten Arbeiten gefielen und so war von nun an das kleine Büro am Franziskanerplatz

Wilhelm Holzbauer mit dem Modell des Rathauses Amsterdam, 1968

im 1. Bezirk Ziel meines täglichen Weges zur Arbeit. Es war jenes kleine Büro, aus dem das Siegerprojekt für das Rathaus Amsterdam hervorgegangen war und dem noch viele Triumphe folgen sollten, darunter die Universität Salzburg oder das Landhaus Bregenz, an denen ich die Ehre hatte, mitwirken zu können. Diese Praxisjahre von 1970 bis 1974 habe ich als besonders dichte und fruchtbare Zeit in Erinnerung, denn Holzbauers Anspruch war hoch und die Arbeit immer auch profunde Fortführung meiner Ausbildung. Er war mir also das, was jeder in seiner Ausbildung haben sollte, der Meister.

Fischen in der Amstel, Baden in der Irischen See
1973 ergab sich die Möglichkeit, in Holzbauers Amsterdamer Atelier zu arbeiten. Es fügte sich, eine kleine Wohnung für

Wettbewerb Universität Salzburg, Perspektive, 1973

diese Zeit zu mieten, sodass meine junge Familie, meine Frau Waltraud und die Buben, nicht allein in Wien zurückbleiben musste. Also bepackte ich meinen Citroën 2 CV mit allem Nötigen, inklusive Gitterbett und Nachttopf (Peter, unser Zweiter, war ja erst drei Jahre alt) und fuhr voraus, um das Quartier zu beziehen. Den ganzen Sommer arbeitete ich wochentags in dem schönen Atelier direkt an der Amstel, doch an den Wochenenden gab es Ausflüge mit der Familie, um so viel wie möglich von Holland kennenzulernen.

Gemeinsam mit Kollegen aus Dublin*, die ebenfalls bei Wilhelm Holzbauer ihre Praxis absolvierten, arbeitete ich am Wettbewerb für den Erweiterungsbau der TH Wien auf den Freihausgründen, sodass, wie bei jedem Wettbewerb, Stress vorprogrammiert war. Eines Tages kam mitten in der Arbeit meine Familie vorbei, Boris und Peter wollten ihren Papa besuchen und natürlich auch bleiben. Was also tun? Büroklammern und Bindfaden wurden schnell zur Angel und die Buben waren direkt vor meinem Bürofenster damit beschäftigt, aus der trüben Amstel Fische zu fangen. Dass dies misslungen ist, bekam ich von den beiden noch oft zu hören.

Bei gemeinsamer Arbeit entstand Freundschaft und daraus resultierte die Einladung, im nächsten Sommer nach Dublin zu kommen. Um Unterkunft und Job würde man sich kümmern. Alles entwickelte sich nach Plan, und so trat ich, von Holzbauer karenziert, eine Stelle bei Stevenson & Gibney an, damals das renommierteste Architekturbüro Irlands. Im 2 CV, der mich und meine Familie glücklich nach Irland gebracht hatte, erkundeten wir an den Wochenenden das Land, oft begleitet von meinen irischen Kollegen, die uns freundlich umsorgten.

Unvergesslich bleibt die Zeit auf der Grünen Insel mit den unendlichen Steinmauern, den aristokratischen Herrenhäusern mit ihren sich ins Unendliche verlierenden Landschaftsgärten, den »Doors of Dublin«, der Insel uralter Monumente des Menschseins, der Insel der Tumuli und Ringforts.

Peter und Boris angeln in der Amstel vor dem Atelier Holzbauer, 1973

Und da Irland, einem großen Schiff gleichend, von Ozeanen umgeben ist (ein unglaubliches Gefühl der Freiheit für Binneneuropäer damals im Kalten Krieg), gab es auch Badeausflüge, zum Beispiel zum Silver Strand südlich von Dublin. Doch Badespaß hatten nur die Iren, die sich – unbeeindruckt von der eisigen Kälte der Irischen See – in die Fluten stürzten. Wir aber, die lieblichen Temperaturen des Mittelmeeres gewöhnt, begnügten uns mit dem Bad in der milden Sonne auf St. Patricks schöner Insel.

* Liam und Gabriel O'Herlihy und Klaus Unger.

Das Konsilium

Wilhelm Holzbauer war viel unterwegs, trotzdem gab es keinen Atelierleiter, der stellvertretend notwendige (Entwurfs-) Entscheidungen treffen konnte. Wir* hatten jedoch einen Weg gefunden, die für den Arbeitsfortschritt notwendigen Entscheidungen durch einen möglichst großen Konsens abzusichern.

Und das ging folgendermaßen vor sich: Es gab die Vorgaben von Holzbauer, mehr oder weniger ausformuliert und mit ihm grundsätzlich besprochen, sowie eine gewisse Übereinkunft, vielleicht Gleichklang unter uns Mitarbeitern, wie die Entwürfe und in der Folge die Detailplanungen vorangetrieben werden sollten. Also arbeitete jeder eigenverantwortlich nach bestem Wissen und Gewissen, bis, ja, bis man feststeckte. Das konnte aus verschiedenen Gründen passieren, sei es, weil knifflige Details zu lösen oder Entwurfsentscheidungen zu treffen waren. Und an dieser Stelle erscholl der Ruf:

»Konsilium«!

Also versammelten sich alle um den Zeichentisch (denn damals wurde noch von Hand gezeichnet) des Rufers, diskutierten das Problem, wogen das Für und Wider von Lösungsansätzen ab, bis letztendlich ein Vorschlag allgemeine Zustimmung fand und dem Rufer vom Konsilium zur weiteren Bearbeitung sozusagen empfohlen wurde.

Es konnte allerdings durchaus passieren, dass Holzbauer nach längerer Abwesenheit sich über die Pläne beugte und meinte: »Is' des aber schiach!«, sich hinsetzte und vieles »umschmiss«, was wir erarbeitet hatten. Das bedeutete dann oft Nachtarbeit (Wettbewerb!), um verlorene Zeit aufzuholen, doch auch Freude und Genugtuung über eine gelungene (gemeinsame) Leistung.

Mitarbeiter im Büro Holzbauer:
Artur Duniecki, Otto Häuselmayer,
Dimitri Manikas, Gernot Kulterer
(v.l.n.r.), um 1972

* Das waren damals Otto Häuselmayer,
Eberhard Kneissl, Gernot Kulterer,
Dimitri Manikas, Elsa Prochazka,
Heinz Tesar u. a.

Cover, Zeitschrift *Transparent*, 9/1971

»Instantan« oder Sturm & Drang

Obwohl wir uns über mangelnde Arbeit im Büro von Wilhelm Holzbauer nicht beklagen konnten, beschlossen Otto Häuselmayer und ich, in unserer Freizeit ein Idealprojekt zu erarbeiten. Den Anlass dazu gab uns die Dreiländer-Biennale »trigon '71« in Graz, an der wir teilzunehmen beabsichtigten.

Nun dämmerte gerade der Siegeszug der elektronischen Medien herauf, mit all den Verheißungen, deren Kehrseite heute, rund 50 Jahre später, beginnt, ins allgemeine Bewusstsein zu dringen.

Wir jedenfalls waren von den neuen Möglichkeiten der allumfassenden, unmittelbaren, »instantanen« Kommunikation fasziniert und erdachten dafür architektonische Hüllen, sehr expressiv, formalistisch, organhaft, unserem Drang nach Formfindung gehorchend. Wir postulierten auch, dass dieser instantane, gleichzeitige, interkontinentale Kommunikationsaustausch ein gemeinschaftliches, soziales Erleben sein werde, das eben einer neuen Architektur bedürfe.

Doch die »trigon '71« geriet zum Skandal und unser eingereichtes Projekt »Instantan« lief ins Leere, aber Günther Feuerstein gefiel unser Sturm und Drang-Projekt und er veröffentlichte es in der Zeitschrift *Transparent* als Titelstory.

Nun, die Entwicklung nahm einen anderen Verlauf und wofür wir damals großartige Architekturen für das gemeinsame Erleben instantaner Kommunikation kreiert hatten, gibt es heute in jedermanns Tasche eine Maschine, die genau das tut, aber eben nur vermeintlich Sozietät schafft.

Der Polier
Filiale des Verkehrsbüros Landstraßer Hauptstraße 1, Wien 3

Ich bin früh dran, der Erste im Büro.* Das Telefon klingelt und der Polier »meiner Baustelle« meldet sich aufgeregt:
>»Herr Architekt, Herr Architekt, der Pfeiler, der Pfeiler!«
>»Ja«, frage ich, »was ist denn mit dem Pfeiler!?«
>»Also«, sagt er, »kein Brösel geht mehr heraus, der Pfeiler ›singt‹ bei jedem Schlag!«

Ich mache mich sofort auf den Weg, 15 Minuten später bin ich vor Ort.

Der mächtige Klinkerpfeiler, auf dem ein fünfstöckiges Haus lastet und durch den laut Planung die Eingangstüre für das zukünftige Lokal gebrochen werden sollte, zeigte bereits eine bedenkliche Einschnürung. Und tatsächlich, bei jedem Schlag mit Hammer und Meißel war ein äolisches Singen zu vernehmen. Der alarmierte Statiker ordnete sofort an, den Pfeiler wieder auszumauern, um einen drohenden Einsturz abzuwenden. Auf meine Frage, was uns erspart geblieben wäre, malte er folgendes Schreckensszenario:

Der geschwächte Pfeiler wäre unter der großen Last zusammengebrochen, sodann wäre die Außenmauer des Hauses zur Straße hin ausgebeult und eingestürzt und sämtliche Geschoßdecken, ihres Auflagers verlustig, auf die Straße gerutscht. Dass das unabsehbare Folgen – nicht zuletzt für Leib und Leben vieler Menschen – gehabt hätte, steht außer Zweifel.**

Heute noch denke ich mit Dankbarkeit an jenen Polier, der aufgrund seiner Erfahrung und Intuition diese Katastrophe mit allen damit verbundenen Konsequenzen verhindert hat.

Wilhelm Holzbauer, Filiale des Verkehrsbüros (1971), der Pfeiler mit dem »eingeschnittenen« Eingang, heutiger Zustand

* Büro Wilhelm Holzbauer, Franziskanerplatz 3, Wien 1.

** Ursache dieser Beinahe-Katastrophe war: Die beauftragte Baufirma hatte die für die Unterfangungsarbeiten erforderlichen Unterstellungen und Nadelungen zu schwach dimensioniert.

Wassereinbruch
Zentralsparkasse Schwedenplatz, Wien 1

Wir waren gerade in der heikelsten Bauphase, der Unterfangung einer Mittelmauer über drei Stockwerke, vom Keller über das Erdgeschoß bis in den ersten Stock, ein mehr oder weniger labiler Zustand. Und genau in dieser Etappe gab es Alarm. Die Baustelle wurde gestoppt und die Räumung des Gebäudes und des Nachbarhauses angeordnet, danach gab es eine Krisensitzung im U-Bahn-Baubüro mit etwa 25 hohen und noch höheren Beamten der Stadt, Statikern, Grundbau-Spezialisten usw.

Was war geschehen? Unter unserer Baustelle, dem Umbau einer großen Zweigstelle der Zentralsparkasse (heute Bank Austria) am Schwedenplatz, wurde gerade die Linie U1 mittels Schildvortrieb gebohrt. Es gab einen massiven Wassereinbruch, der (Erd-)Material mitführte und dort, wo das Material herstammte, mussten folglich Hohlräume entstanden sein – gefährliche Hohlräume, auch unter unserer Baustelle.

Zur Krisensitzung war auch unser Büro geladen, also nahm ich als verantwortlicher örtlicher Bauleiter in Begleitung eines Kollegen, beide im Auftrag von Wilhelm Holzbauer, daran teil. Große Aufregung, die Nerven liegen blank. Da, plötzlich, verdächtige Stille. Der Sitzungsleiter nestelt an seinen Unterlagen, blickt uns beide an und sagt, er könne für unsere Bauführung keine eisenbahnrechtliche Bewilligung finden, ob wir denn keine hätten?

Alle Augen auf uns gerichtet, erregtes Gemurmel. Nein, die hatten wir nicht. Alle (Beamte, Statiker, Holzbauer und ich), wir alle hatten übersehen, um diese eisenbahnrechtliche Bewilligung anzusuchen, denn zum Zeitpunkt unserer Planung war von einer U-Bahn noch nichts zu merken. Allerdings war die Trasse bereits gewidmet, die Bahn folglich als existent zu betrachten.

Obwohl der Wassereinbruch ursächlich nichts mit unserer Bauführung zu tun hatte, konnten wir uns des Gefühls nicht erwehren, dass die ganze honorige Runde überlegte, das Schlamassel könnte ja vielleicht an uns hängen bleiben. Nun, es ging gut aus, nichts stürzte ein. Monatelang wurde unter den Häusern Beton injiziert, sodass diese wahrscheinlich jetzt als die bestfundierten der Stadt gelten können. Und auch wir durften unsere Baustelle in aller Ruhe zu Ende bringen.

Wilhelm Holzbauer, Zentralsparkasse Schwedenplatz (1975/76), Eingangssituation mit Wendeltreppe, ursprünglicher Zustand

Ein Werkmeister
Kindergarten der Stadt Wien, Bernoullistraße 7, Wien 22

1999 wurde ich zu einem Wettbewerb für einen neuen Kindergarten der Stadt Wien in der Bernoullistraße im 22. Bezirk eingeladen. Mein Projekt ging siegreich aus der starken Konkurrenz hervor und war von mir, anlässlich einer Sitzung der Baudirektion, den anwesenden Senatsräten samt nachgeordneten Dienststellen vorgestellt worden. Es gab allgemeine Zustimmung und das Projekt wurde vom versammelten Gremium genehmigt.

Nun war es Praxis der Stadt Wien, die Leistungen Ausschreibung, Vergabe und örtliche Bauleitung in der eigenen Behörde zu erbringen und in der Regel wurden damit Werkmeister des Magistrats betraut. Ein solcher wurde uns bei obiger Gelegenheit vorgestellt, sein Name ist mir entfallen. Zufall oder nicht, mein Mitarbeiter und ich verließen gemeinsam mit diesem Herrn die Sitzung und noch im Hausflur sagte der unvermittelt: »Herr Architekt, ich kann Ihnen versichern, so werden wir das aber nicht bauen.«

Unsere Verblüffung war verständlicherweise groß, hatten wir doch gerade von höchster Stelle Lob und die Autorisierung für die weitere Planung erhalten. Ich brachte den Vorfall meinem Auftraggeber zur Kenntnis und alsbald wurde jener Werkmeister von meinem Projekt abgezogen und der neue war kooperativ.

Held der Arbeit
Spardat Rechenzentrum, Wien 11

Es war Sonntag, herrliches Sommerwetter! Ein Ausflug ins Grüne war geplant. Doch vorher wollte ich der im Rohbau weit fortgeschrittenen Baustelle des Spardat-Gebäudes einen – ungeplanten – Besuch abstatten. Ich spazierte also durch die weitläufige Anlage, mich vergewissernd, dass alles planmäßig voranging. Alles ruhig, keine Menschenseele, nur entfernt Verkehrslärm und Vogelgezwitscher, denn das Haus war noch fensterlos.

Ich wollte gerade den Ort verlassen, als ein Geräusch zu vernehmen war und – da von der Baustellenaufsicht keine Spur – ich beschloss, dem nachzugehen. So fand ich ihn, den »Helden der Arbeit«. Ganz allein auf der riesigen Baustelle, auf einem Gerüst stehend, mauerte »mein Held« eine Wand hoch, leise vor sich hinsummend.

Ein Tag im Leben des Iwan Denissowitsch kam mir in den Sinn, Alexander Solschenizyns berühmte Dichtung, die mit jener Sequenz endet, in der die Strafgefangenen trachten – gegen jede Vernunft – vor dem Appell eine Mauer fertigzustellen. Als Zeichen ihrer Selbstbehauptung!

Im Hochsommer am Sonntag auf der Baustelle des Rechenzentrums Spardat, Wien 11, 1993

Drei Studienarbeiten und das Projekt »Instantan«

1964–1971

Ausstellungspavillon und Funkstation

Studienarbeiten
1964
Technische Hochschule Wien
Lehrkanzel Prof. Karl Schwanzer

Die Gebäudelehre-Übungen (1964) bei Prof. Karl Schwanzer waren damals die ersten Gelegenheiten im Architekturstudium an der Technischen Hochschule, der Kreativität freien Lauf lassen zu können. Für mich lauteten die Aufgabenstellungen »Ausstellungspavillon für eine Aluminiumfirma« und »Funkstation für ein Entwicklungsland«. Während beim Ausstellungspavillon die Lösung der gestellten Aufgabe im Räumlich-Gestalthaften fußt, liegt bei der Funkstation der Fokus auf der strukturell-konstruktiven Durchbildung.

Bald darauf erschien die offizielle Festschrift anlässlich des 150-Jahr-Jubiläums der Technischen Hochschule, in der auch mein Entwurf für den Ausstellungspavillon publiziert wurde. Ein motivierender Anfangserfolg.

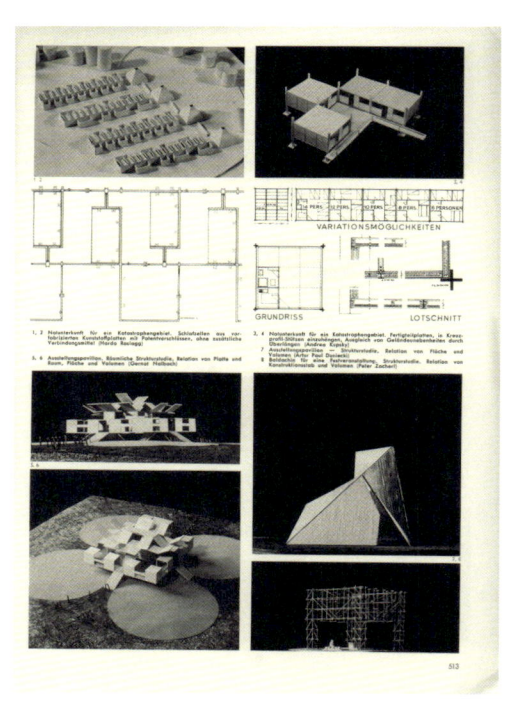

Festschrift, hrsg. von der Technischen Hochschule Wien, 1965

Alu-Pavillon,
Modellansicht

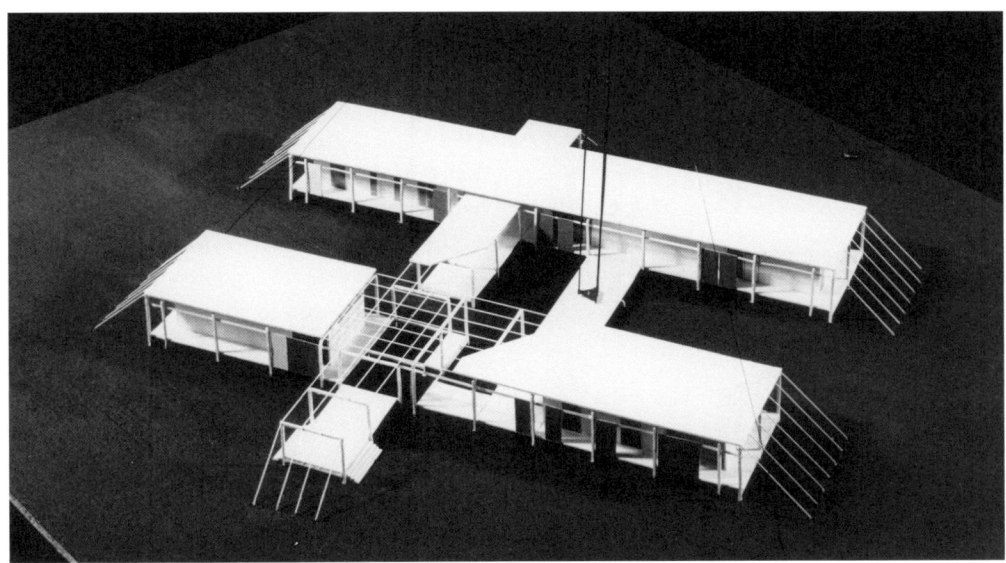

Funkstation,
Modellansicht

Botschaft für eine Großmacht

Studienarbeit
1967
Technische Hochschule Wien
Lehrkanzel Prof. Erich Boltenstern

Flaktürme im
Arenbergpark

Atlantikwall,
Beobachtungsbunker

Walter Pichler,
City, 1963

Im Wien der Kriegs- und Nachkriegszeit aufgewachsen, hatte für mich der Begriff »Bunker« naturgemäß eine Bedeutung, sind doch Beispiele solcher Bauten unübersehbar und unauslöschlich ins Weichbild der Stadt implantiert. Die gängige Auffassung war (und ist), dass diese Ausgeburten des Krieges jedenfalls etwas Hässliches wären. 1966 erschien Claude Parents und Paul Virilios Publikation *Bunkerarchäologie* über den Atlantikwall (*Architecture principe*, Nr. 7), in der die brachiale Formensprache dieser Festungsbauten thematisiert wird, und Günther Feuerstein machte in seinen Vorlesungen über zeitgenössische Architektur bereits Anfang der 1960er-Jahre auf formale Qualitäten dieser Kriegsbauten aufmerksam.

Etwa zur selben Zeit – also bereits rund 20 Jahre nach Kriegsende – kam der »Betonbrutalismus« hoch, dessen Formensprache durchaus Elemente der Bunkerbauten übernahm.

Es lag offensichtlich »in der Luft«, denn als ich mit der Studienarbeit »Botschaft für eine Großmacht« bei Professor Boltenstern begann, durchpflügte Hans Holleins Flugzeugträger als autarke, schwimmende Festung bereits die Landschaft, die »versunkenen« Architekturen Walter Pichlers ließen das Einbunkern im Zeitalter der Atomwaffen erahnen und Günther Domenigs Kirche in Oberwart war gerade im Bau.

Für mich bot die Aufgabenstellung jedenfalls willkommenen Anlass, mit dem einschlägigen Vokabular zu experimentieren. Mein Entwurf zelebriert die autonome, monumentale, an Festungsbauwerke gemahnende Großform. Er imaginiert die Botschaft als wehrhafte Festsetzung mitten im Territorium eines vielleicht feindlich gesinnten Landes.

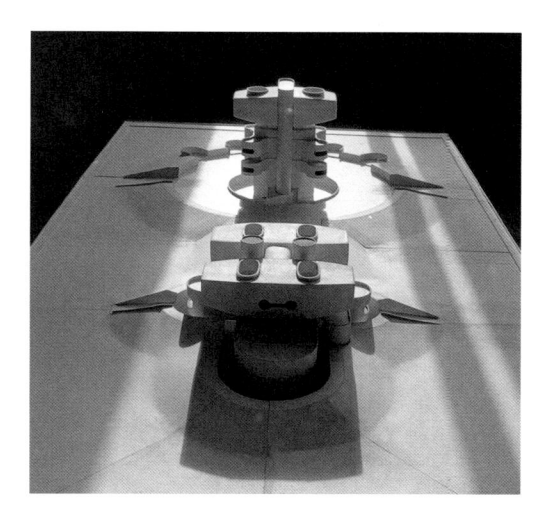

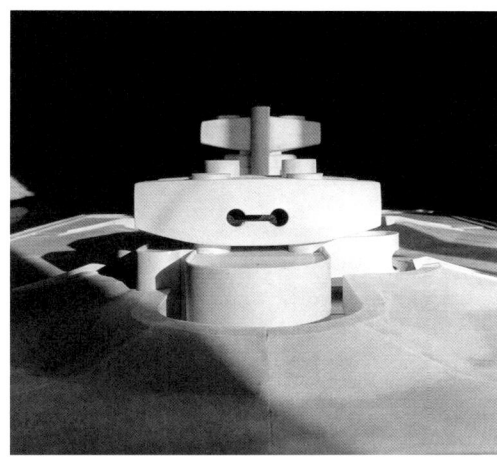

Botschaft für eine Großmacht,
Modellfotos

Perspektivische Skizze, Tinte und Aquarell auf Aquafix

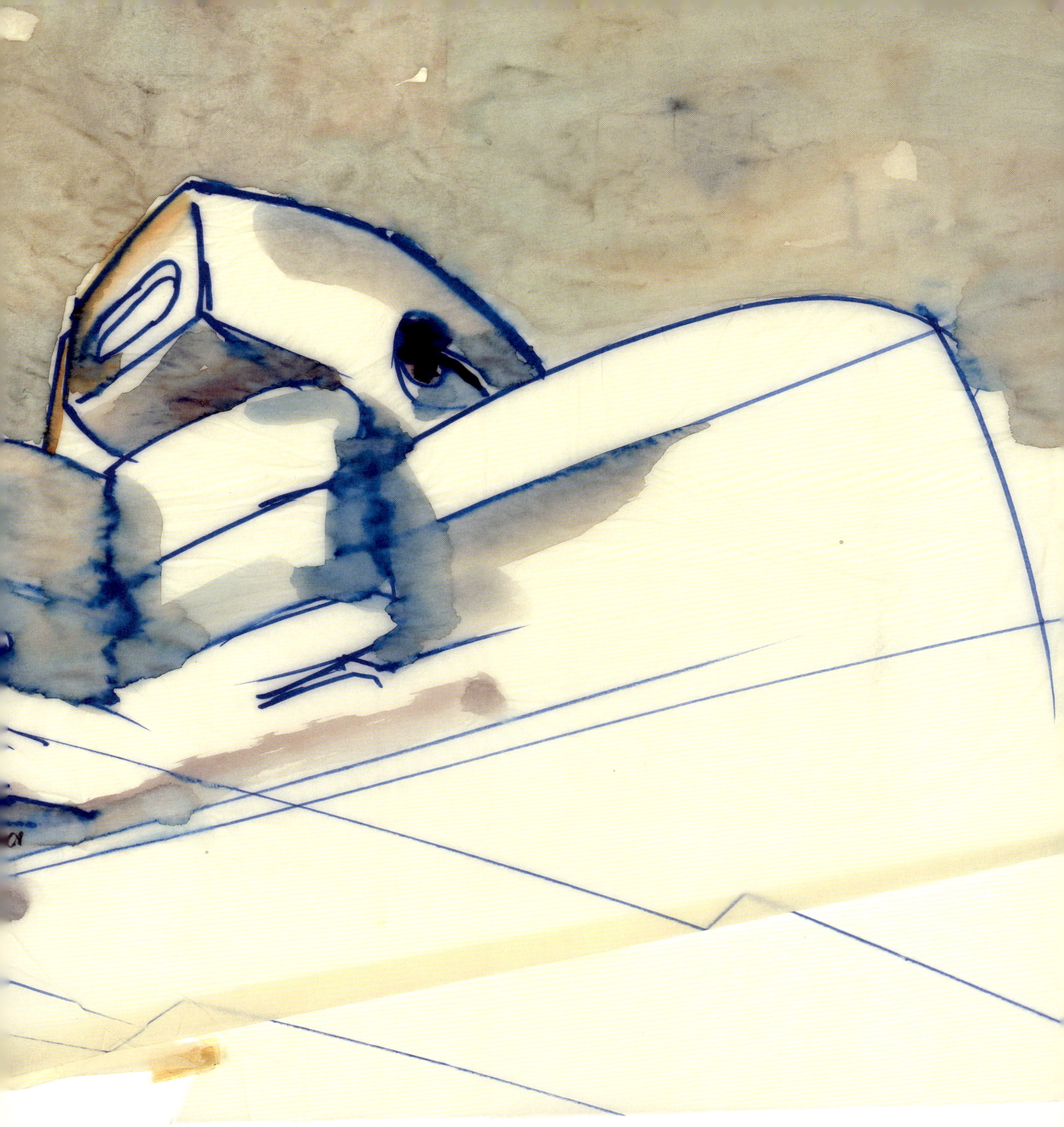

Instantan

mit Otto Häuselmayer
1970/71

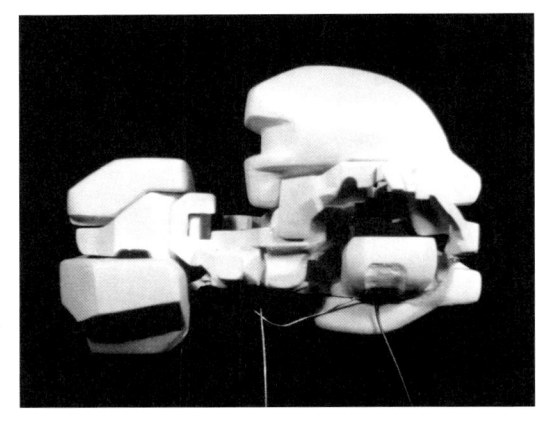

Mit Publikationen und Begriffen wie *Understanding Media*, *Global Village* und *The Medium is the Massage* hatte der Medientheoretiker Marshall McLuhan in den 1960er-Jahren verdeutlicht, dass die »Neuen Medien« wie Telefon, Film, Radio und TV life die sozialräumlichen Funktionen und Muster von physischem Raum und physisch fassbarer Zeit vom architektonischen und urbanen Ort auflösen, überlagern und an sich ortlose, rein virtuelle Wirklichkeiten kollektiver und individueller Identitäten schaffen.

Unter dem Titel »Intermedia Urbana« lud die »trigon '71« in Graz zur Einsendung von Wettbewerbsbeiträgen, die solche Phänomene durch gestaltende Eingriffe von Künstlern und Architekten in konkreten städtischen Strukturen greifbar machen, kritisch aufzeigen und bearbeiten sollten – von Wallpainting bis zur Lichtinstallation, von Skulpturen im Stadtraum bis hin zu Rauminstallationen und medialen Environments.

Unser Projekt »Instantan« versuchte, diese Entkoppelung von Raum, Information und Identität, von Individuum und Gemeinschaft in gleichsam amorphe, doch skulptural-suggestiv in der Stadt materialisierte Raum-Knoten überzuführen und so den Beziehungen zwischen individuellen und kollektiven »Ereignissen« wieder neue Bühnen, verortbare Interfaces zu geben.

Mit Distanz betrachtet: Wir waren uns der Entmaterialisierung von sozialen und räumlichen Gefügen bewusst. In der progressiven Szene herrschte um 1970 die »Soziologitis«, Bauen und Gestalten war verpönt, solange die Gesellschaft sich nicht radikal reformiert hätte. Uns interessierte der Ansatz, diese Dynamiken wieder »vom anderen Ende her« in bauliche Gesten umzuwandeln und »korrigierend« einzubinden.

Instantan 1, Modell

Instantan 2, Modell

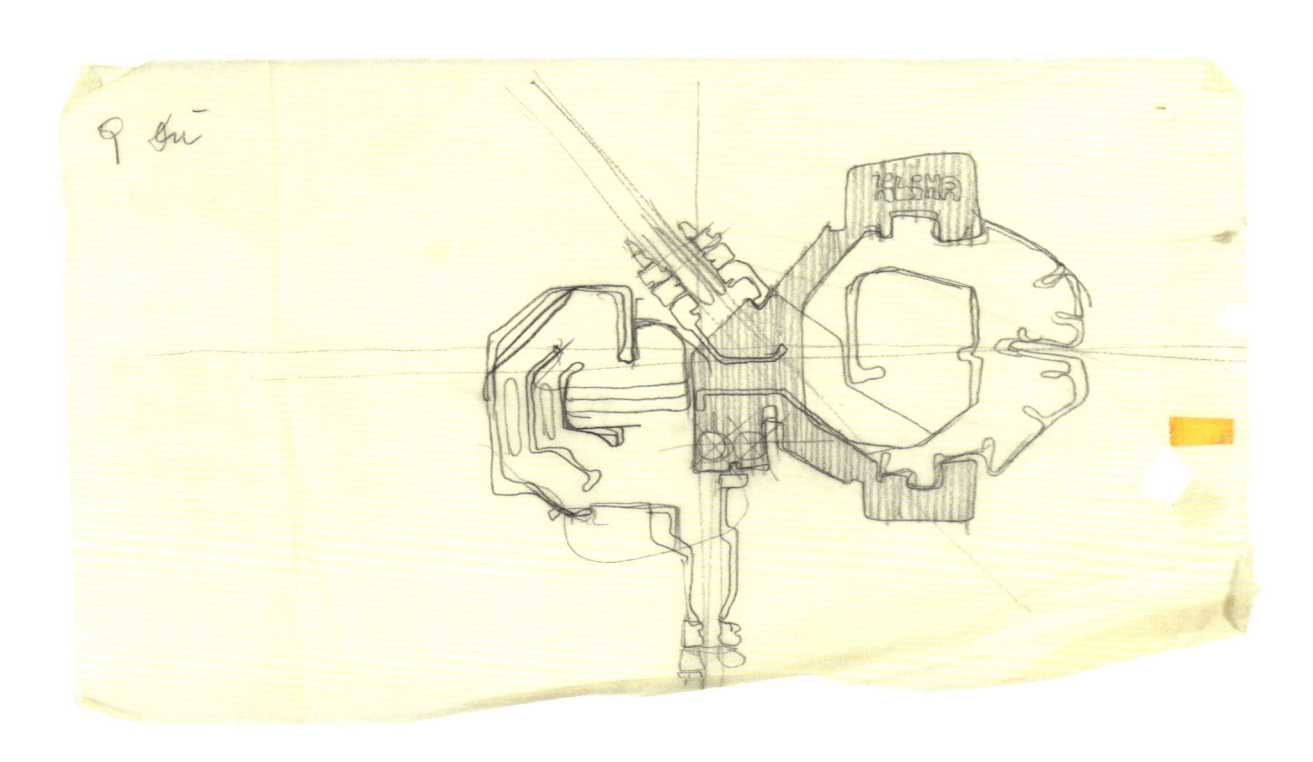

Instantan 1,
Entwurfsskizzen,
Waagschnitte,
Bleistift auf Aquafix

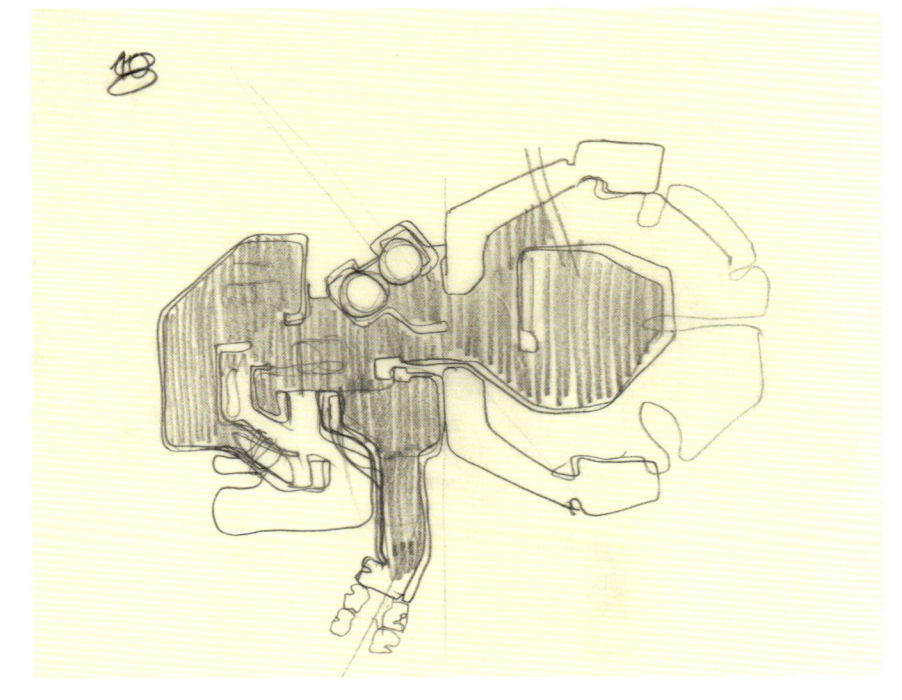

Instantan 1

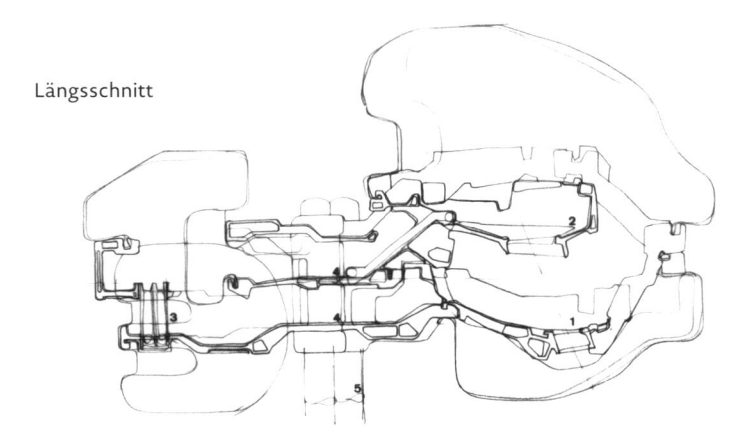

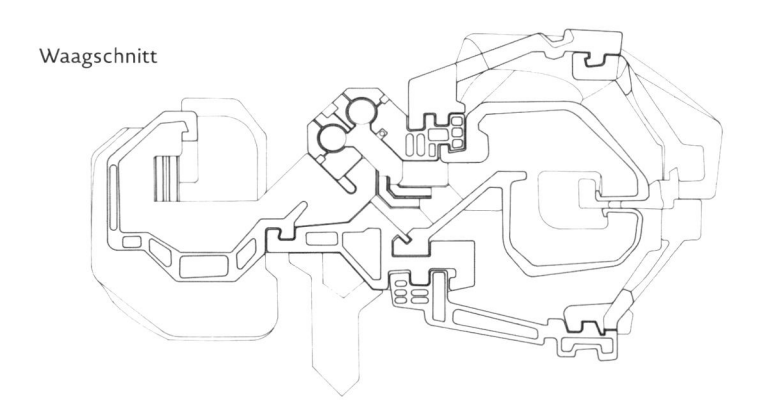

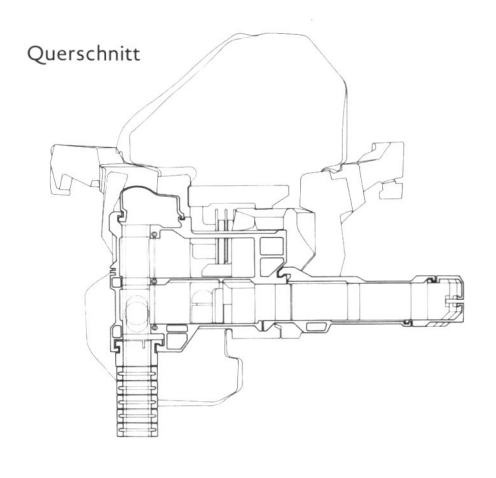

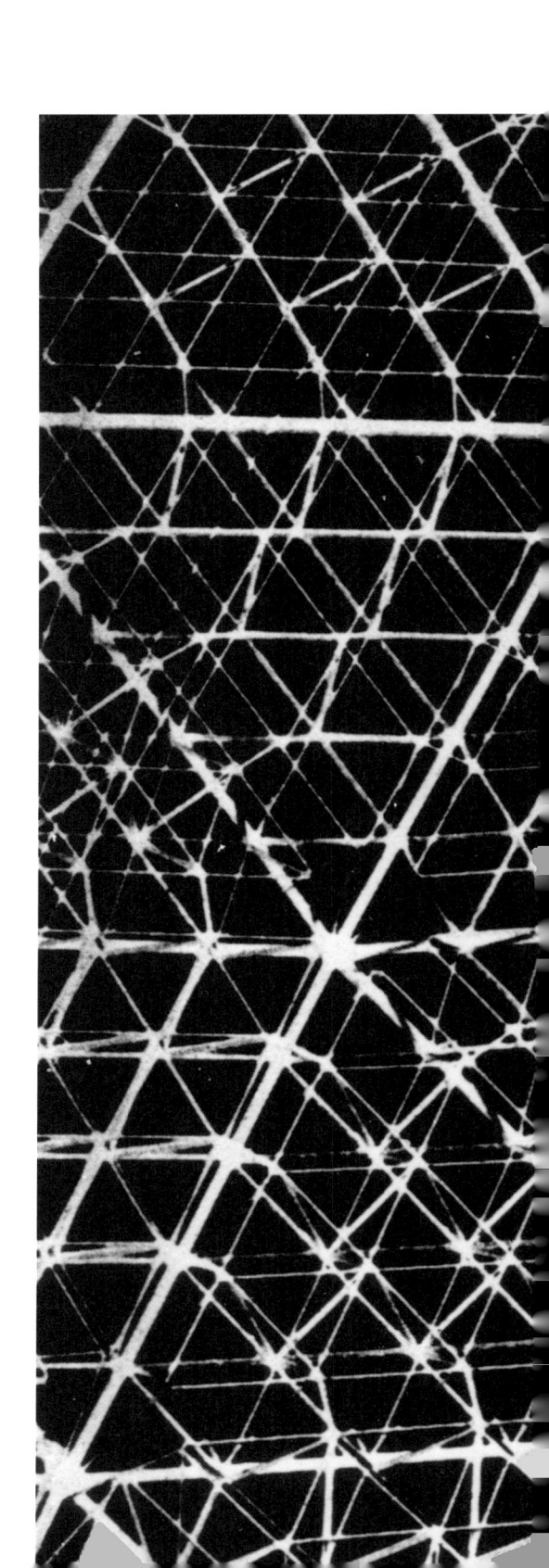

Längsschnitt

Waagschnitt

Querschnitt

50

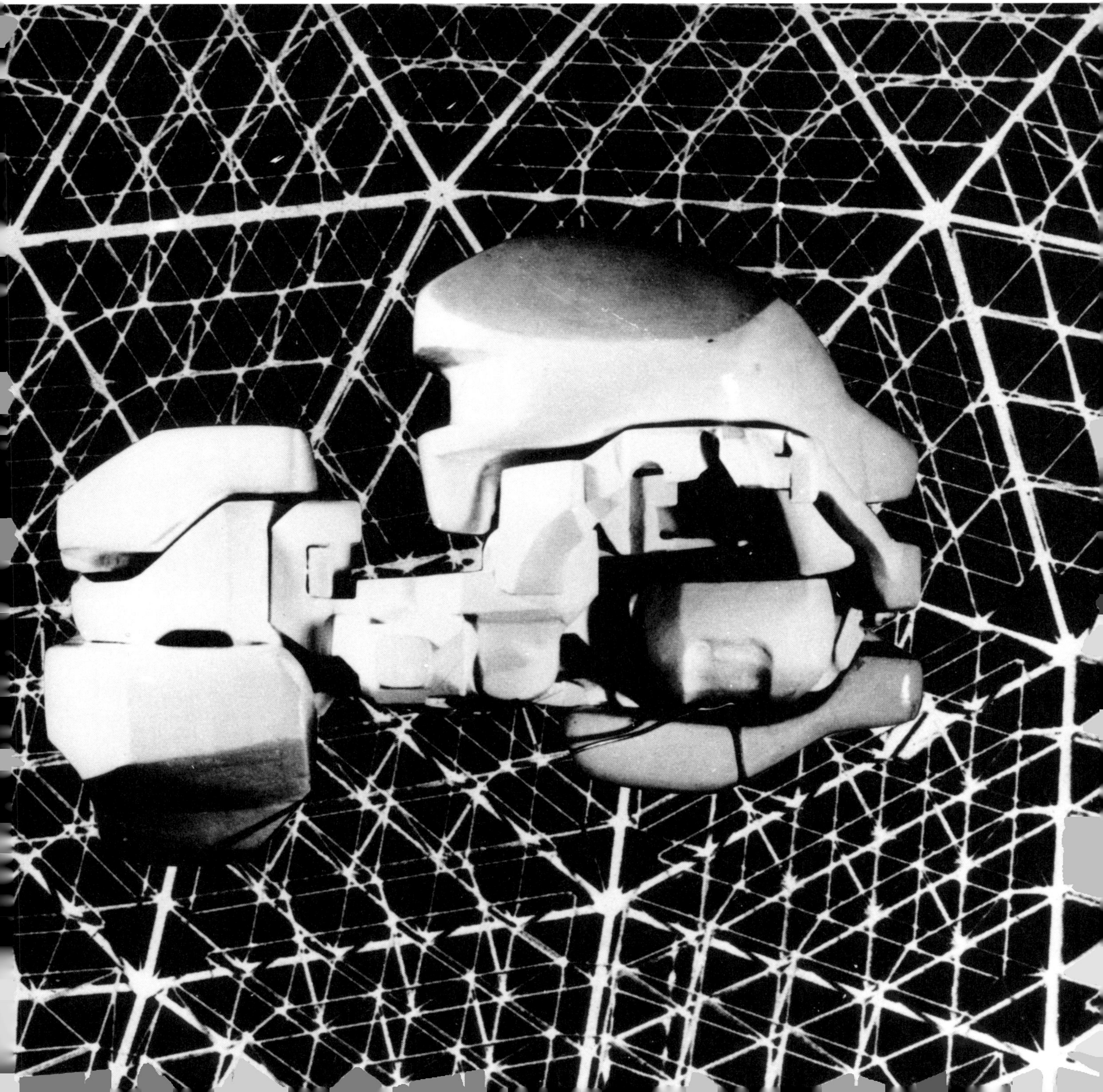

Ausgewählte Werke

1975–2013

54

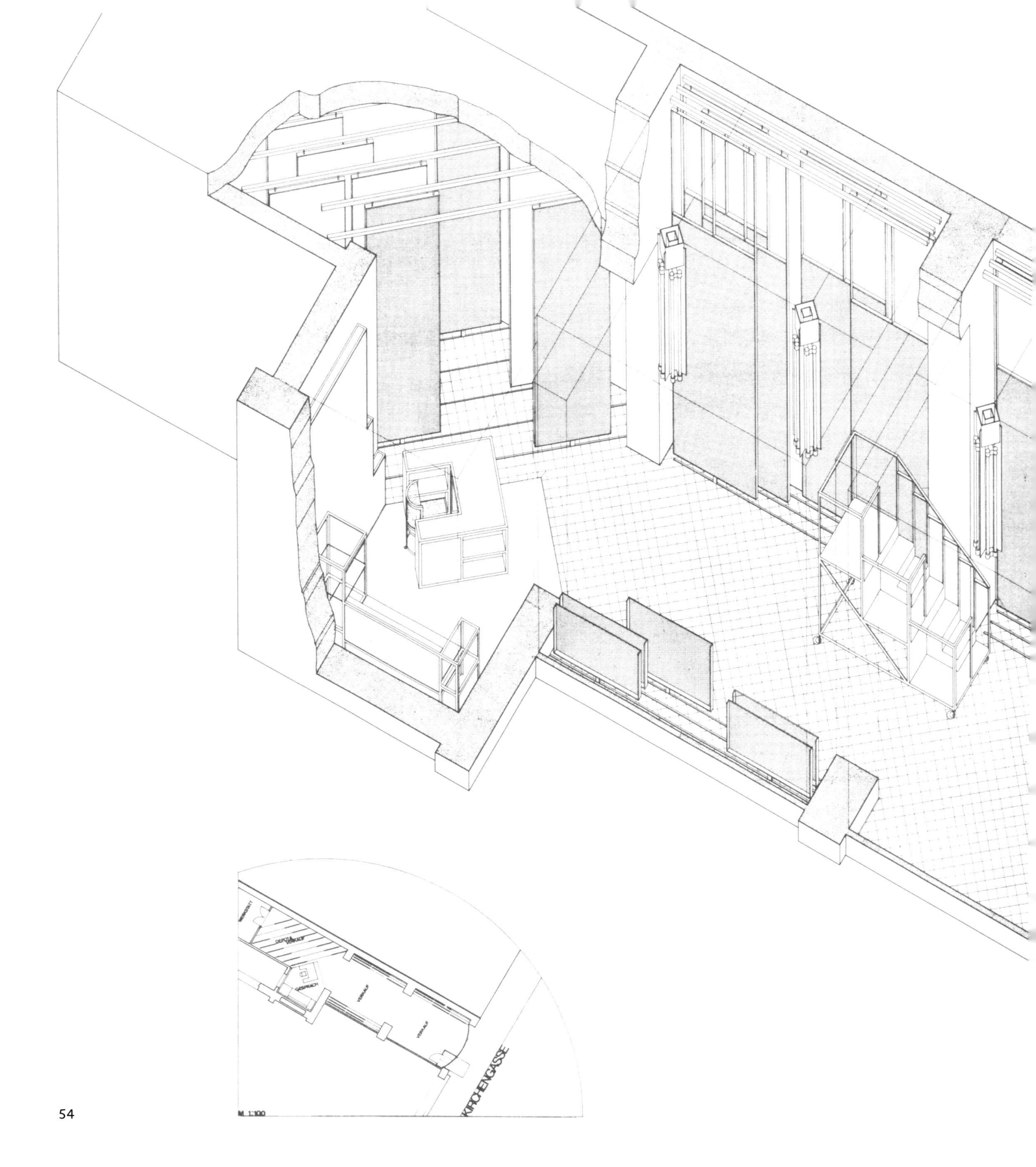

Galerie Plank

Wien 7, Kirchengasse 13
1975
nicht ausgeführt

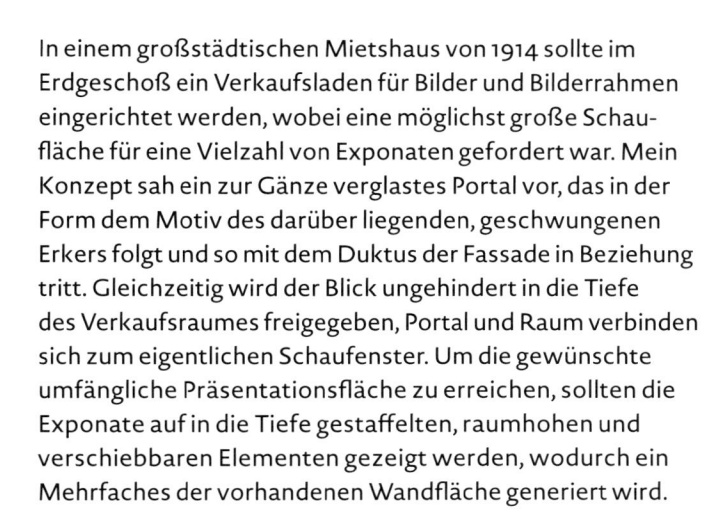

In einem großstädtischen Mietshaus von 1914 sollte im Erdgeschoß ein Verkaufsladen für Bilder und Bilderrahmen eingerichtet werden, wobei eine möglichst große Schaufläche für eine Vielzahl von Exponaten gefordert war. Mein Konzept sah ein zur Gänze verglastes Portal vor, das in der Form dem Motiv des darüber liegenden, geschwungenen Erkers folgt und so mit dem Duktus der Fassade in Beziehung tritt. Gleichzeitig wird der Blick ungehindert in die Tiefe des Verkaufsraumes freigegeben, Portal und Raum verbinden sich zum eigentlichen Schaufenster. Um die gewünschte umfängliche Präsentationsfläche zu erreichen, sollten die Exponate auf in die Tiefe gestaffelten, raumhohen und verschiebbaren Elementen gezeigt werden, wodurch ein Mehrfaches der vorhandenen Wandfläche generiert wird.

Hi-Fi-Studio Fernsehkratky

Wien 12, Schönbrunner Straße 273
1976
nicht erhalten

Die Ladenkette »Fernsehkratky« war 1975 einer der größten Anbieter für Unterhaltungselektronik in Österreich. Am Höhepunkt der Hi-Fi-Welle erarbeitete ich im Auftrag der Geschäftsführung für die entsprechende Abteilung am Standort bei der Stadtbahn-Station Meidling (heute U4-Station) ein entsprechendes Ambiente für die oft sündteuren Anlagen.

Die beiden akustisch getrennten Vorführräume waren von der Straße einsehbar und die Hi-Fi-Enthusiasten waren eingeladen, auf Marcel-Breuer-Stühlen dem »Traumklang« zu lauschen. Ein besonderes Detail waren die angehobenen, begehbaren Gitterroste, die der Ausstattung von Schallversuchsräumen nachempfunden waren, um die Professionalität der Verkaufssituation zu unterstreichen.

Axonometrie

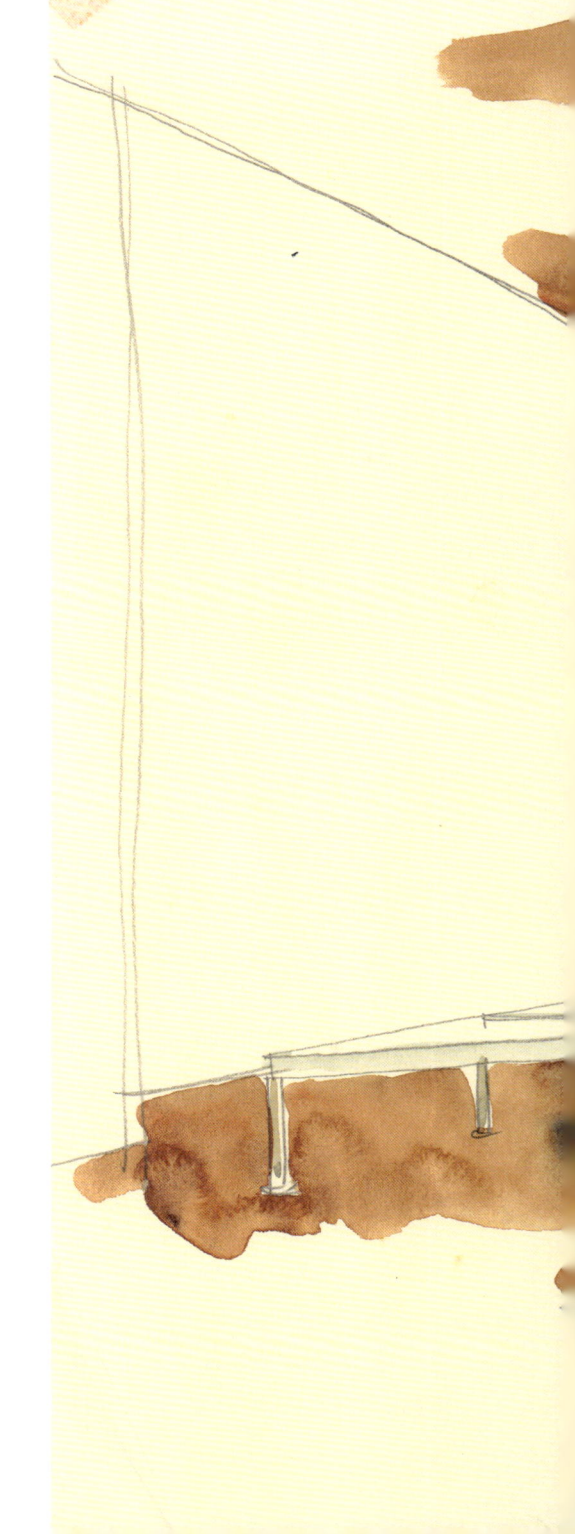

Perspektivische Skizze,
Bleistift und Aquarell auf Papier

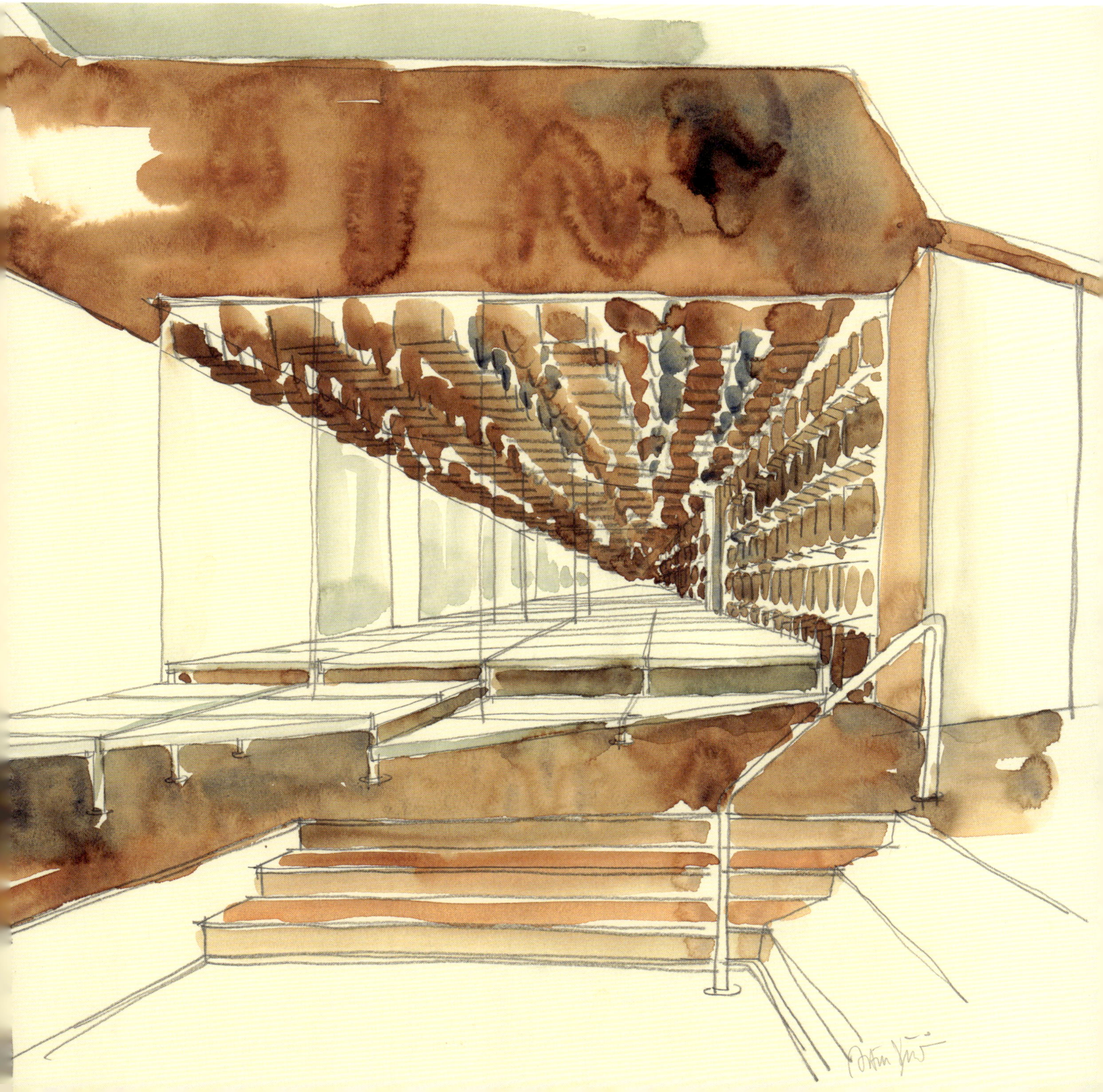

HAK und HAS Stegersbach

Stegersbach, Burgenland
1976
Wettbewerb, Preisträger
nicht ausgeführt

Im Zuge der Bildungs- und Schulbauoffensive des Bundes in den 1970er-Jahren erhielt neben Güssing und Oberwart auch Stegersbach ein neues Bundesschulzentrum. Für die zu errichtende achtklassige Bundeshandelsakademie und die sechsklassige Bundeshandelsschule schrieb die Gemeinde 1976 einen offenen Architekturwettbewerb aus. Das Grundstück liegt etwa 800 Meter nördlich des Ortskerns an der Straße zu der bekannten Therme, die aber erst ein Jahrzehnt später entstand. Das umfangreiche Raumprogramm ist in meinem Entwurf nicht als solitäre Großform organisiert, mein Ansatz bezog sich vielmehr auf die im ganzen Burgenland typischen, traditionellen Dorf- und Hausstrukturen. Die Ortsstraßen flankierend und quer zu diesen auf schmalen, lang gestreckten Parzellen angeordnet, zeigen sie ein eng gestaffeltes, gleichförmiges und fein variiertes Relief von steil gedeckten, schmalen Zeilenbauten.

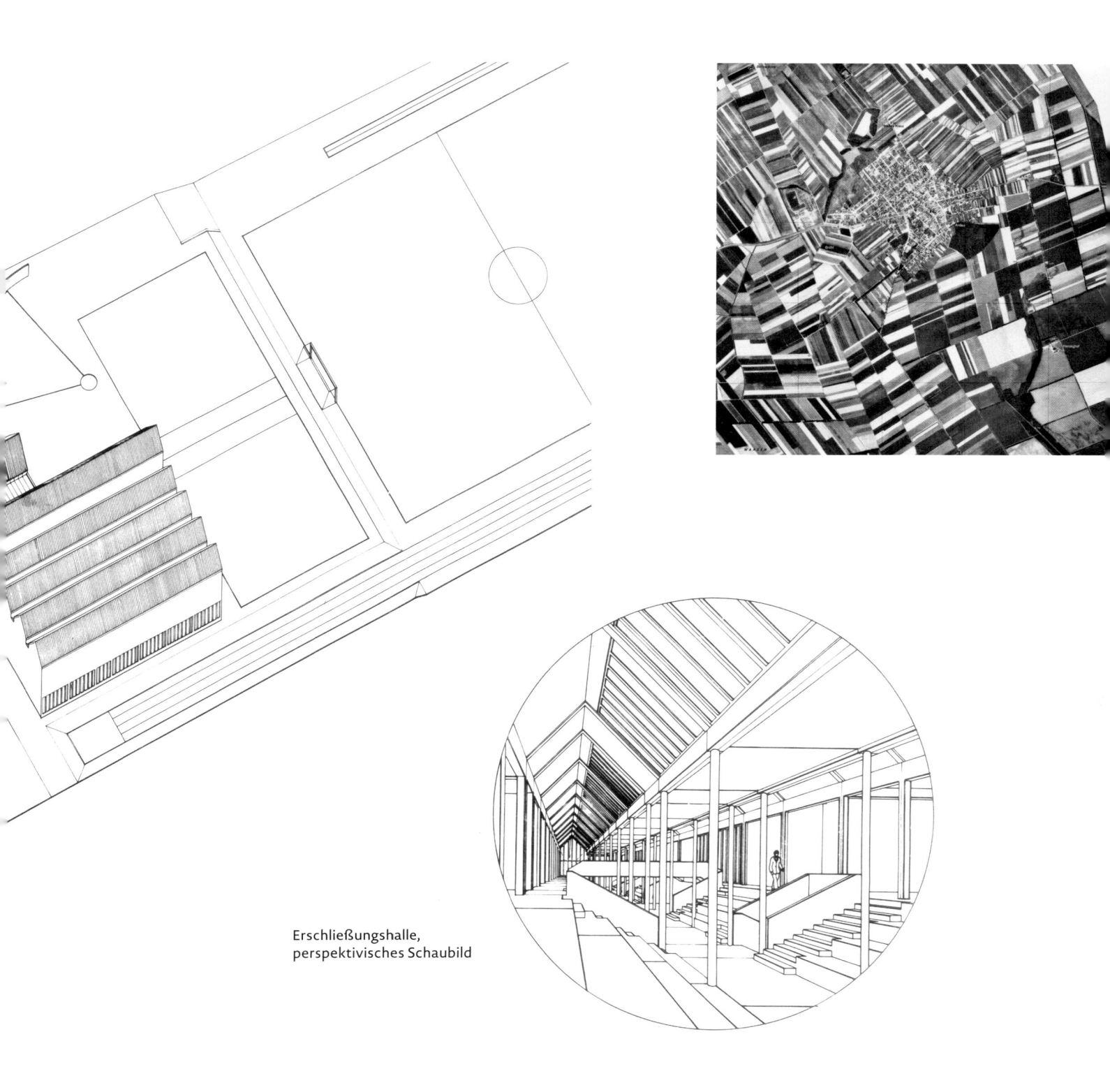

Erschließungshalle,
perspektivisches Schaubild

Philips Produktenschau

Philips-Zentrale Wien
Wien 10, Triester Straße 64
1976
nicht erhalten

Vom Stammhaus in Eindhoven aus wurde Philips ab den 1960er-Jahren zu einem weltweit führenden Konzern im Bereich der Radio-, TV- und Tonbandgeräte, der elektrischen Haushaltsgeräte und der elektronischen Speichermedien wie Compact Discs, Kassettenrekorder und DVDs. Die nach Plänen von Karl Schwanzer 1961 bis 1964 errichtete Philips-Zentrale zeigte dementsprechend auch architektonisch neue Maßstäbe auf. Am Südrand von Wien wirkte das Haus an der Triester Straße schon von Weitem auch als markante Willkommensgeste.

Bald nach der Gründung meines Büros gestaltete ich im Auftrag von Philips für die Empfangshalle des unter dem Hochhaus eingeschobenen Flachbaus eine ständige Schau der Produktpalette. Der Entwurf sah eine diagonal in den Raum ansteigend gestufte, begehbare Rampe vor, die sich aus additiv aneinandergefügten Grundelementen zusammensetzte. Ein in diese Rampe eingreifender zylindrischer Raum nahm die Präsentation der Leuchten- und Lichttechniken auf. So entstand eine signifikante Großform, die jedoch eine große Flexibilität der Nutzung erlaubte. Die Ausleuchtung der gezeigten Produkte erfolgte durch einen in der Achse der Stufenrampe verlaufenden Leuchtbalken.

Karl Schwanzers zweigeschoßige Empfangshalle hatte zwar eine neue Funktion bekommen, blieb in ihrem Raumerlebnis mit den sieben raumhohen, südseitigen Verglasungen aber unbeeinträchtigt. Das hangabwärts unverbaute Vorfeld des Gebäudes ermöglichte den Blick von der Triester Straße in die transparente Halle, sodass, besonders bei Nacht, die hell beleuchtete Produktenschau schon aus der Distanz werbewirksam in Erscheinung trat. Die Installation blieb fünfzehn Jahre in Gebrauch.

2013 zog Philips aus; der weitgehend original erhaltene, denkmalgeschützte Bau wurde kürzlich umfassend revitalisiert und in ein Apartmenthotel transformiert.

Cover, Philips Produktkatalog, 1979

Frontalansicht

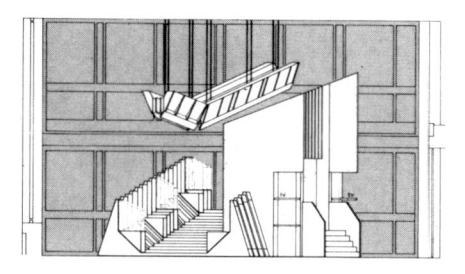

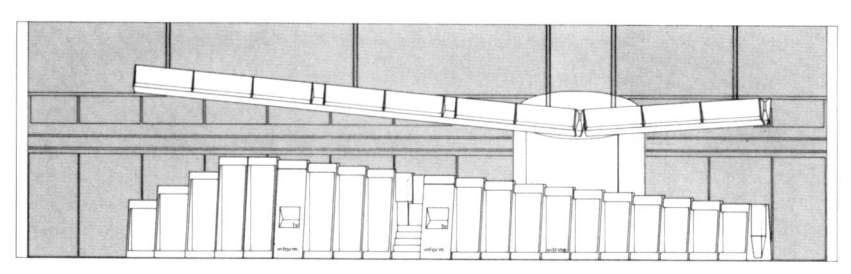

Längsansicht

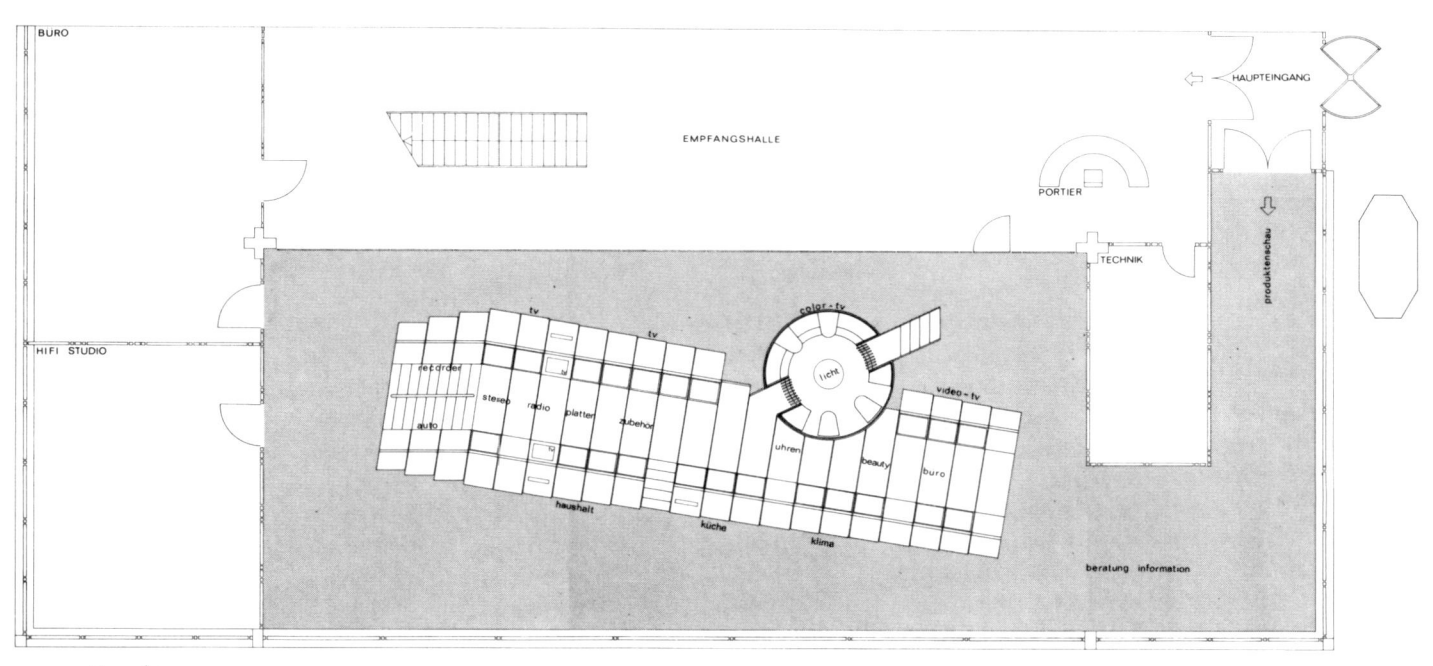

Grundriss

Frontalansicht vom
Halleneingang

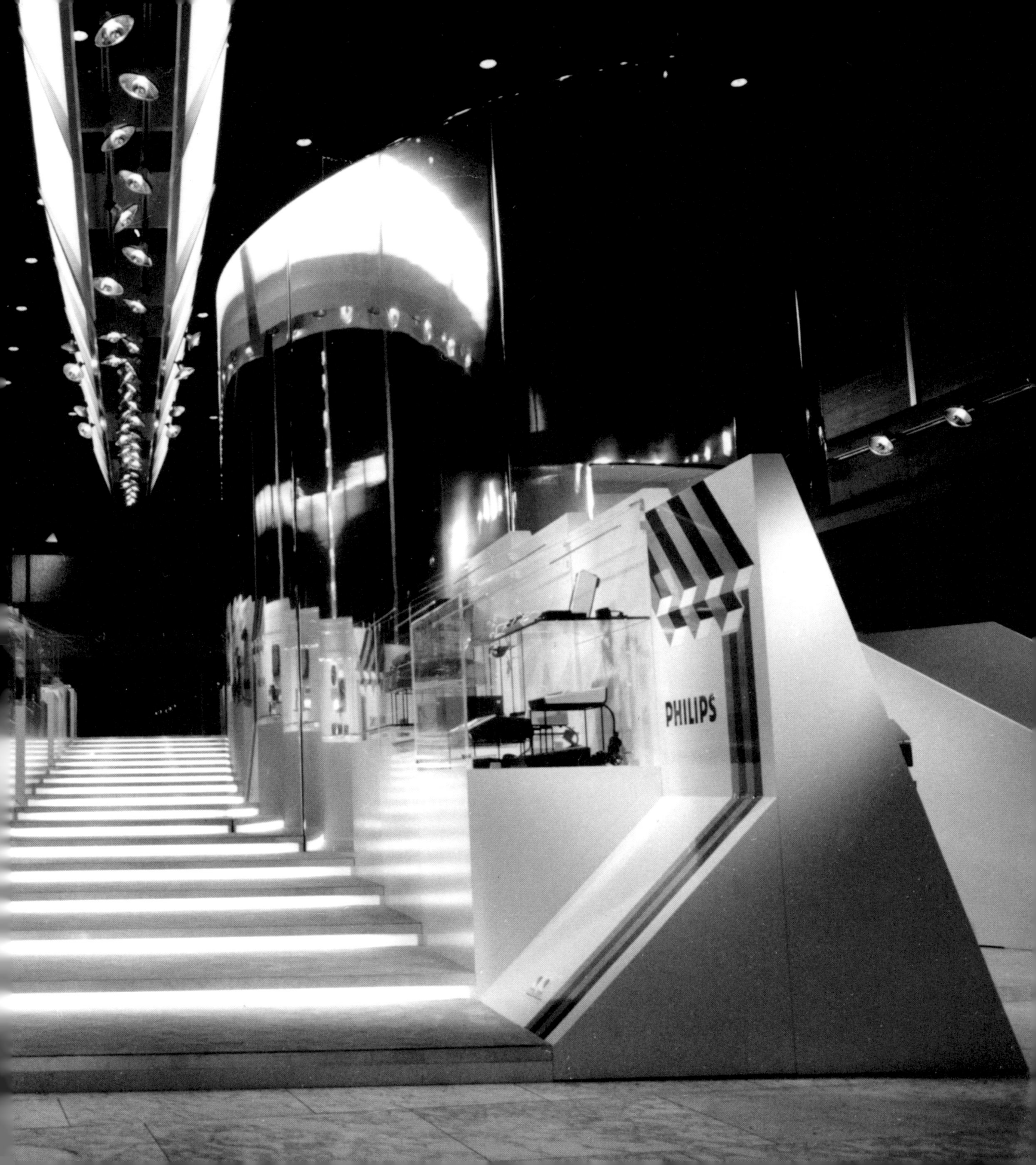
PHILIPS

Philips Produktenschau, Blick in die Halle bei Nacht, 1976

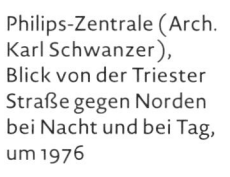

Philips-Zentrale (Arch. Karl Schwanzer), Blick von der Triester Straße gegen Norden bei Nacht und bei Tag, um 1976

Juwelier Stössel

Wien 1, Franz-Josefs-Kai 21
1976
zerstört um 2000

Der Altbestand war ein symmetrisch in die Haustiefe entwickelter und mit einer Galerie auf zwei Niveaus differenzierter Verkaufsraum aus der Jahrhundertwende. Die Einrichtung bestand aus gebeiztem Weichholz, war detailreich und handwerklich sehr gediegen ausgeführt. Das Portal hingegen war späteren Datums und ohne Qualität.

Von diesen Voraussetzungen ausgehend konzipierte ich neben dem beweglichen Mobiliar und neuen Leuchten ein axiales Eingangsportal aus Holz von hoher Einprägsamkeit, das leicht zurückversetzt in die nahezu quadratische Fassadenöffnung eingeschrieben ist. In der oberen Hälfte taucht erstmals das Motiv des »gespannten Bogens« auf, hier verschränkt mit dem klassischen »Sonnenmotiv«.

Entwurfsskizze, Bleistift auf Papier

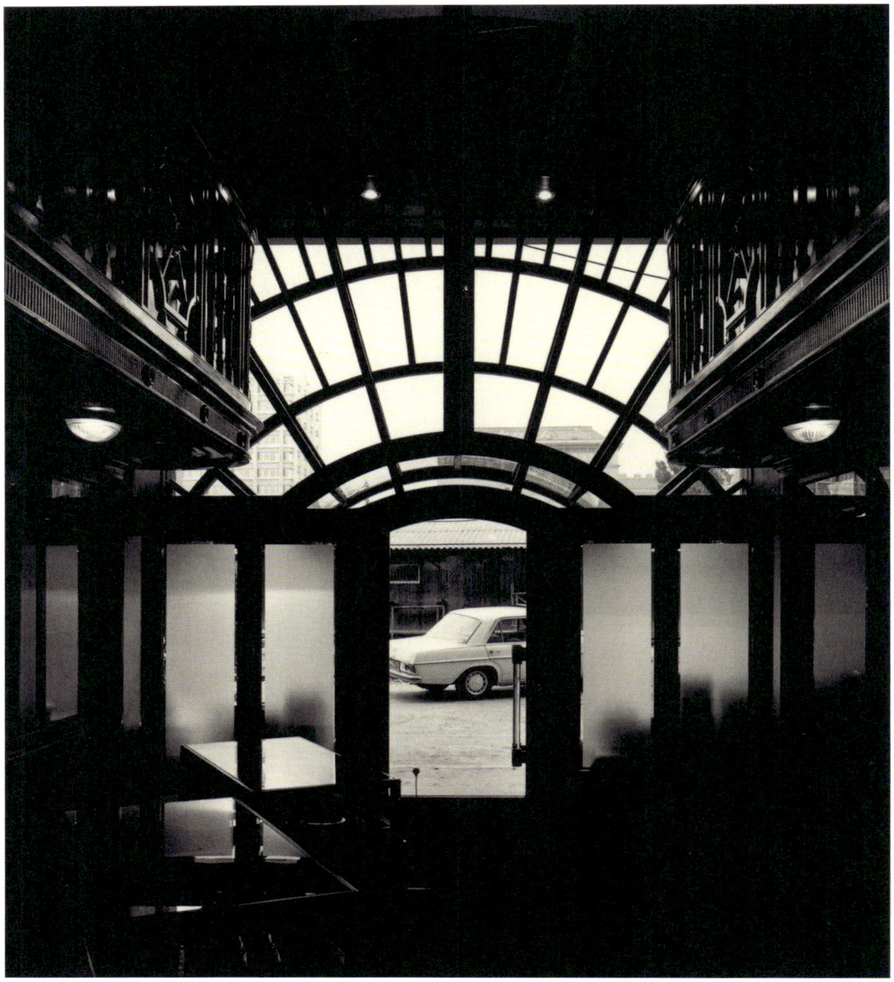

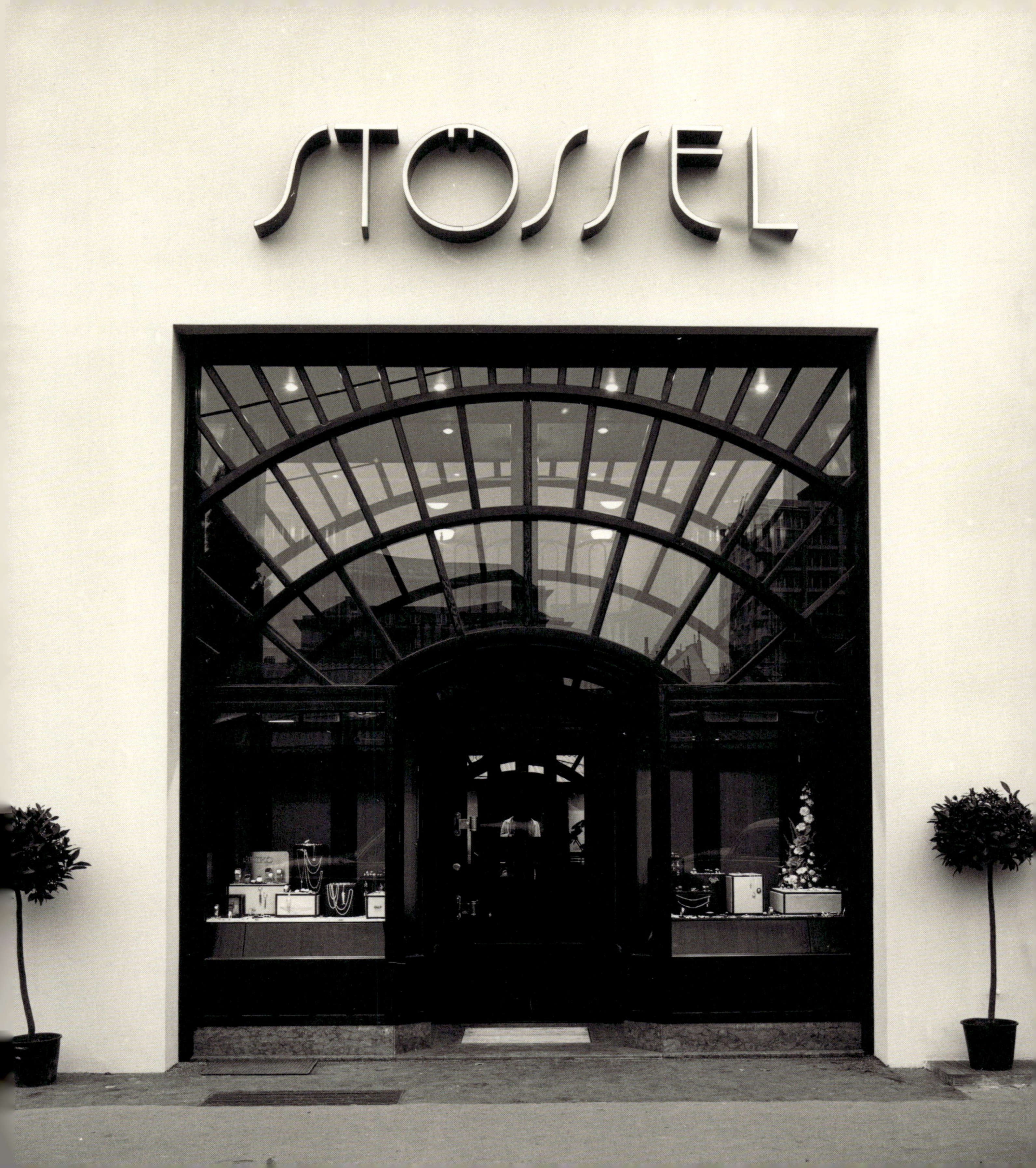
STÖSSEL

Neuer Markt

Platzgestaltung
Wien 1, Neuer Markt
1976
nicht ausgeführt

Einer meiner ersten Aufträge der öffentlichen Hand als freiberuflicher Architekt war 1976 die Studie zur Neugestaltung des Neuen Marktes im Wiener Stadtzentrum, beauftragt von der Magistratsabteilung (MA) 21. Anlass dafür war der Bau der U1 und die damit einhergehenden Planungen für die neu herzustellenden Oberflächen. Mein Projekt sah eine Verkehrsfreimachung des gesamten Platzes vor, mit Ausnahme einer Erschließungsfahrbahn im westlichen Bereich. Mein Konzept sah differenziert ausgeformte Flächen vor. Die seinerzeitigen funktionellen Erfordernisse haben sich natürlich verändert, trotzdem erscheint mir der Vorschlag, mit Adaptionen, immer noch tragfähig.

Über 43 Jahre passierte dann nichts – mit Ausnahme von Provisorien, einem Notausstieg und Lüftungsbauten für die U-Bahn, die ich damals sofort im Detail planen sollte, war doch der U-Bahn-Bau schon weit fortgeschritten. Als Provisorien billig hergestellt, waren sie bis 2019 am Platz zu sehen.

Mittlerweile baut die Stadt eine Garage unter dem Platz – mit allen damit verbundenen Begleiterscheinungen und konterkariert so ihre eigenen Anstrengungen, den Autoverkehr aus dem Zentrum zu verbannen.

Neuer Markt, Lüftungsbauwerke Zuluft der U1,
Situation kurz vor dem Abriss, 2019

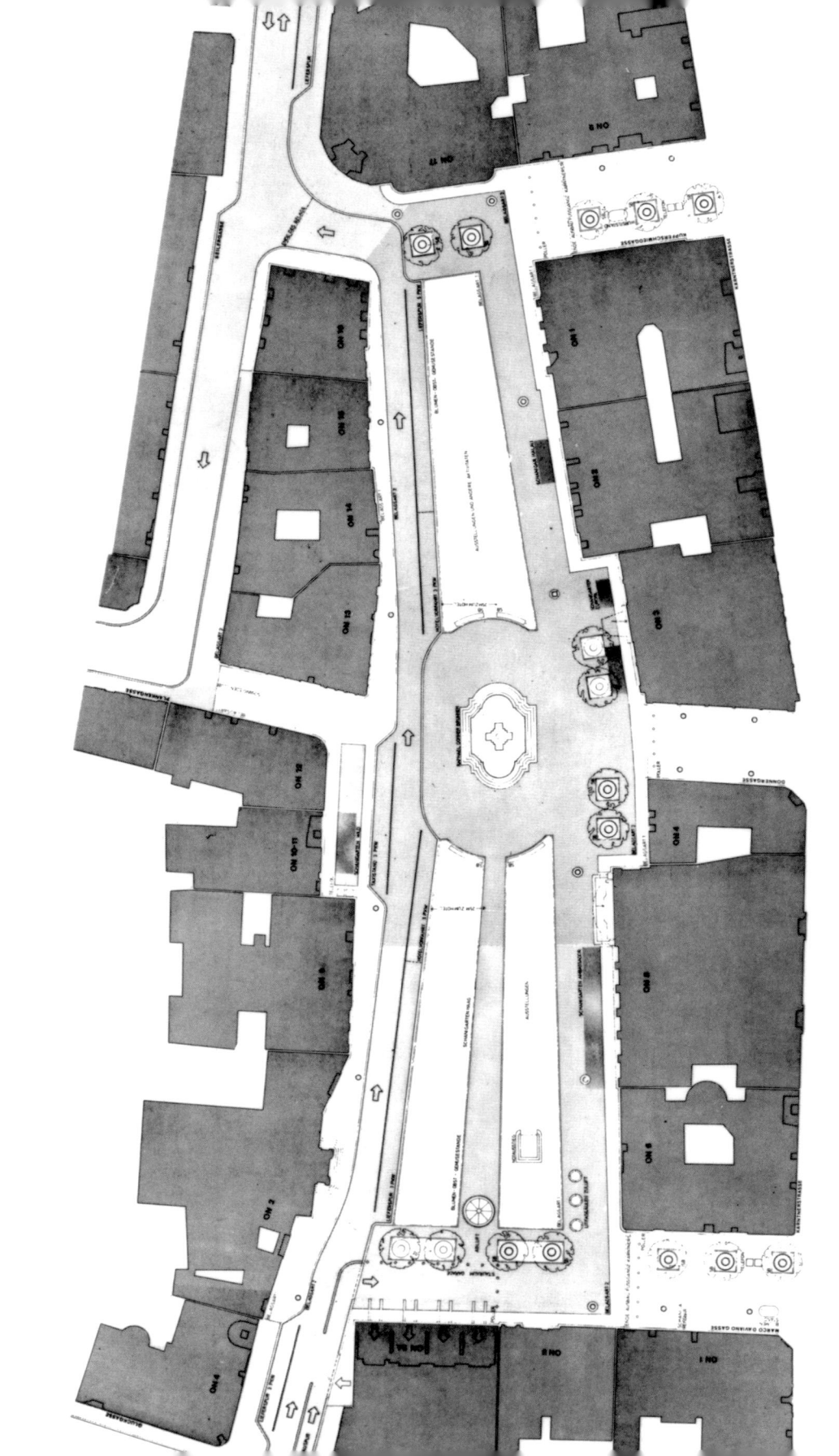

Oberflächengestaltung, Lageplan

Nächste Seite: Blick gegen Norden, perspektivisches Schaubild, Tusche und Bleistift auf Transparentpapier

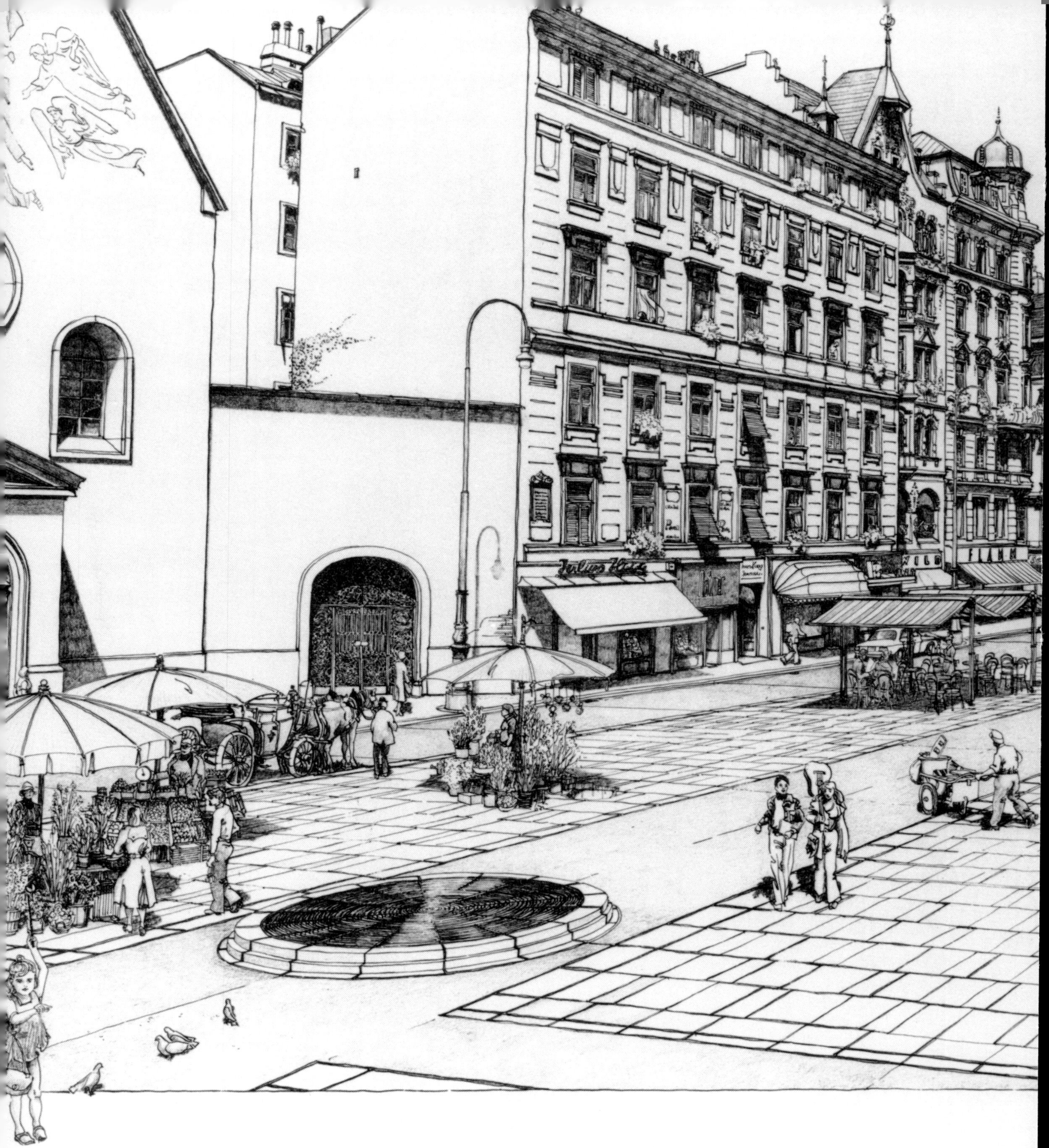
WILD
FLAMM

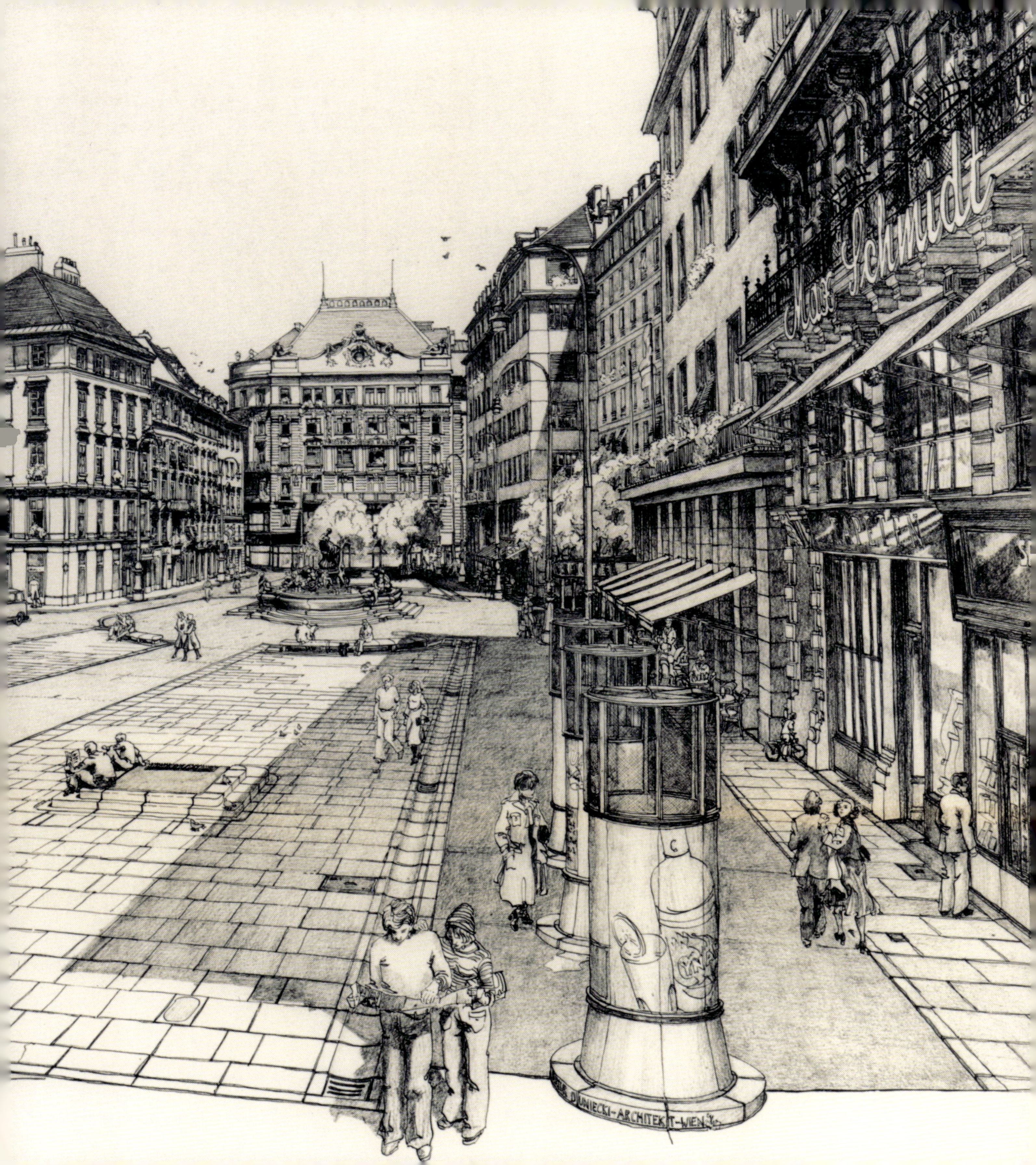
Max Schmidt
DUNIECKI-ARCHITEKT-WIEN

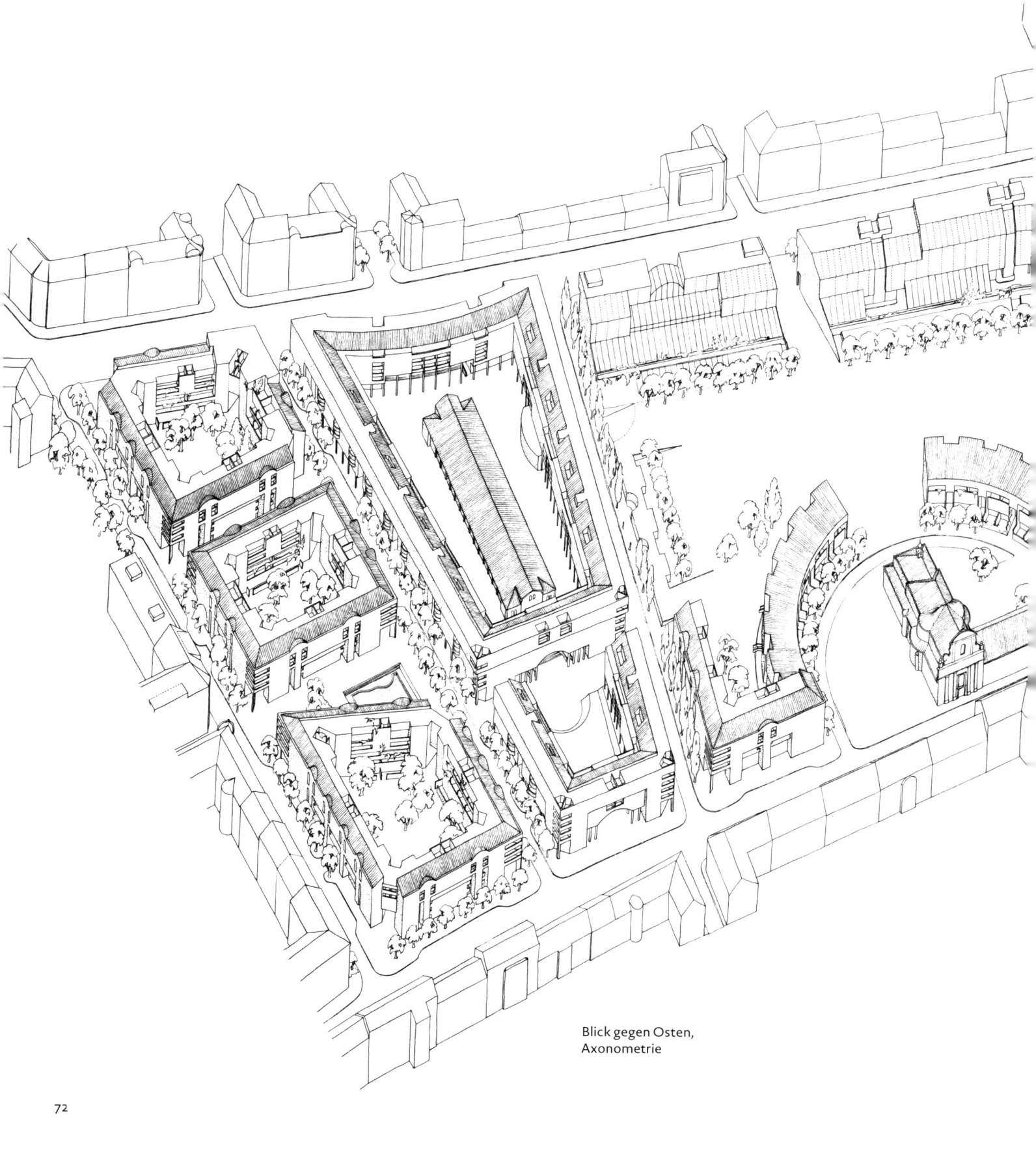

Blick gegen Osten,
Axonometrie

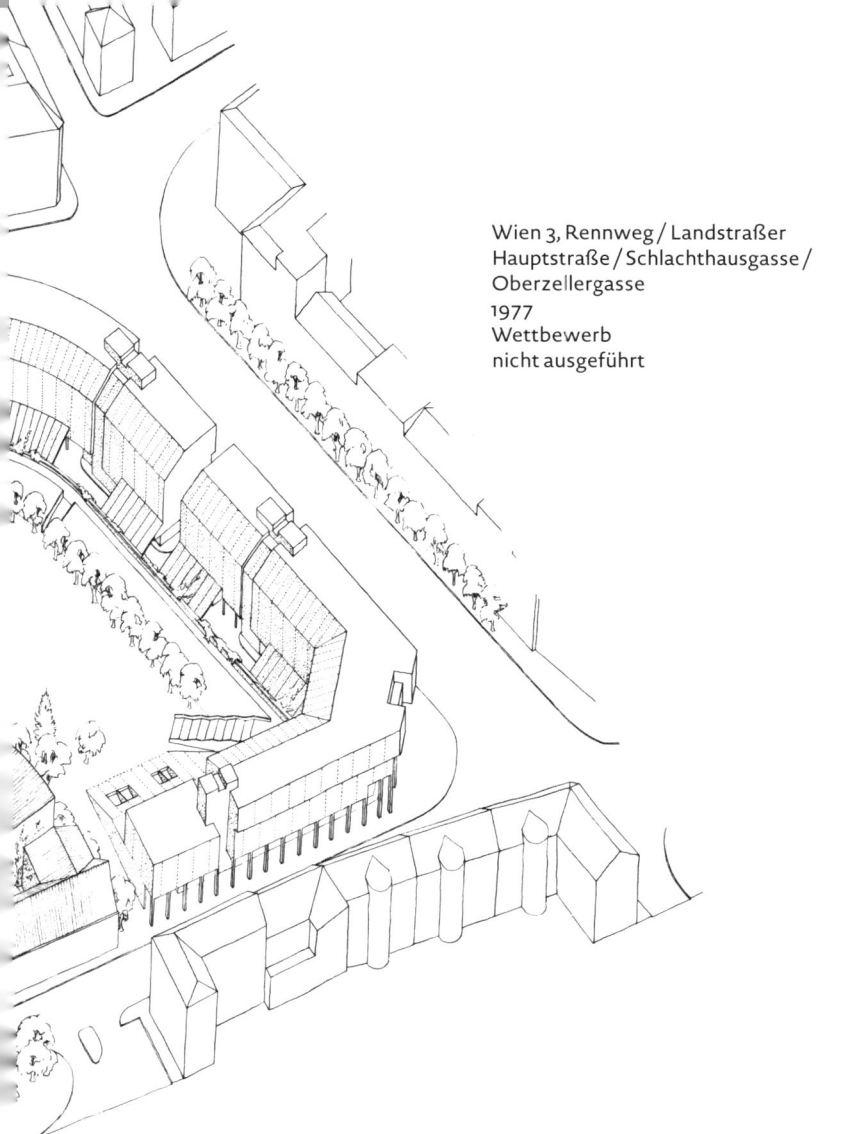

Wien 3, Rennweg / Landstraßer
Hauptstraße / Schlachthausgasse /
Oberzellergasse
1977
Wettbewerb
nicht ausgeführt

Wohn- und Geschäftsviertel Rennweg

Das Areal liegt am Südrand des 3. Bezirks zwischen den großen Straßenzügen Rennweg und Landstraßer Hauptstraße. Das im Barock hier errichtete Waisenhaus mit der Waisenhauskirche wurde 1797 zu einer Artilleriekaserne, der Rennweger Kaserne, adaptiert. 1854 entstand im Haupthof eine Reithalle nach Plänen von August Sicard von Sicardsburg und Eduard van der Nüll.

1977 wurde für das gesamte Areal ein zweistufiger städtebaulicher Wettbewerb ausgeschrieben. Mit Ausnahme der Kirche, des Pfarrhofes und der Reithalle standen alle Flächen frei zur Disposition. Als neue Nutzung waren sowohl Wohnflächen als auch Flächen für gewerbliche und behördliche Nutzungen vorgesehen. Die Beteiligung war enorm hoch und – wie auch die Mitglieder der Jury – durchwegs prominent und ambitioniert. Es war nach langer Zeit eine interessante Möglichkeit, ein großes Areal im dicht bebauten Kontext neu zu definieren.

Mein Wettbewerbsbeitrag nimmt auf die gegebene Stadtstruktur Bezug und definiert eine räumlich und funktionell differenziert ausgebildete Blockrandbebauung, die den solitären historischen Bauten Reithalle und Kirche Referenz erweist und geschützte Platz- und Grünräume anbietet. Fußläufige Durchlässigkeit und klare Orientierung waren weitere Prämissen des Projekts. Gesteigerter »Gestus«, strikte Achsenbezüge und entschiedener Formwille sollten dem neuen Quartier Identität und Unverwechselbarkeit verleihen.

Das Projekt eingebettet
in die Stadtstruktur,
Blick gegen Nordwest,
Modellfoto

Juwelier Eisenstein

Wien 8, Josefstädter Straße 46
1978
verändert erhalten

Das Lokal entstand durch die Zusammenlegung zweier kleinerer Einheiten. Als Blickfang in der Straßenfront tritt ein dreifach nach innen abgetreppter Rahmen aus bunt geflammtem Marmor in Erscheinung. Diese hell schimmernde Rahmung umfasst die Schaufenster, ausgeführt in einer Glas-Holz-Konstruktion, die sich in weiteren, feineren Stufungen zur zentrisch angeordneten Eingangstür hin verjüngen.

Die Symmetrie des Portals fortführend, öffnet sich innen ein halbkreisförmiger Verkaufsraum, dessen Wände durch Pfeiler und Nischen gegliedert sind. In die mit Mahagonifurnier ausgekleideten Flächen der Täfelung sind trichterförmig konfigurierte Vitrinen eingesetzt. Sie dienen zusammen mit den Verkaufspulten und Standvitrinen zur Präsentation der wertvollen Ware. Der Entwurf ist – ebenso wie jener für den Juwelier Stössel – vom traditionellen Wiener Ladenbau beeinflusst.

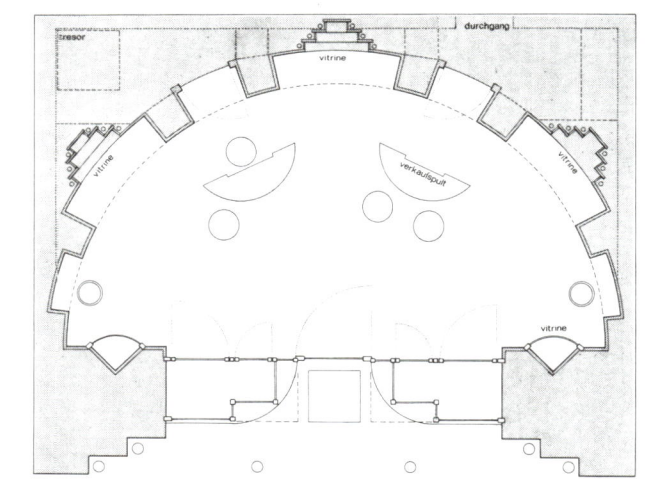

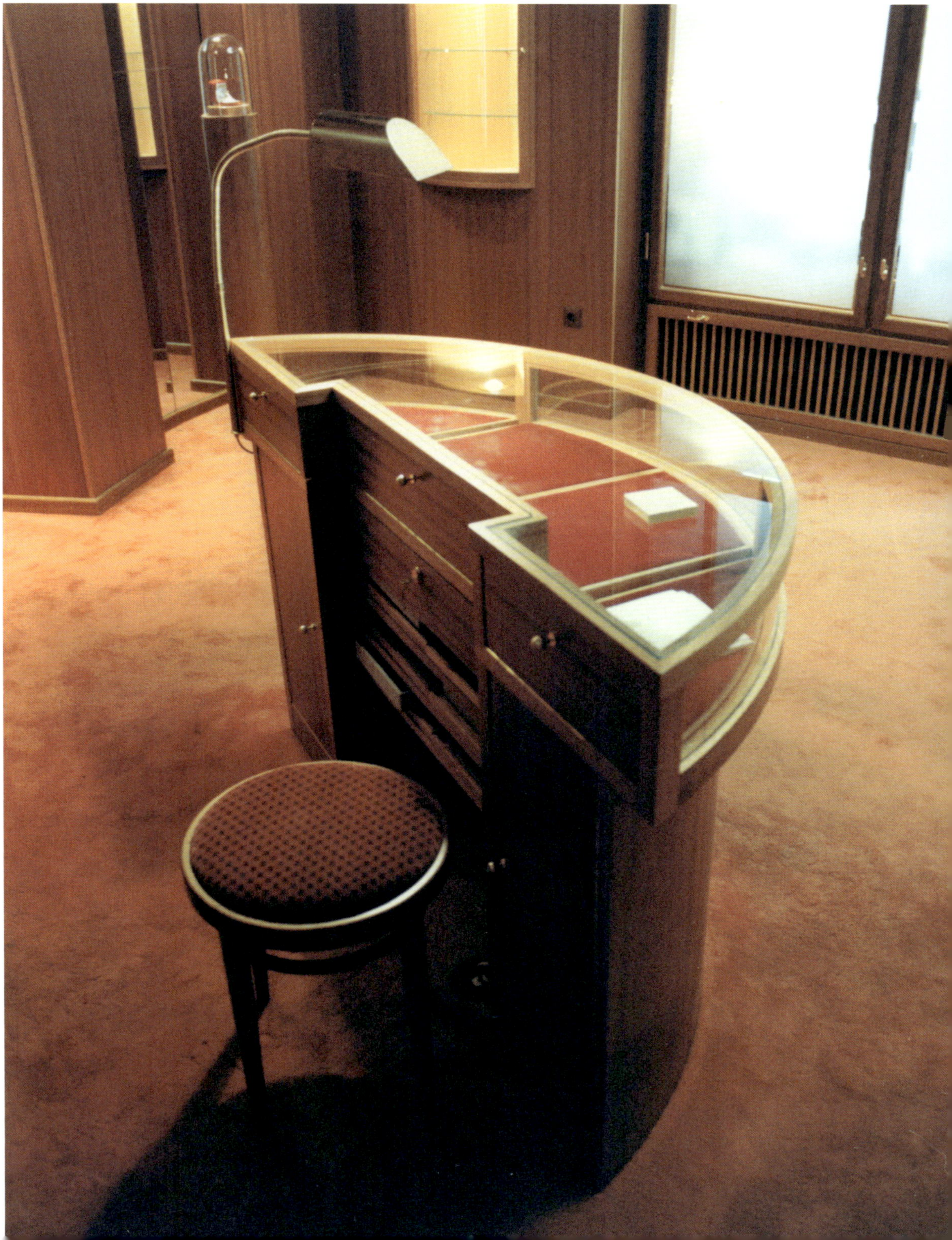

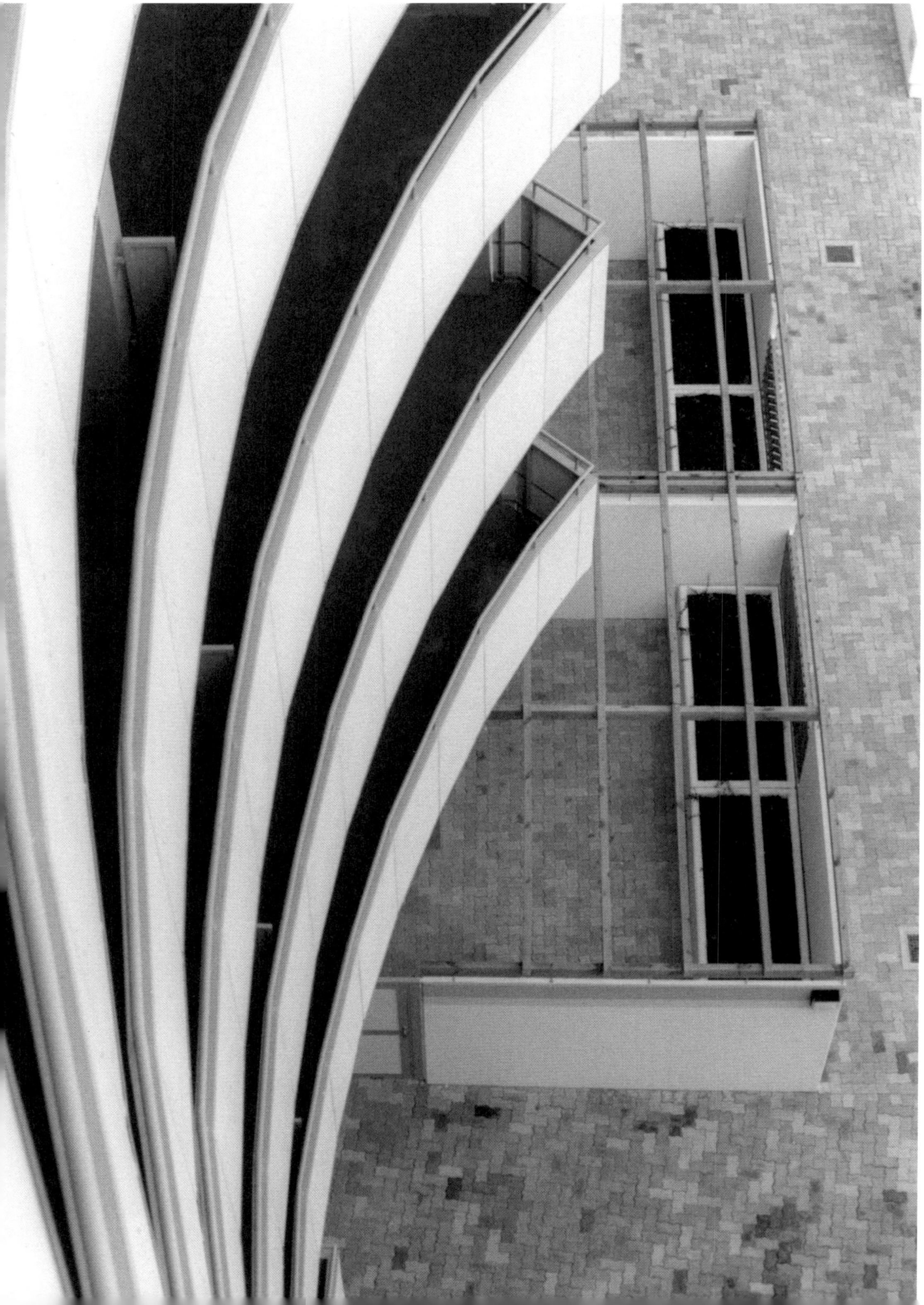

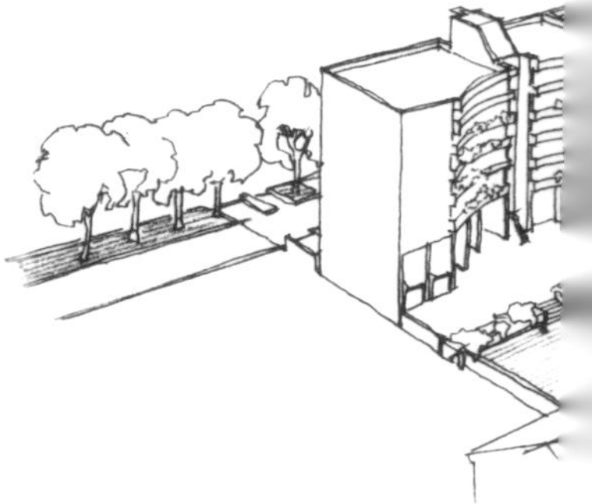

Wien 20, Dresdner Straße /
Adalbert-Stifter-Straße
1980
in Arge

Blick gegen Nordwest,
perspektivische Skizze

Wohnhausanlage Dresdner Straße

Der Auftrag für einen Gemeindebau im 20. Bezirk, an der großen Kreuzung Dresdner Straße / Adalbert-Stifter-Straße, erging 1976 zu gleichen Teilen an mich sowie an die Architekten Hans Bichler und Hubert Schober, ein damals üblicher Vorgang, bei dem ältere Kollegen mit jungen »zusammengespannt« wurden. Bei der ersten Besprechung im Magistrat wurde uns eröffnet, dass man gedenke, zwischen uns einen internen Wettbewerb zu veranstalten, der Bau sollte dann nach dem Entwurf des Gewinners ausgeführt werden.

Ich legte mich also ins Zeug und konnte die Konkurrenz für mich entscheiden. Wie vorab vereinbart, wurde das Projekt in der Folge »im Team« abgewickelt. Für Vorentwurf, Entwurf, Leitdetails, die gestalterischen Belange der Ausführungsplanung sowie die künstlerische Oberleitung zeichnete aber ich allein verantwortlich.

Der siebenstöckige Wohnbau zeigt zur lärmbelasteten Straßenkreuzung und zur wenig einladenden Umgebung einen harten Rücken. Zum ruhigen Wohnhof jedoch öffnet er sich in breiten Schwüngen mit Loggien, die jeder Wohnung einen ruhigen Freiraum bieten. Die Wohnungsgrundrisse sind so strukturiert, dass alle »ruhigen« Räume, also Schlaf- und Wohnräume sowie Loggien und Terrassen, sich zum Hof hin öffnen. Die Küchen, Bäder, Vorräume, Abstellräume und kleinen Wirtschaftsbalkone (mittlerweile eliminiert) sind dagegen zur Straße hin situiert.

Die vertikale Erschließung erfolgt über Stiegenhäuser mit Lift, wobei fünf Stiegen über sieben Etagen als Zweispänner organisiert sind, während die Stiege an der Kurve acht Etagen mit kurzen Laubengängen versorgt und dort die kleineren, ausschließlich zum Hof gerichteten Wohnungstypen aufschließt. Sieben Wohneinheiten im Sockelbereich sind zweigeschoßig als Maisonetten angelegt, sie haben im Erdgeschoß separate Eingänge und hofseitig kleine, private Gärten. Garagenplätze, auch für Besucher, bietet eine Tiefgarage, die entlang der Straße unter dem Haupttrakt eingeschoben ist.

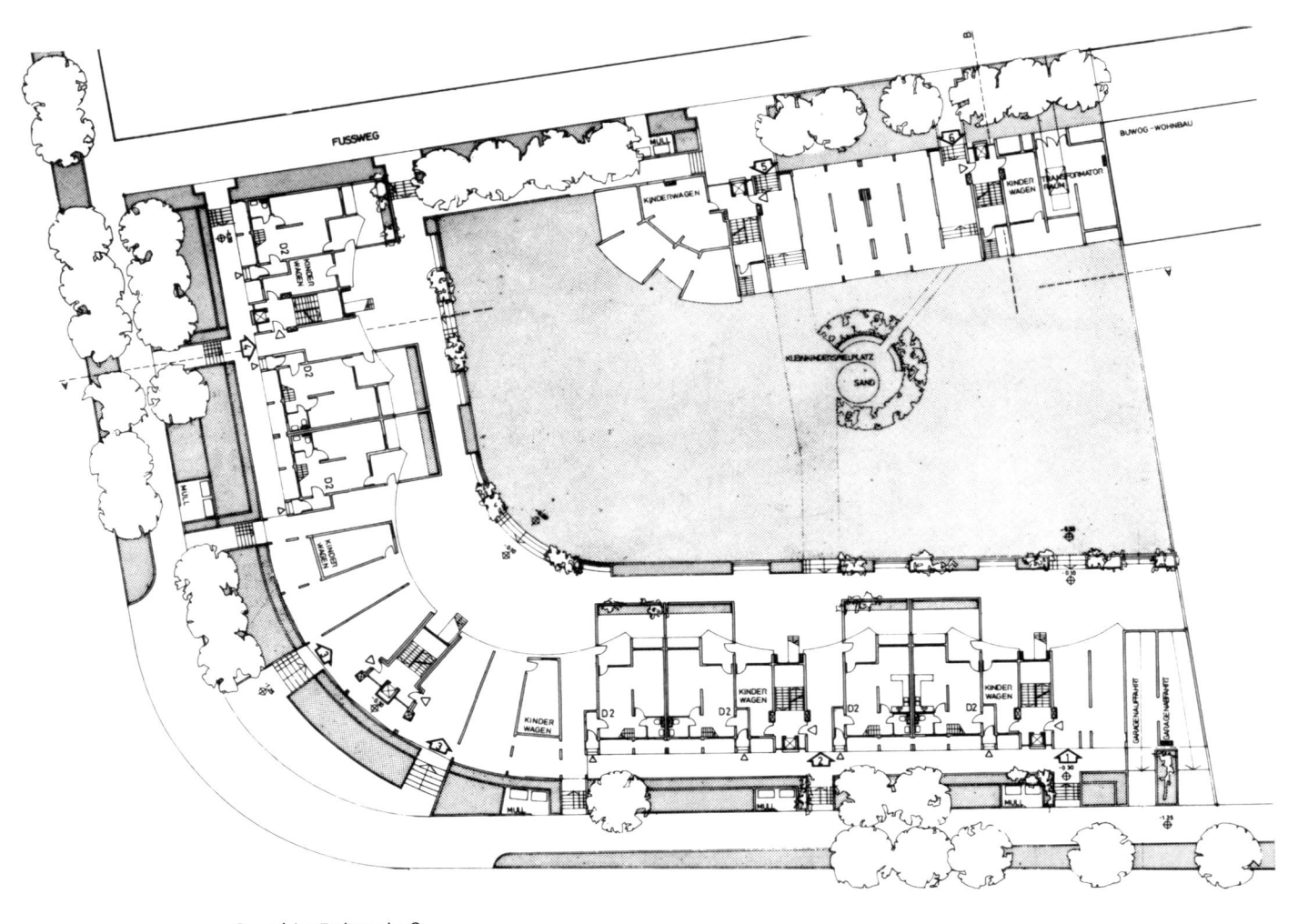

Grundriss Erdgeschoß

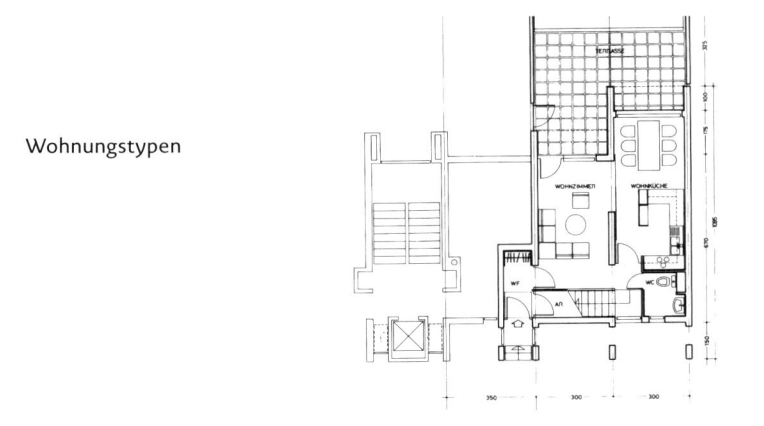

Wohnungstypen

Erdgeschoß, Typ D2, 101 m²   1. Obergeschoß, Typ D2

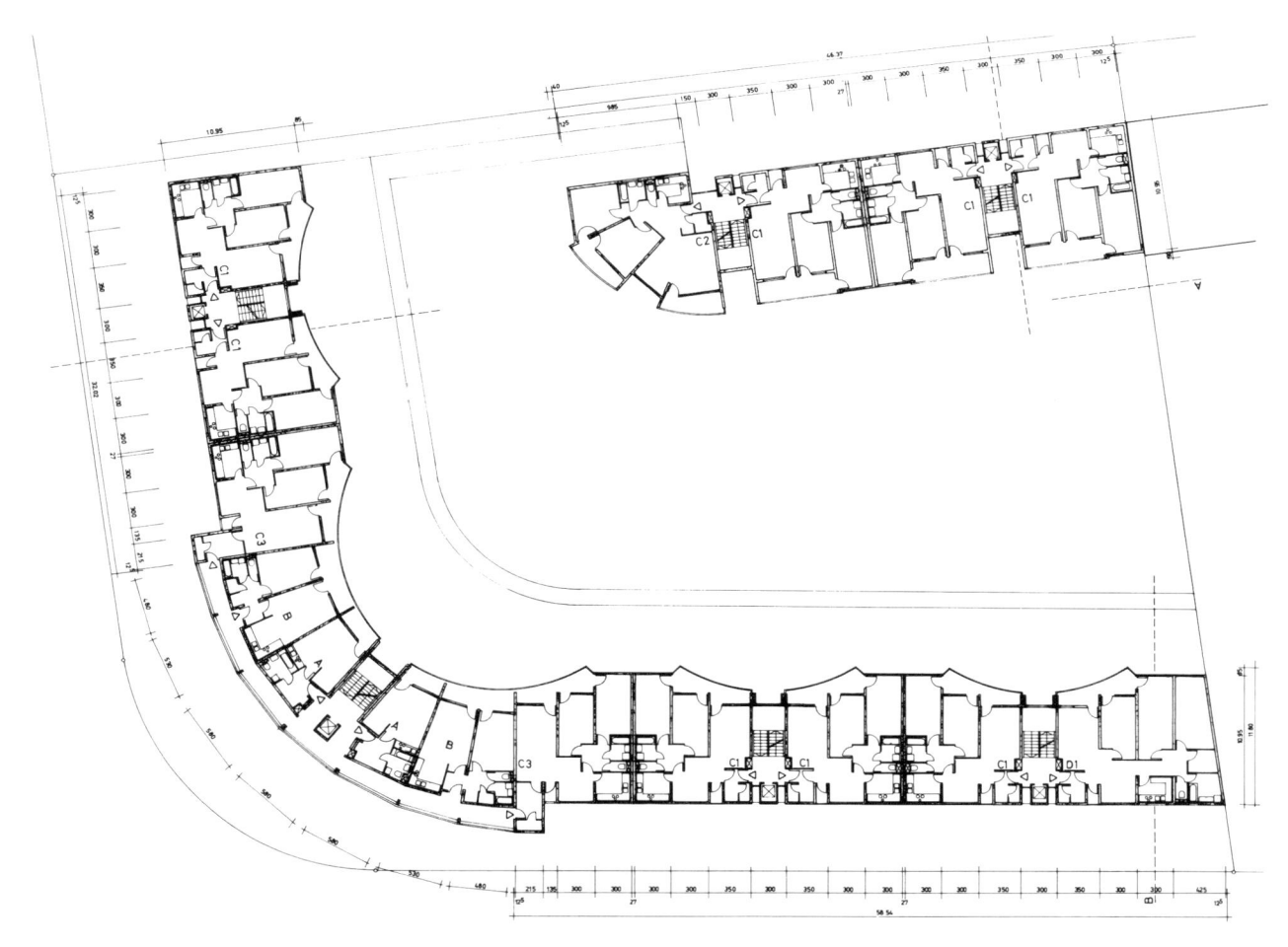

Grundriss Regelgeschoß

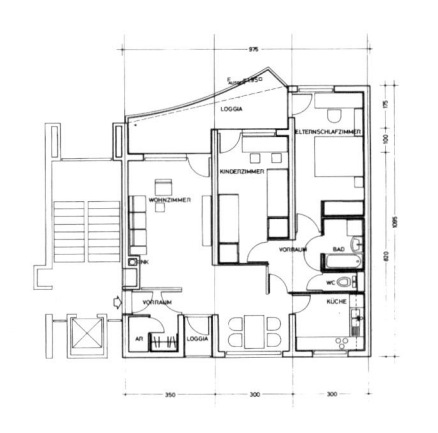

Regelgeschoß, Typ C1, 74 m² 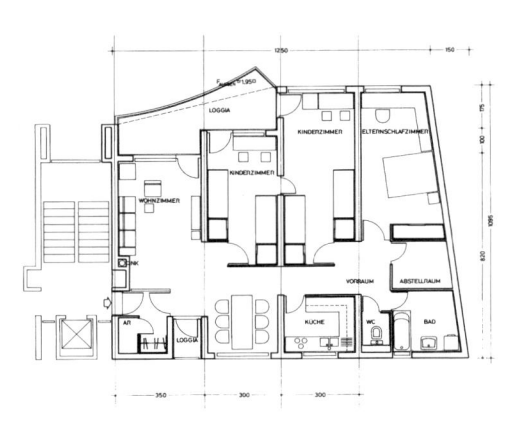   Regelgeschoß, Typ D1, 100 m² 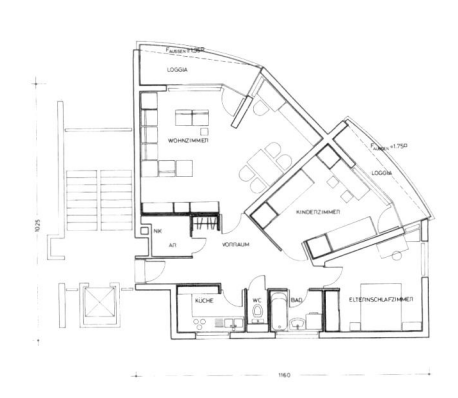   Regelgeschoß, Typ C2, 78 m²

Blick gegen Osten vom Kreuzungsbereich Dresdner Straße / Adalbert-Stifter-Straße, Zustand 2019

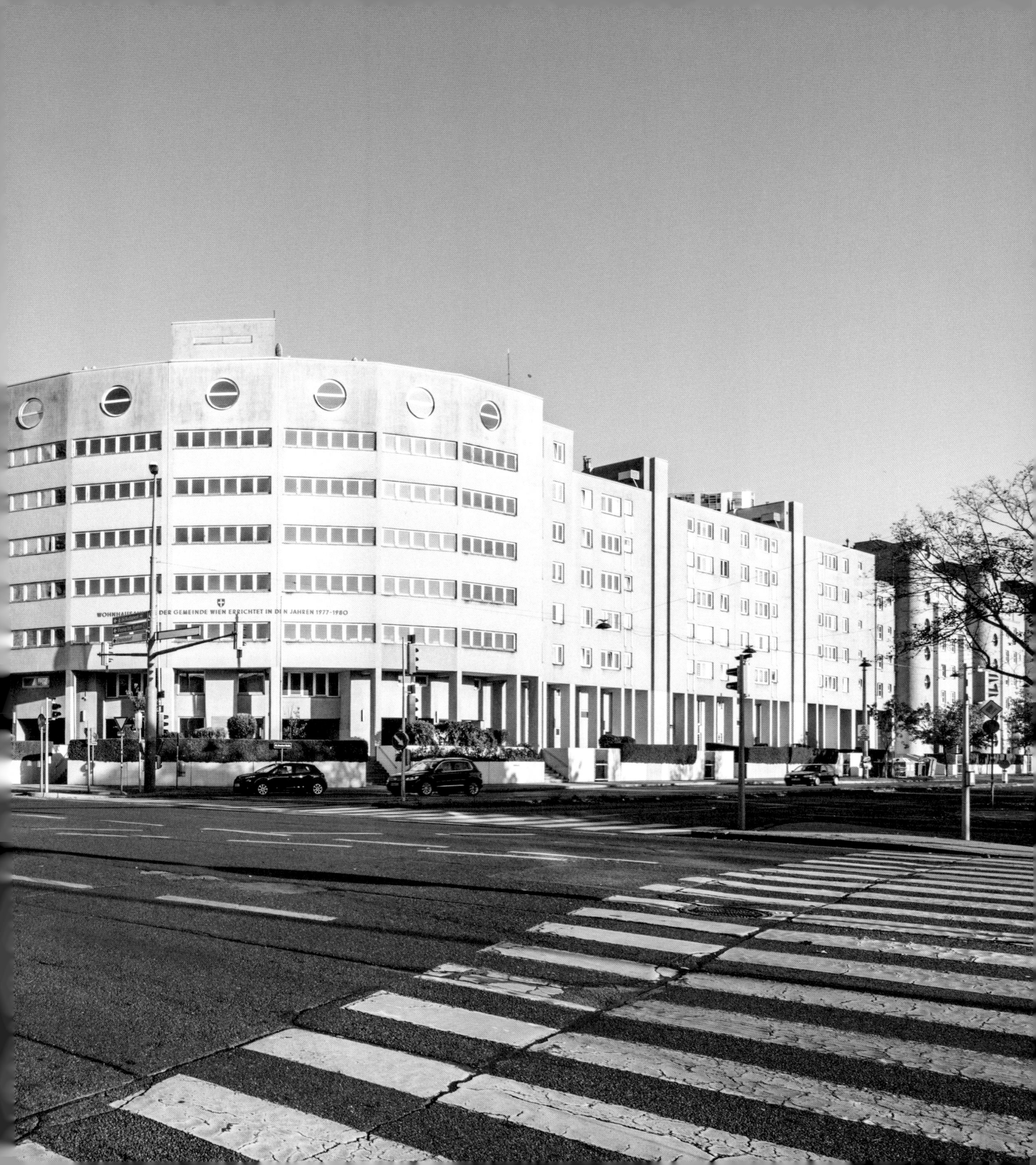
DER GEMEINDE WIEN ERRICHTET IN DEN JAHREN 1977-1980

Wohnhof, Blick gegen Westen,
Zustand 2019

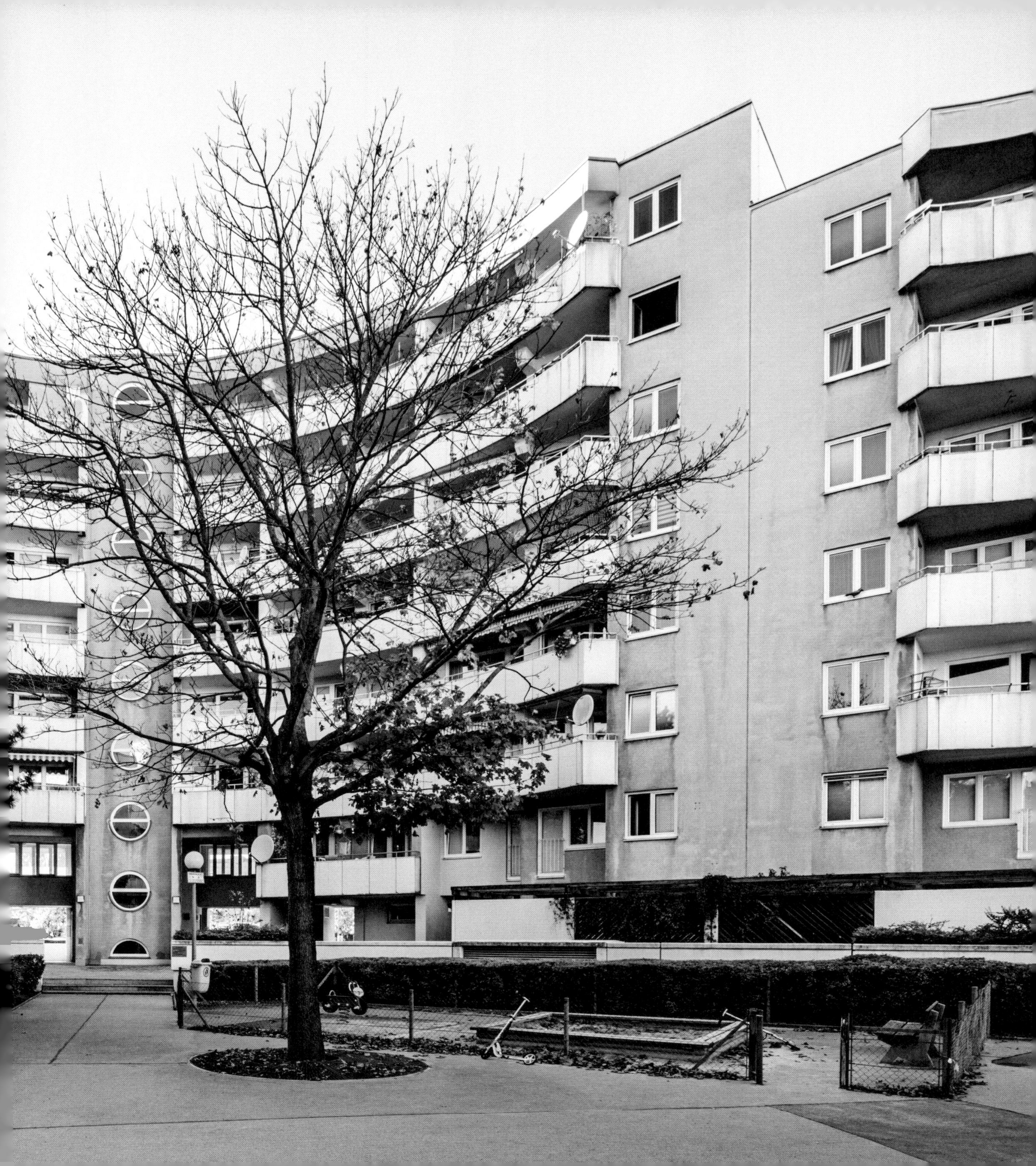

Wohnhof, Blick gegen Norden,
Zustand 2019

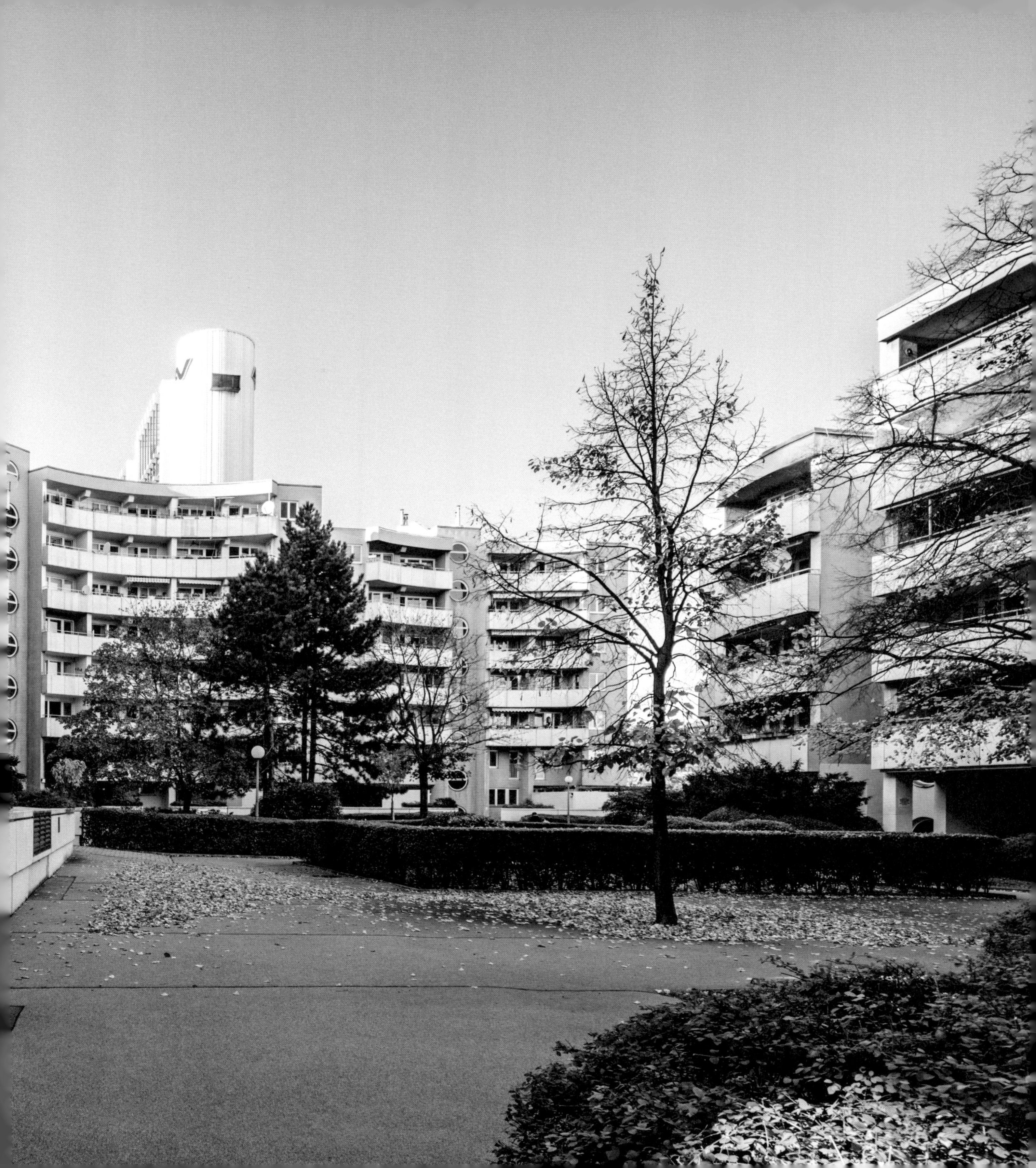

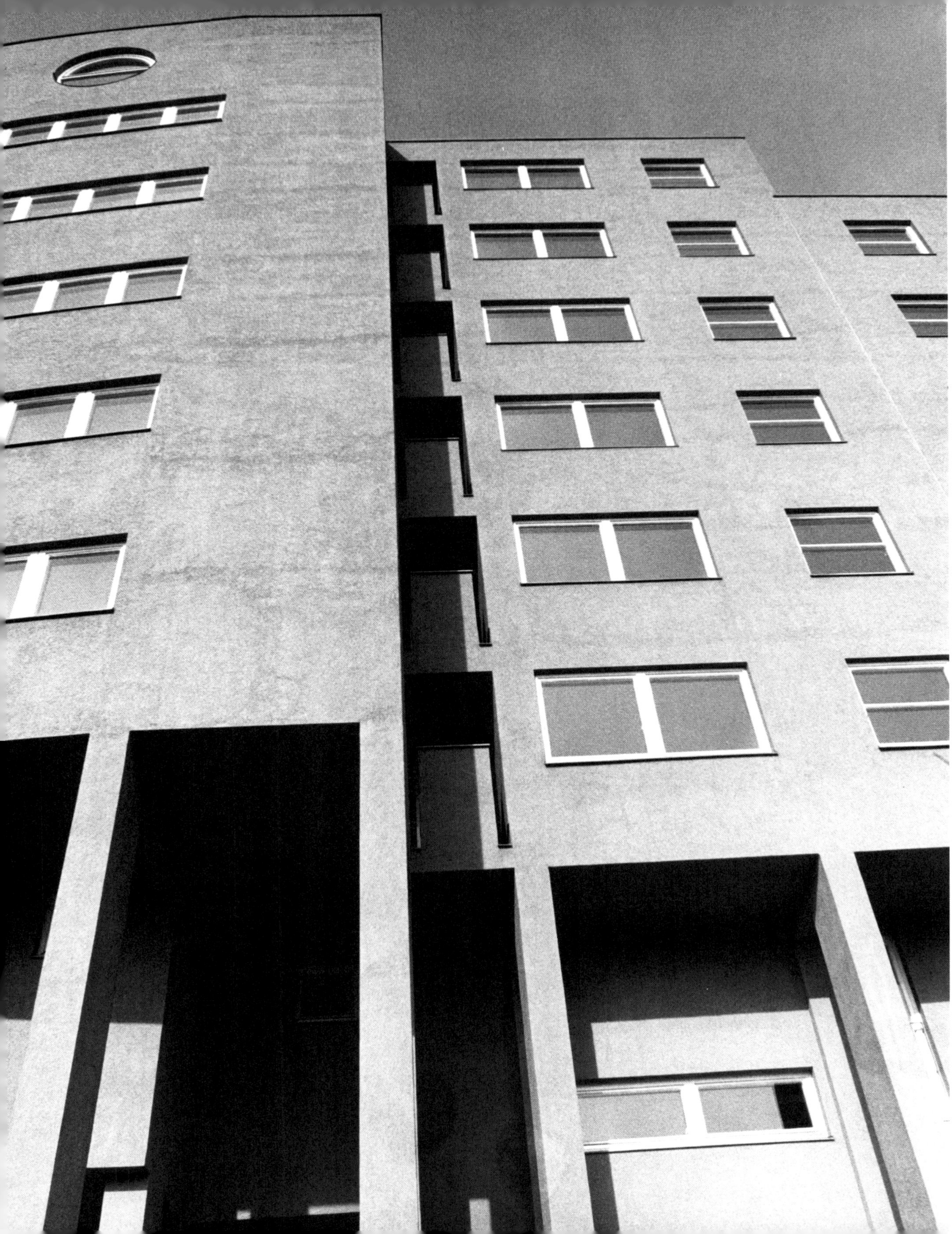

Laubengang im 7. Obergeschoß

Gegenüberliegende Seite: Straßen-
fassade im ursprünglichen Zustand
mit Wirtschaftsbalkonen

Wohnbebauung Rosenthal-Steinhof

mit Wilhelm Holzbauer
Wien 14, Steinhofgründe
1980
Gutachten
nicht ausgeführt

Die Absicht, die sogenannten Steinhofgründe unmittelbar hinter Otto Wagners denkmalgeschützter Leopoldskirche Am Steinhof flächendeckend mit Wohnbauten zu »ergänzen«, führte schon 1980 zu beachtlichen Protesten. Um naturräumlich verträglichere Alternativen aufzuzeigen, initiierte die Stadt Wien daraufhin ein Gutachterverfahren. Wilhelm Holzbauer war einer der beigezogenen Gutachter, er lud mich ein, in Arbeitsgemeinschaft mitzumachen.

Unser Entwurf sah an der nördlichen Grundstücksgrenze geschwungene und terrassierte Baukörper vor, die der Kirche Otto Wagners in gebührendem Abstand »Referenz« erweisen, quasi die städtebauliche Geste des Royal Crescent in Bath zitierend.

Im Unterschied zu den anderen Gutachten wird bei unserem Beitrag der überwiegende Teil des Geländes von Bebauung und Verkehr freigehalten. Nach einer Volksbefragung, die dann jegliche Bebauung dort eindeutig ablehnte, zog sich die als Bauwerberin auftretende Sozialbau AG zurück und das Gelände blieb als öffentliches Naherholungsgebiet erhalten.

Blick gegen Norden, perspektivisches Schaubild, Tusche und Buntstift auf Papier

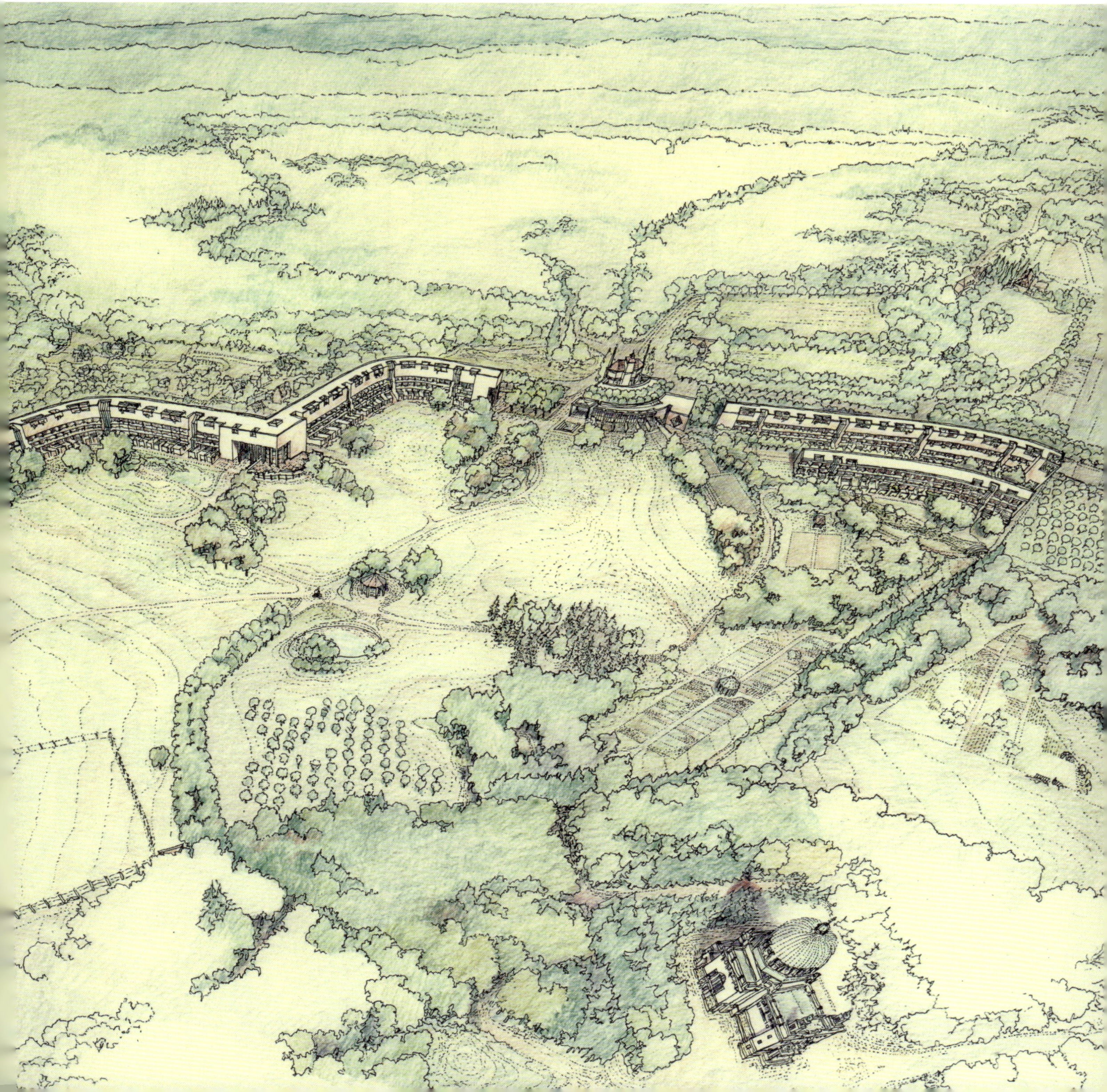

Philips-Zentrale Wien
Wien 10, Triester Straße 64
1980
nicht erhalten

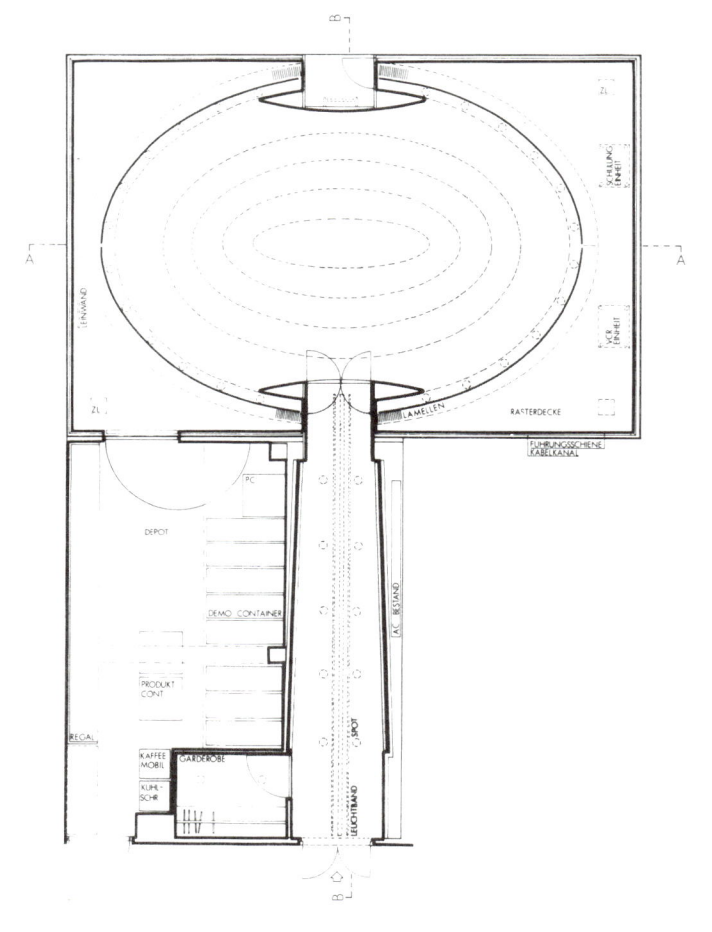

Philips Lichtstudio

Die dominante, ellipsenförmige Decke mit dem zentralen Lichtfeld definiert den Raum, der bei geschlossenen Vertikallamellen als in sich geschlossener Konferenzraum dient. Bei partiell oder zur Gänze geöffneten Lamellen wird der ursprünglich orthogonale Raum sichtbar, in dem das elliptische Deckenfeld gleichsam als Reminiszenz verbleibt. In den nun einsehbaren Raumzwickeln konnten je nach Bedarf Versuchsanordnungen vorbereitet oder spezielle Philips-Lichtprodukte präsentiert werden.

Im Verlauf der Vorbereitung besuchte ich Philips Eindhoven, um mir die Lichtpräsentation im Hauptquartier anzusehen. Das war etwa zu der Zeit, als die Firma weltweit als Erste die Sparlampe entwickelt und in den Markt eingeführt hatte. Damals schlug ich der Direktion die Ausschreibung eines Designwettbewerbs für Lampen vor, die dieses brandneue Leuchtmittel als Lichtquelle verwenden. Auf mein Anraten wurde die Jury prominent besetzt, unter anderem mit Ettore Sottsass und Hans Hollein, um unter den jungen Designern und Architekten möglichst viel Resonanz zu finden. Die Präsentation der Einreichungen erfolgte anschließend im Museum für angewandte Kunst in Wien.

Grundriss

Entwurfsskizze, aquarellierte Tuschezeichnung

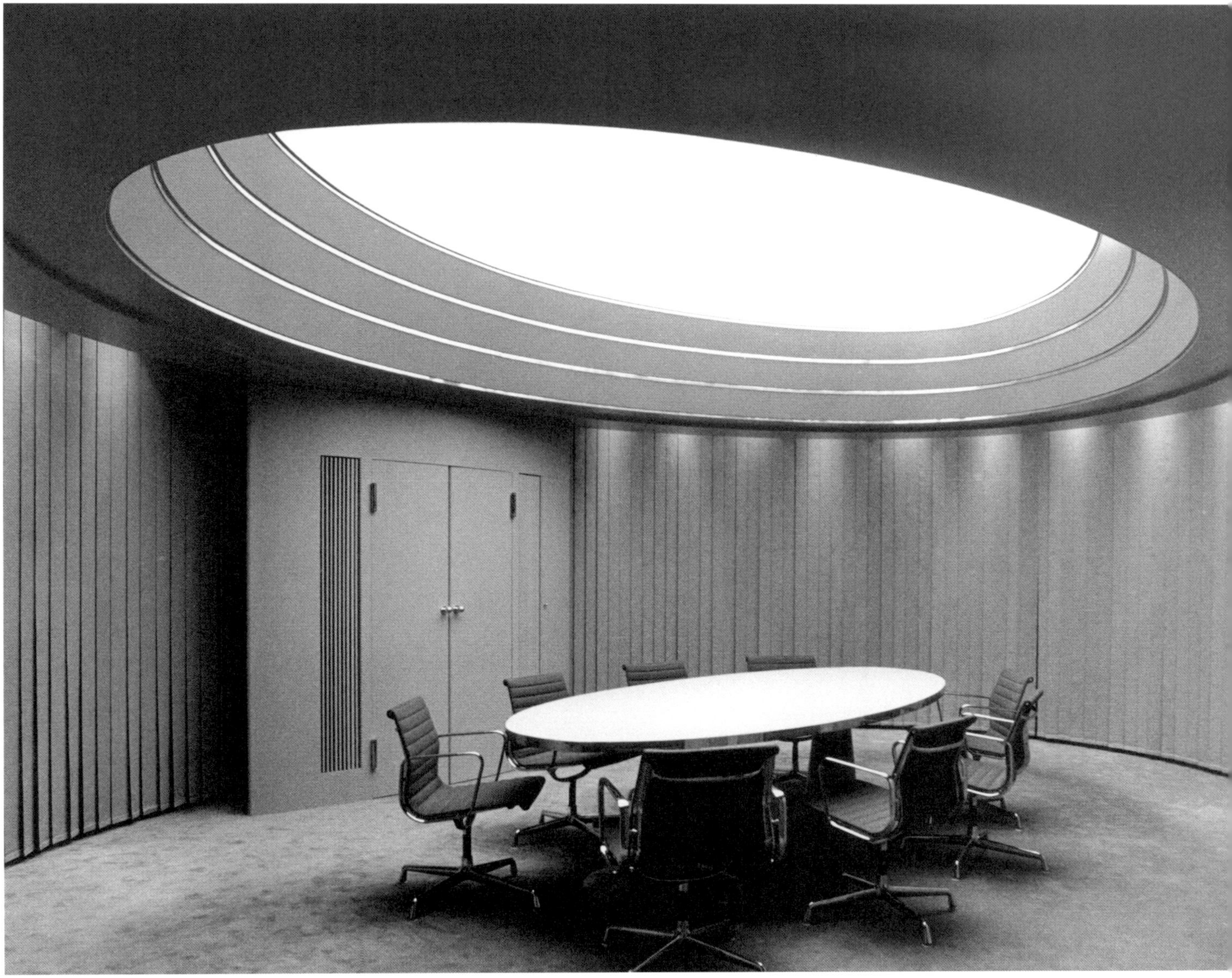

Zentralsparkasse, Filiale Rennweg

Wien 3, Rennweg 37
1981
verändert erhalten

Dieser Umbau führt in die Front des eher schlichten Gründerzeithauses ein neues architektonisches Element ein. Die mächtige, bogenförmig konfigurierte Öffnung des Erdgeschoßes tritt mit der bestehenden Struktur sowohl statisch als auch bildlich in intensive Wechselwirkung. Das über dem neuen Portal aufgehende Mauerwerk der weiteren Stockwerke lastet faktisch und auch optisch auf dem flach »gespannten Bogen«. So wird durch den konstruktiven Eingriff, der die Substanz der Fassade öffnet und zugleich wieder bindet, direkt die signalhafte Wirkung im Straßenbild erreicht. Die Spannung des großen Bogens dominiert auch den Innenraum, indem sie der Horizontalität der relativ niedrigen Decke kräftig entgegenwirkt. Wie bei vielen meiner frühen Planungen ist die angestrebte »große Form« evident.

Eingangsportal, Innenansicht

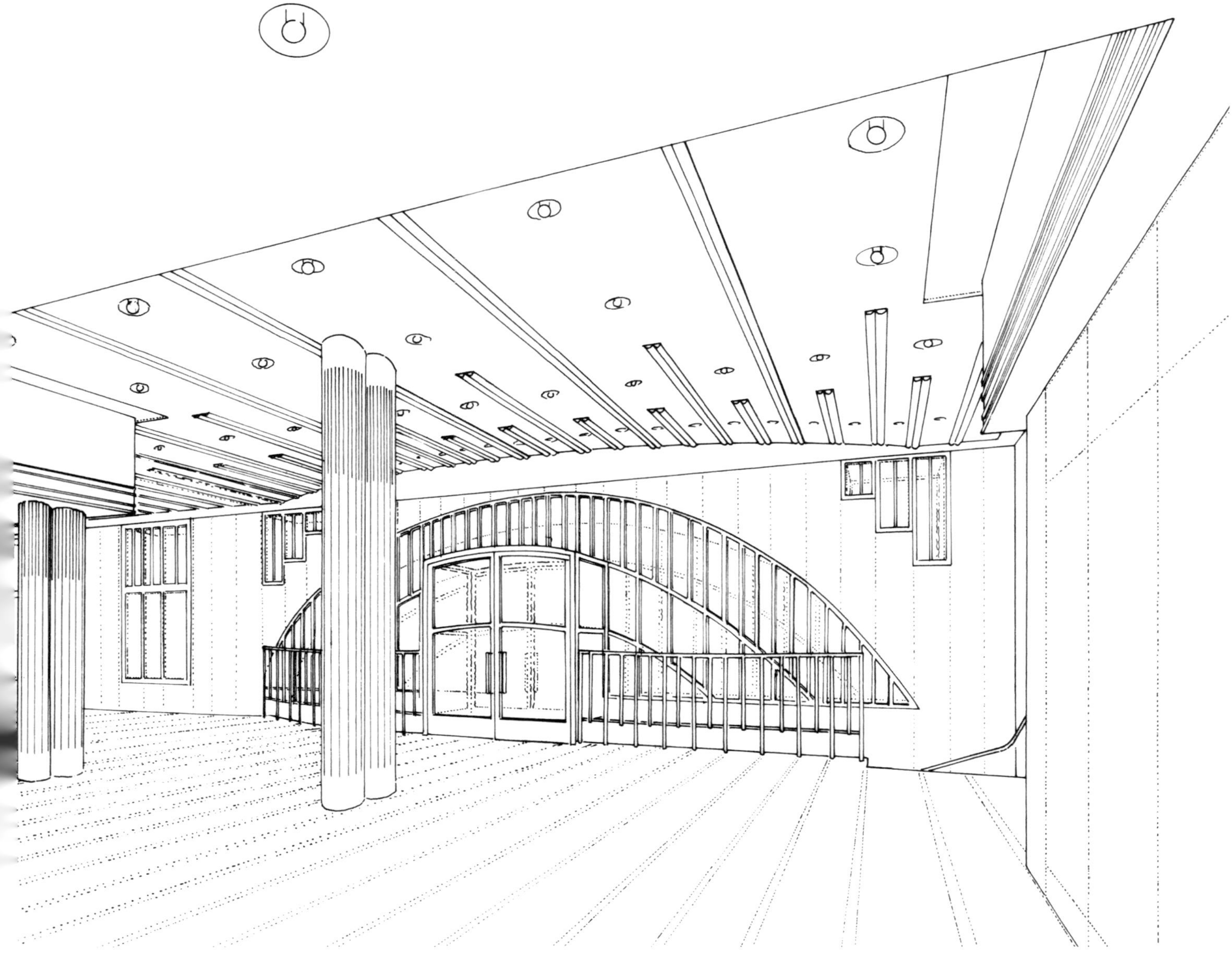

ZENTRALSPARKASSE UND KOMMERZIA

BANK

Feuerwehr Mödling

Mödling, Schulweg 9,
Niederösterreich
1982
Wettbewerb
nicht ausgeführt

Die Stadt Mödling organisierte 1981 für die Gestaltung des Neubaus der Freiwilligen Feuerwehr einen offenen Wettbewerb, der sowohl allgemeine städtebauliche Aspekte zur Debatte stellte als auch Lösungen für ein präzise formuliertes, funktionell-architektonisches Programm erwartete. Das Grundstück liegt 400 Meter östlich des Bahnhofs in relativ undefinierter Umgebung mit Grünflächen, Sportanlagen und Siedlungsgebieten in der Nachbarschaft. Die Resonanz war beachtlich, rund 60 Einsendungen wurden abgegeben.

Wie kaum eine andere Bauaufgabe fordert ein Feuerwehrhaus für den Einsatzfall die größtmögliche Übersichtlichkeit, die absolute Klarheit und Flüssigkeit der Bewegungsabläufe, die kompromisslose Robustheit aller statischen und dynamischen Fakten des Raumgefüges. Obwohl mein Entwurf nicht zum Zug kam, ist es immer noch eines meiner »Lieblingsprojekte«, weil meiner Ansicht nach all diese Momente sowohl in der Raumfiguration als auch in der minimalistischen Konstruktion fugenlos zur Deckung kommen. Allein das grundrissliche Muster von Pfeilern und Wänden gleicht in dieser Abstraktion einer Partitur, die im Alarmfall dem Ablauf des »geordneten Chaos« die optimale Choreografie bietet. Demgemäß platzierte ich die hohe Übungswand auch nicht in der Art eines repräsentativen Stadtturms an der Straße, sondern als eindeutige Kulisse, als skeletthaftes Trainingsgerät im Übungshof

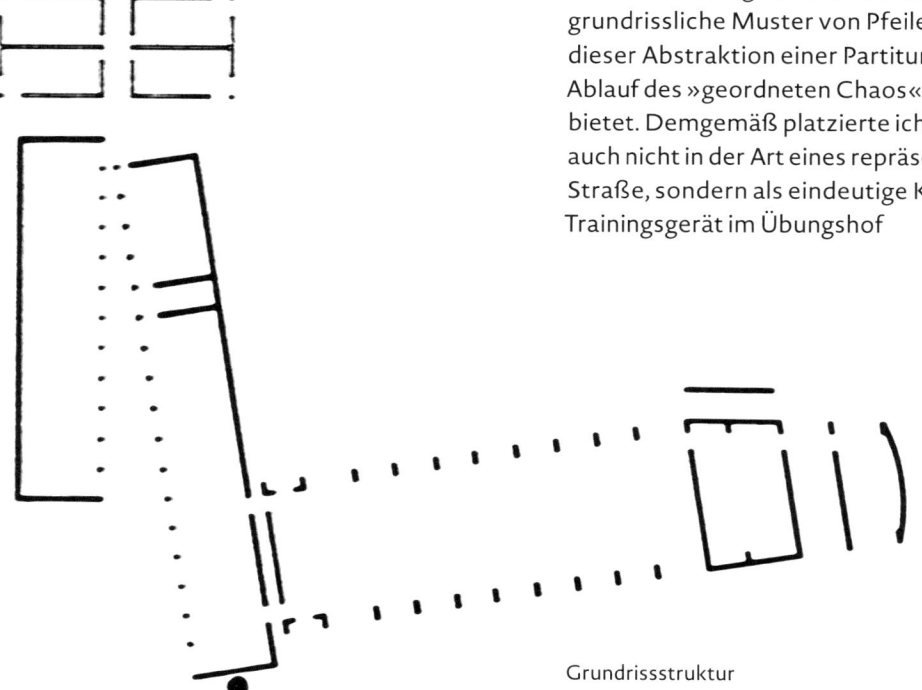

Grundrissstruktur

Blick gegen Osten, Modellfoto

Straßenansicht, aquarellierte Tuschezeichnung

Erschließungsgang Nordtrakt, aquarellierte Tuschezeichnung

99

Rank Xerox Messestand

IFABO, Wien 2, Messegelände,
Europahalle
1982–1992
10-malige Wiederholung
nicht erhalten

Durch meine Arbeiten für Philips war Rank Xerox auf mich aufmerksam geworden. Xerox war damals ein global marktbeherrschender Konzern im Drucker- und Kopierbereich. Entsprechend anspruchsvoll sollte der »Auftritt« bei der IFABO, der größten Büromesse Österreichs, werden.

Als den im Raum weithin sichtbaren Fokus konzipierte ich einen hell leuchtenden Schirm. Er überspannte als attraktives Signal die darunter variabel möblierbare Fläche des Ausstellungsstandes. Ein im Grundriss dreieckförmiger, zweigeschoßiger Raumteil nahm jene Funktionen auf, die in geschlossenen Räumen unterzubringen waren. Vom zentralen Informations- und Kommunikationsbereich gelangte man über eine bequeme Treppe zu den Besprechungsräumen im Obergeschoß.

Letztlich war Licht das entscheidende, maßgebliche Gestaltungselement. Der in seiner Form einzigartige und weithin sichtbare, strahlende Lichtschirm schuf im Raum einen anziehenden Mittelpunkt. Der Messestand war so erfolgreich, dass er, mit kleinen Adaptionen, zehnmal wiederverwendet wurde.

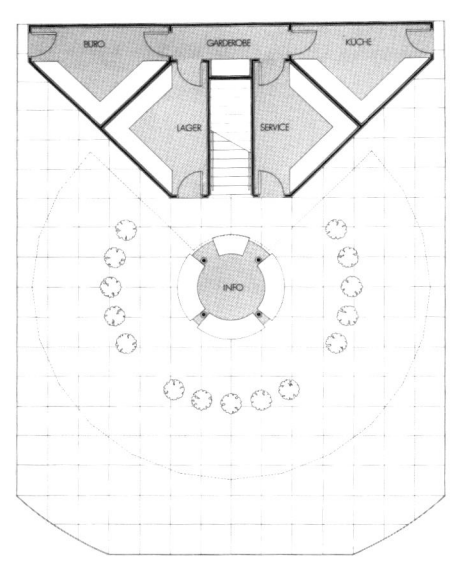

Grundriss Hallenniveau

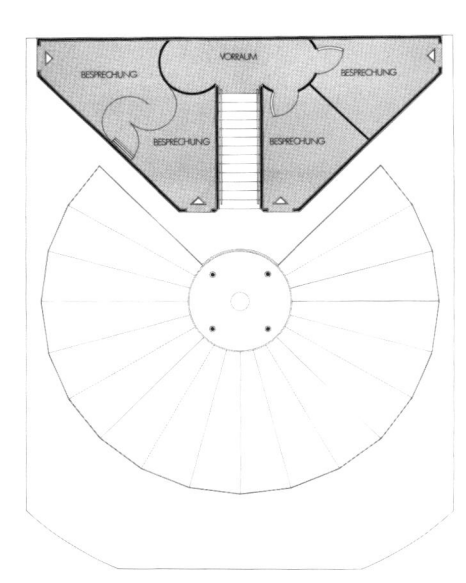

Grundriss Obergeschoß

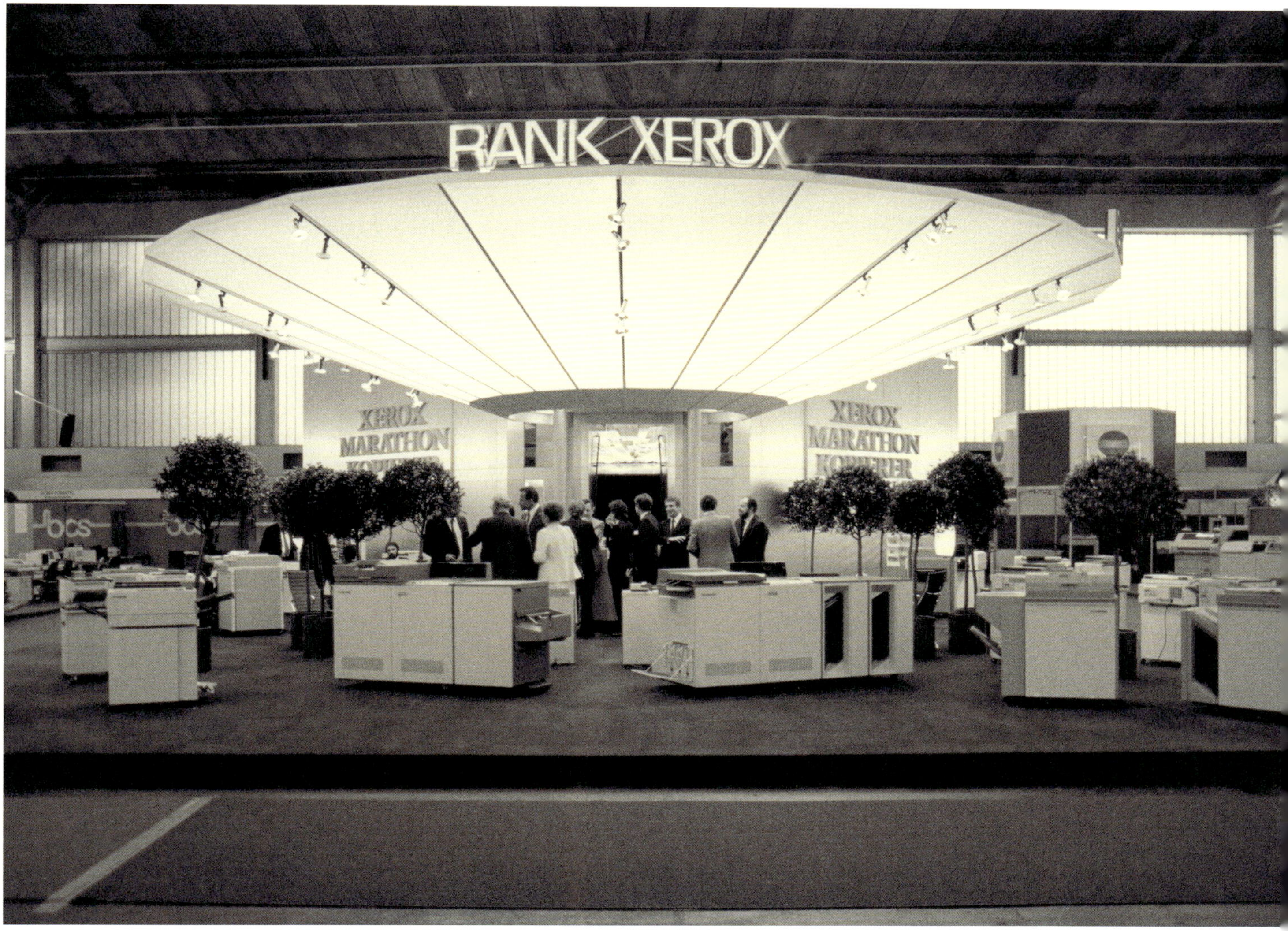
RANK XEROX
XEROX
MARATHON
XEROX
MARATHON
bcs

Hypo-Bank Wien

Wien 1, Operngasse 6
1984
geringfügig erhalten

Der zweite Auftrag von der Zentralsparkasse der Gemeinde Wien (ab 1991 Bank Austria) nach der Filiale Rennweg war die Planung der Zentrale der Hypo-Bank Wien in der Operngasse 6, vis-à-vis der Staatsoper. Auffallend bei diesem Projekt war – wie auch bei der späteren »Z«-Filiale gleich nebenan in der Operngasse 8 – die beachtliche Dotierung des Baubudgets. Sowohl der Aufwand für umfangreiche statische Maßnahmen, etwa die Unterfangungen zur Entfernung alter Stützen und Wände im Erdgeschoß, als auch jener für den Innenausbau war sehr hoch. Der Entwurf spiegelt in gewisser Weise die Tendenzen der Postmoderne und zelebriert einen handwerklich gediegenen Habitus.

Im Erdgeschoß war der großzügige Kundenraum mit den erforderlichen Kundenbereichen, Kassen und dem Besprechungsraum situiert, im Obergeschoß, direkt durch einen Lift verbunden, gab es die Direktionsräume und die gesamte Administration. Man betrat die Bank über einen Windfang, der mit einem Schaufenster eine formale Einheit bildete und sich zur Straße hin vollflächig in einer mit Profilen aus rostfreiem Stahl gefassten Verglasung öffnete, die abwechslungsreich und werbewirksam »bespielt« werden konnte.

Kundenraum, Eingangsbereich

Schreibpult

Philips Messestand »YES«

Internationale Computermessen
in London und München
1985
nicht erhalten

In den frühen 1980er-Jahren versuchte Philips auch auf dem PC-Markt Fuß zu fassen. Um das Produkt zu promoten, waren internationale Messebeteiligungen vorgesehen. Für die Computermessen in London und München entwarf ich für Philips einen wiederverwendbaren Messestand. »YES« war jedoch kein Erfolg beschieden, ähnlich wie IBM konnte Philips am PC-Markt nicht reüssieren.

Der Messestand hatte im Wesentlichen vier leuchtende Kuben, die – im Karree angeordnet – sowohl das neue Logo »YES« als auch die Produkte selbst mit großen Fotomontagen weithin sichtbar signalisierten. Die physische Präsentation der PCs erfolgte auf rundum auskragenden, »schwebenden« Plattformen. Die erforderlichen Besprechungs- und Nebenräume fanden im Inneren der Kuben Platz. Das Ganze war leicht zerlegbar für mehrmalige Verwendung und Transport ausgelegt.

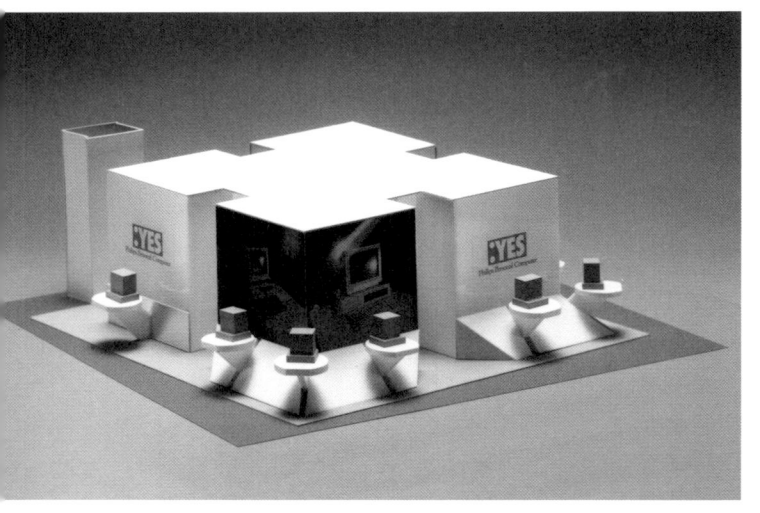

Modellfoto

Installation in London

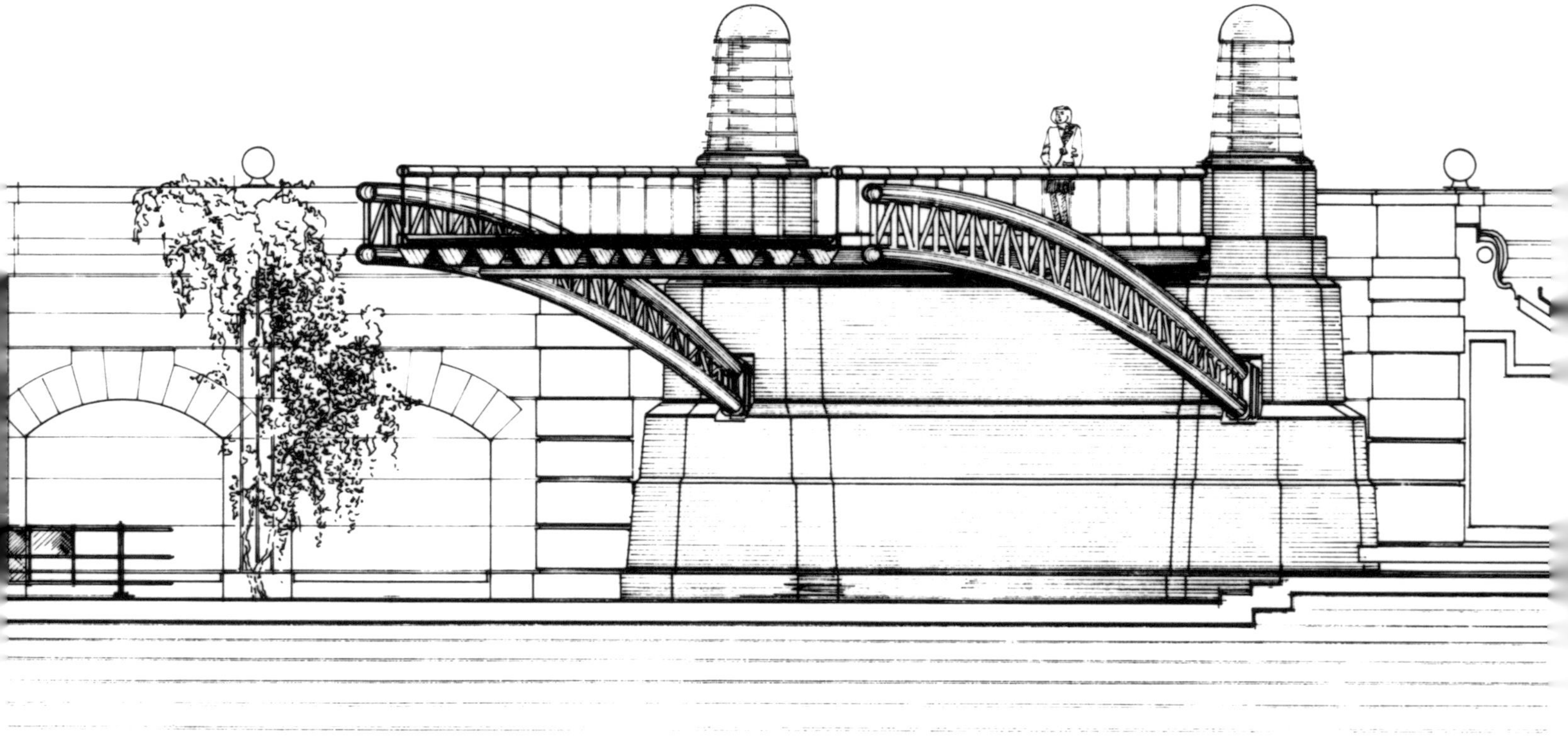

Fußgängerbrücke Stadtpark

Wien 1 / Wien 3, Stadtpark
1985
geladener Wettbewerb
nicht ausgeführt

1985 veranstaltete die Stadt Wien einen geladenen Wettbewerb für eine neue Fußgängerbrücke über den Wienfluss im Stadtpark. Die nach den Kriegszerstörungen 1949 hier errichtete, hölzerne Notbrücke sollte (und musste) ersetzt werden. Die Aufgabenstellung war in jeder Beziehung heikel und anspruchsvoll, der Wettbewerbsgewinn prestigeträchtig. Entsprechend prominent war auch die Schar der ausgewählten Konkurrenten. Hermann Czech gewann den Wettbewerb, die Brücke ist mittlerweile Teil der gebauten Geschichte Wiens.

Für ein Brückentragwerk war das Spiel mit einem meiner Lieblingsthemen – dem »gespannten Bogen« – natürlich evident. Dabei sollten der niedrige »Stich« und die filigrane Durchbildung auch optisch deutlich machen, dass hier nur geringe Lasten zu tragen sind. Die Bogenlinie rekapituliert überdies jene sehr flache Wölbung, welche die bis 1945 hier existierende, um 1860 nach dem damals neuartigen System des Ingenieurs Franz Neville konstruierte, eiserne Karolinenbrücke aufwies. Allerdings war, entsprechend aktueller Technik, die Struktur im Vergleich zum Neville-System bedeutend zarter und transparenter. Mein Ansatz war hier sozusagen kontrapunktisch, indem er die Möglichkeiten moderner Stahltechnik nützte und zugleich den schönen Vorgängerbau reflektierte, ohne historisierende Elemente einzusetzen.

Schnittansicht

Nächste Seite:
Blick gegen Südwest,
Schaubild, Tusche
auf Transparentpapier

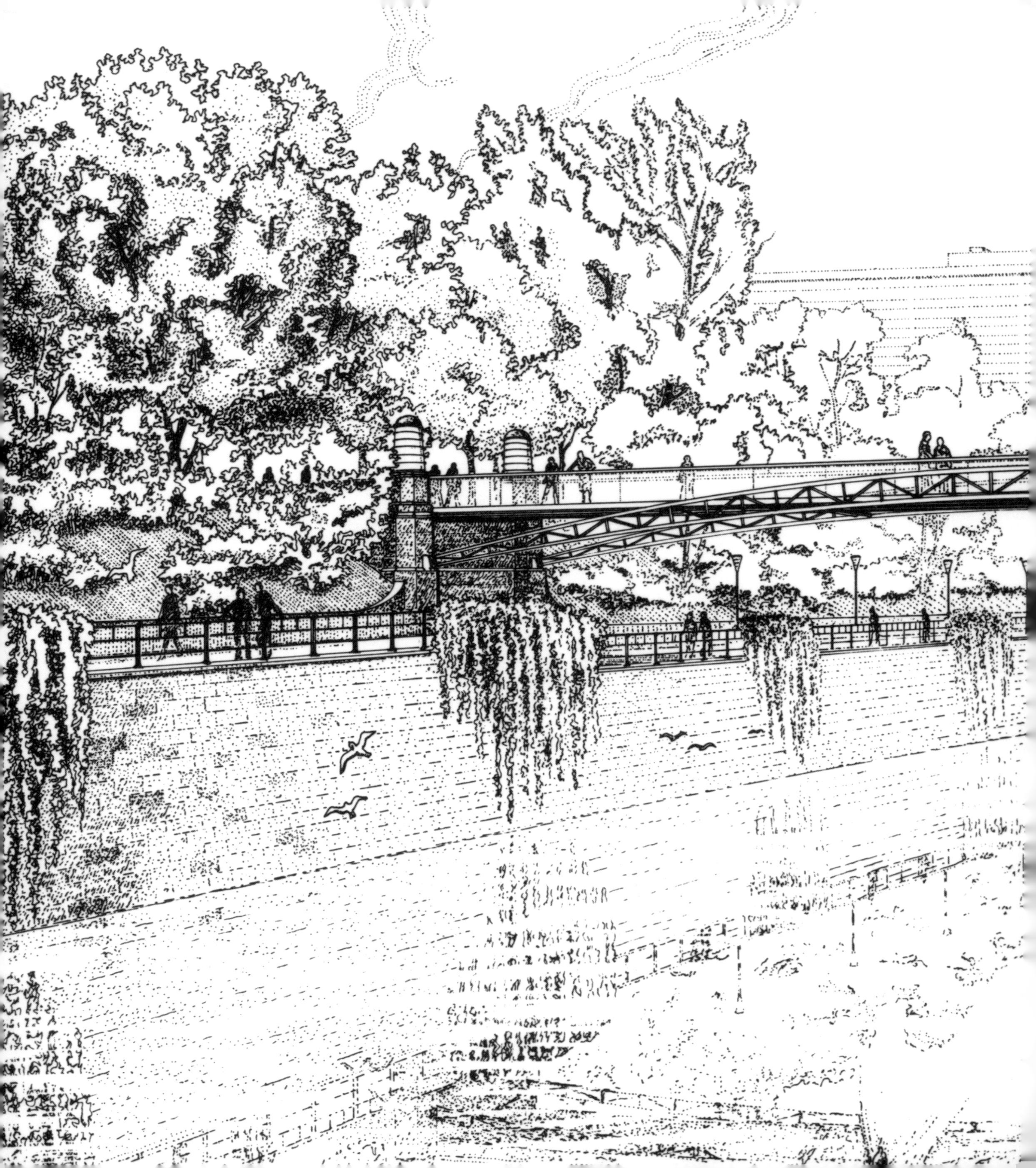

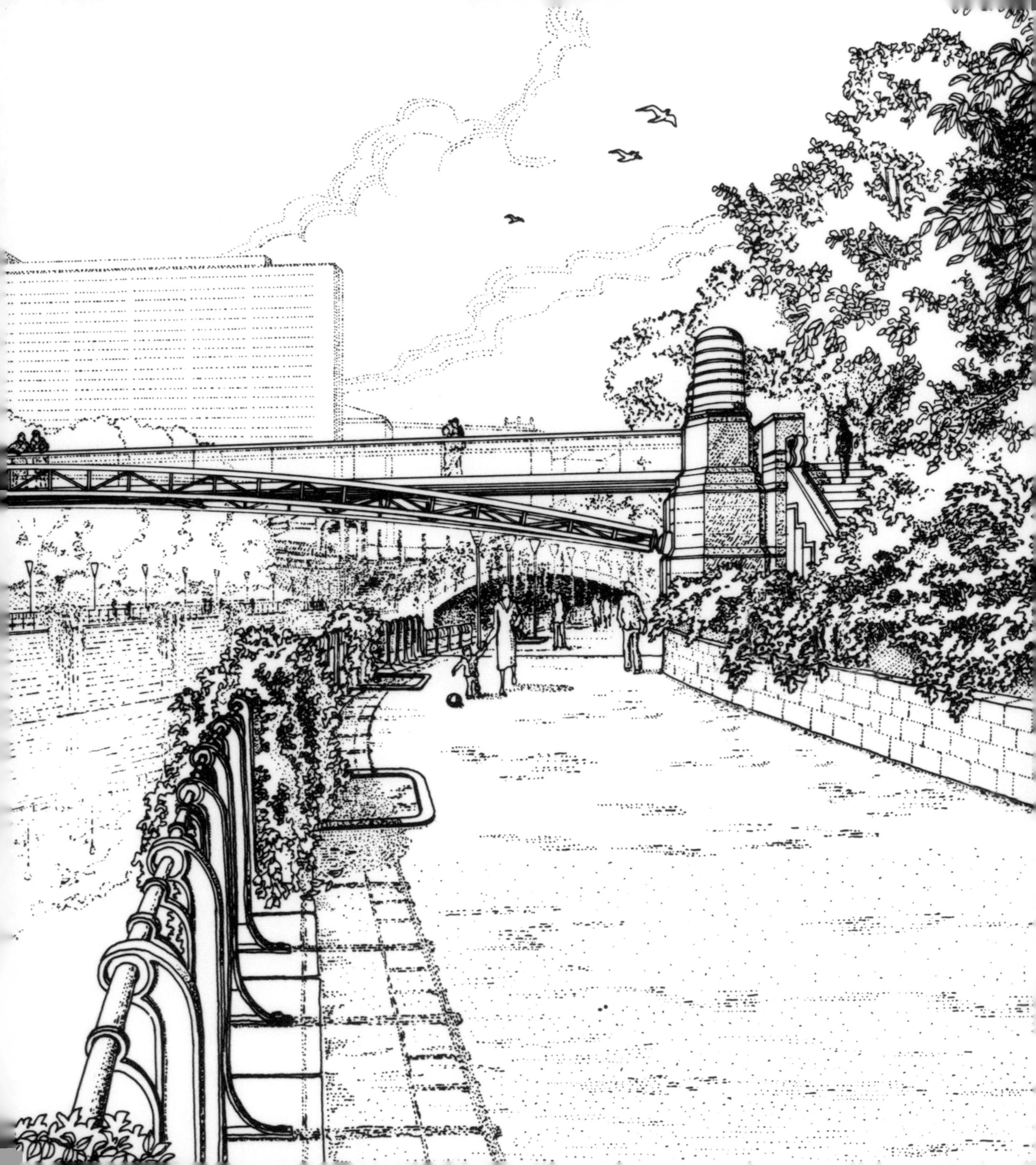

Zentralsparkasse, Filiale Operngasse

Wien 1, Operngasse 8
1987
zerstört um 2005

Die Planung und Bauabwicklung der Filiale Rennweg der Zentralsparkasse und der Wiener Hypo-Bank in der Operngasse 6 waren zur Zufriedenheit der Bank erfolgt, und so erhielt ich 1986 einen Folgeauftrag für die Umgestaltung der Filiale in der Operngasse 8, ein besonders prominenter Standort.

Die Nutzflächen der Bank waren auf drei Niveaus verteilt: im Keller der Tresor mit Nebenräumen, im Erdgeschoß der allgemeine Kunden- und Kassenbereich und im Obergeschoß die Abteilung für die Geschäftskunden mit der Geschäftsleitung. Einer funktionell und formal adäquaten Gestaltung der Verbindung dieser drei Etagen kam daher eine Schlüsselrolle zu. Realisiert wurde, ähnlich wie bei der Filiale am Schwedenplatz von Wilhelm Holzbauer, die ich als Projektleiter betreut hatte, eine Kombination von Lift und Wendeltreppe, welche alle Ebenen elegant und komfortabel verknüpfte und die Raumzusammenhänge erlebbar machte.

Die keramischen Reliefwände im Erdgeschoß, ein schon vorhandenes Werk des Bildhauers Heinz Leinfellner, wurden weitgehend erhalten und in die Gesamtkonzeption eingefügt. Auf das in Material und Farbe »erdgebundene« Werk Leinfellners antworteten im Obergeschoß die tiefgrünen Pflanzenräume der in die neuen Wände integrierten Tafelbilder von Charlotte Weinmann, die sich noch heute im Eigentum der Bank befinden.

Eingangsbereich, Ansicht Operngasse

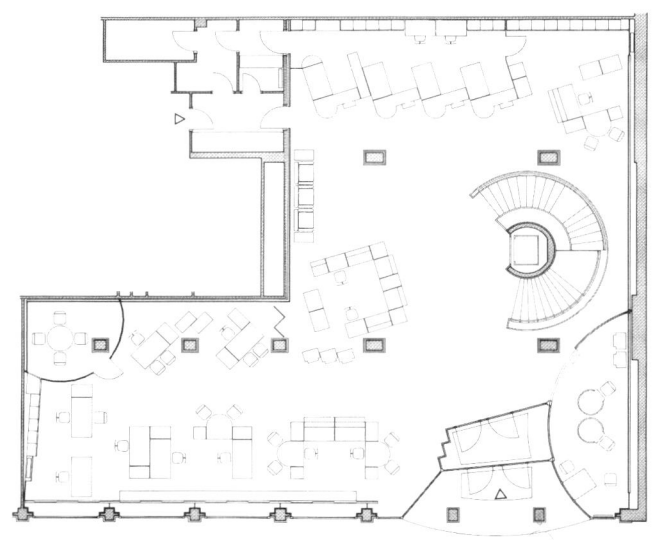

Grundriss Erdgeschoß

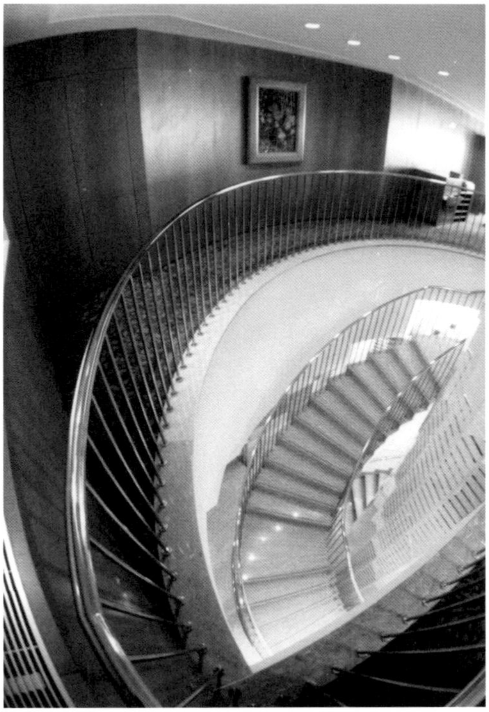

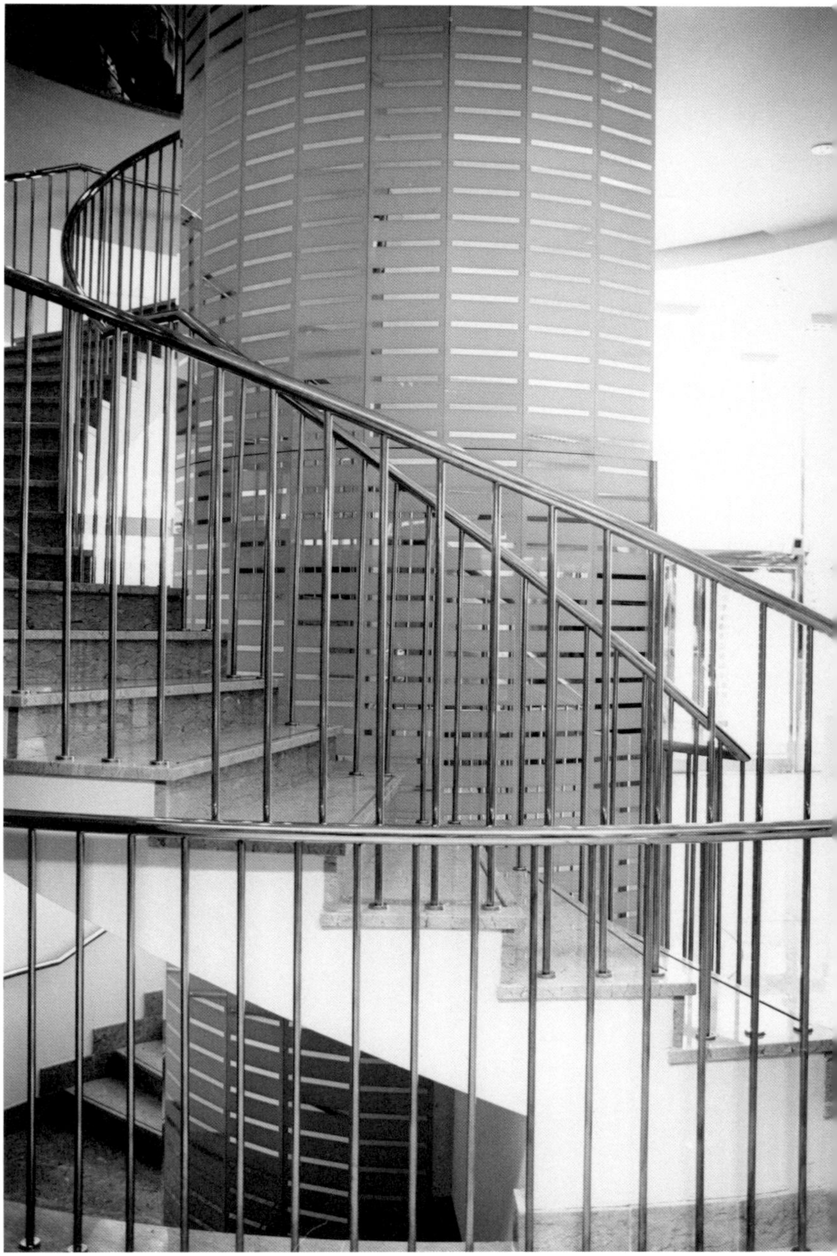

ITT Großmessestand »HIT 87«

Wien 2, Messegelände,
Europahalle
1987
nicht erhalten

1987 wurde ich vom US-amerikanischen Mischkonzern ITT eingeladen, einen Messestand für seine Unterhaltungssparten im Rahmen der Wiener Elektronikmesse »HIT« zu konzipieren. Der Ausstellungsstand wurde unter das Motto »Safari« gestellt und sollte alle Produkte der Unterhaltungselektronik des Konzerns präsentieren.

Ein artifizieller, abstrakter tropischer Wald aus übereinandergeschichteten, farbig leuchtenden Scheiben auf hohen Stahlschäften zog die Aufmerksamkeit der Messebesucher auf sich. Darunter, in etlichen Kubikmetern aufgehäuftem Sand, war die Produktpalette pittoresk arrangiert. Der Stand war für Demontage und Wiederverwendung ausgelegt, was aber nicht genutzt wurde, denn ITT war bald darauf Geschichte.

Entwurfsskizze

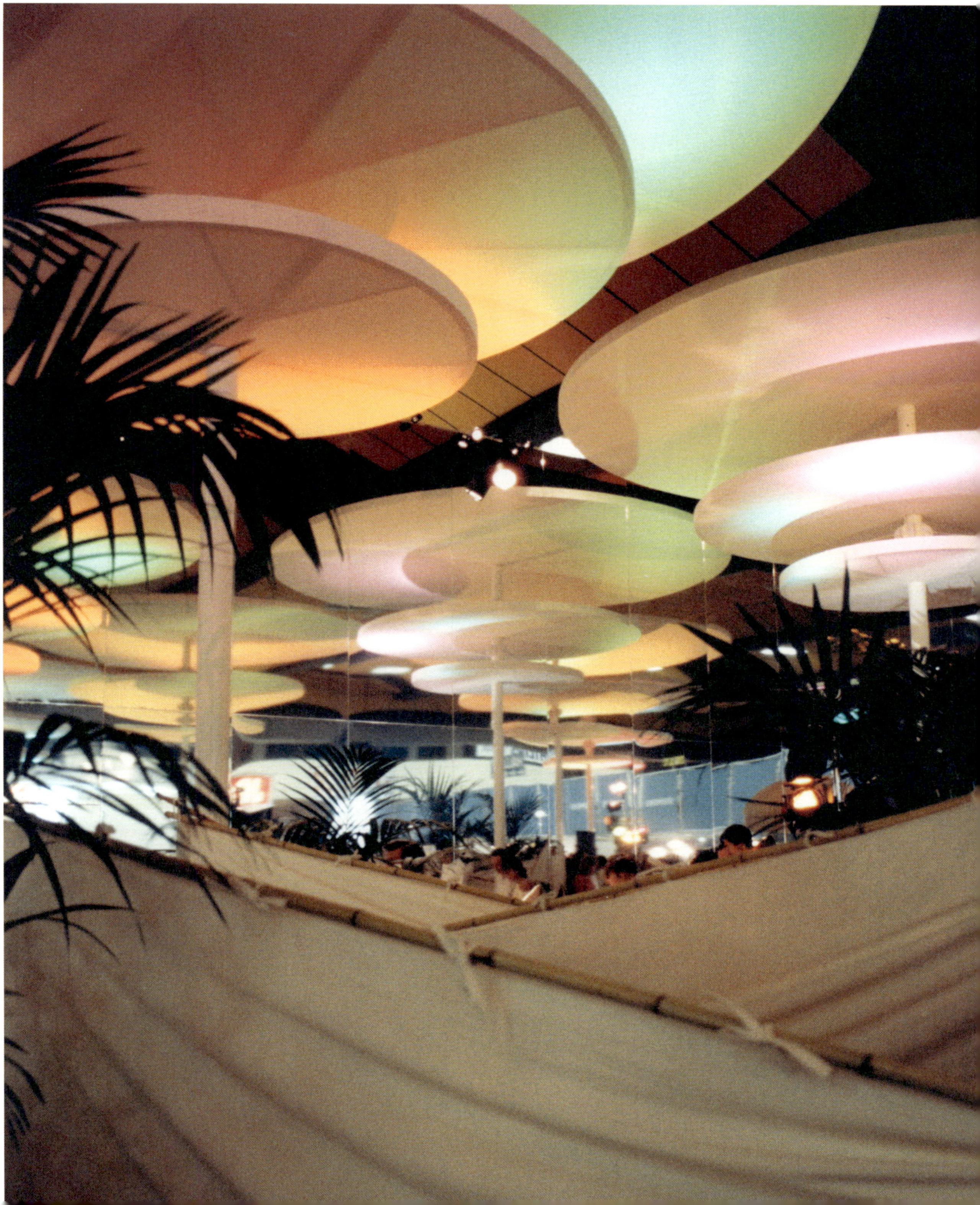

Atelierhaus S.

Ernstbrunn,
Niederösterreich
1987
nicht ausgeführt

Die zentrale Herausforderung bei diesem Projekt war, bestehende, schlichte Altbauten mit einem Neubau zu ergänzen, der sowohl als Wochenenddomizil als auch als kleine Probebühne dienen konnte, denn der Bauherr war schon damals ein erfolgreicher Schauspieler und Kabarettist. Mein Entwurf formulierte eine kreisrunde Freilichtbühne, die von einem nach Bedarf erweiterbaren Bauwerk partiell umschlossen wird. Die Funktionen fließen ineinander über, bald dient alles dem Spiel, bald der ungezwungenen Geselligkeit am Lande.

    Der kreisförmige neue Hof bildet mit dem viereckigen Hofbestand, dem Wohnhaus der Eltern, ein Ensemble, eine »repetition différente«, sollte aber – im Falle des Abbruchs der Altbauten – als Solitär eigenständig weiter bestehen können. Das Projekt blieb unausgeführt.

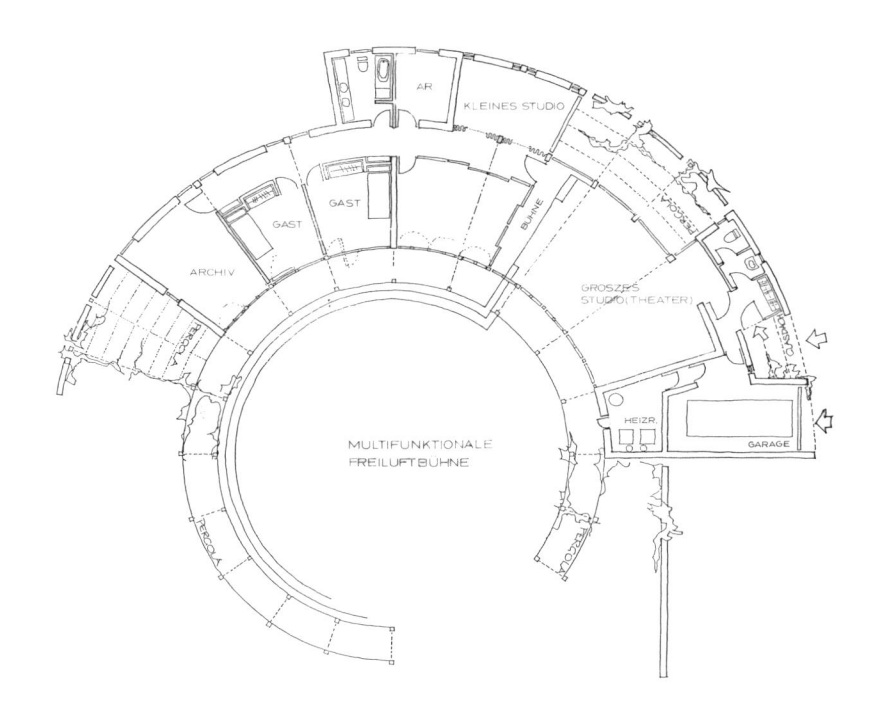

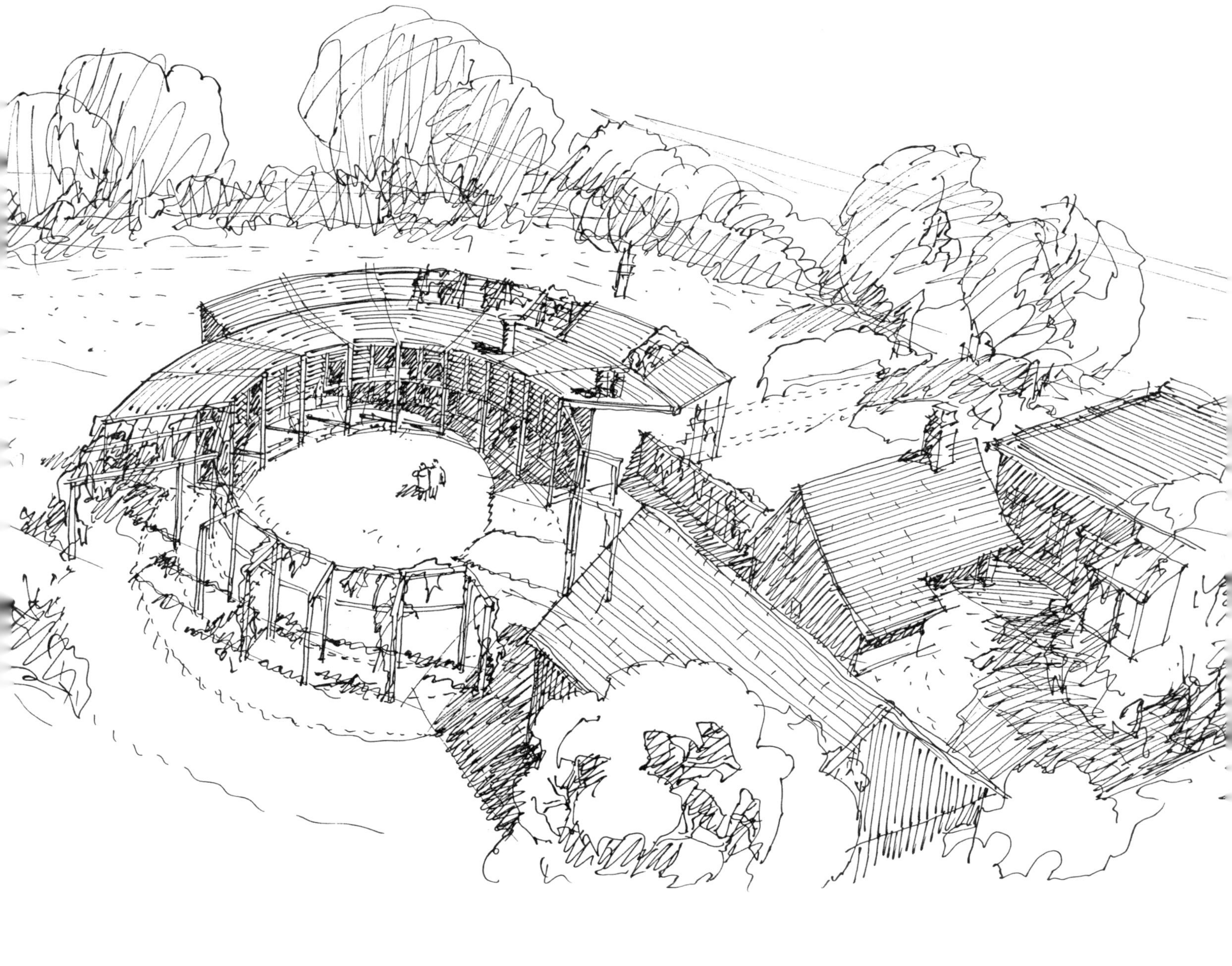

Lugner City

Wien 15, Gablenzgasse 11
1988
geladener Wettbewerb, 1. Preis
nicht ausgeführt

Baumeister Richard Lugner veranstaltete unter dem Motto »Palm City« einen Wettbewerb für sein geplantes Einkaufszentrum im 15. Bezirk in der Gablenzgasse nahe der Stadthalle. Der Wettbewerb wurde unter der Patronanz der MA 19 ausgelobt und auch mein Büro war eingeladen, daran teilzunehmen.

Mein siegreicher Wettbewerbsbeitrag nimmt den ursprünglich vorgesehenen Projekttitel »Palm City« wörtlich und definiert die Ecken und zugleich Haupteingänge des neuen Komplexes als verglaste Palmenhäuser, die dem Gebäude in dem sonst gesichtslosen Umfeld seine unverwechselbare Physiognomie verleihen. Der Projektname ist also dem Bauwerk quasi inhärent, es ist nun selbst Motto und gebaute Werbebotschaft.

Bald nach Planungsbeginn zeigten sich tiefgreifende Auffassungsunterschiede zum Bauherrn, die mir eine stringente Entwurfsarbeit unmöglich erscheinen ließen, sodass ich mich letztlich entschloss, von diesem Planungsauftrag zurückzutreten. Baumeister Lugner plante das Einkaufszentrum danach in Eigenregie und nannte es schließlich Lugner City.

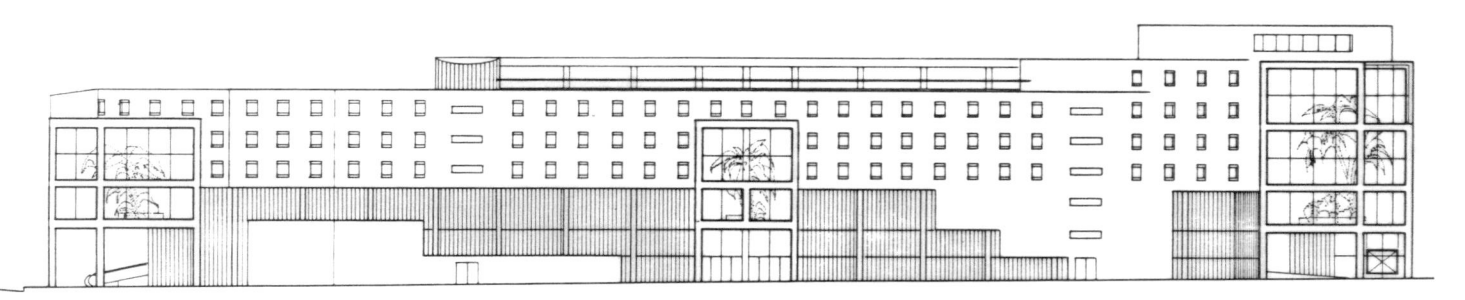

Fassade Gablenzgasse

Ecke Gablenzgasse/Moeringgasse, Blick stadteinwärts, Schaubild

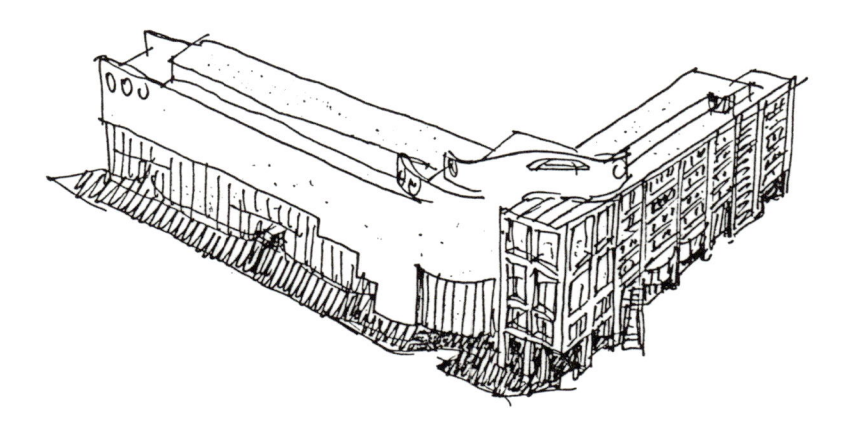

117

Wohnhaus K.

Kitzbühel, Tirol
1990

Die Aufgabe war, in Kitzbühel auf einem Grundstück in bester Lage, einem Südhang mit Blick auf die Altstadt, ein Einfamilienhaus zu planen. Die restriktive Bauordnung von Kitzbühel war sicherlich für das hybride Ergebnis mitverantwortlich: Die Auseinandersetzung mit den von der Behörde für die äußere Erscheinung vorgeschriebenen, pseudo-rustikalen Bauformen, die ich doch einer gewissen Verfremdung unterziehen konnte, fand ich damals ganz reizvoll.

Das Haus öffnet sich gegen Süden und zum Garten, stemmt sich aber mit seinem gekurvten Rücken gegen den Hang und gegen die im Nordwesten verlaufende Straße. Im Zentrum des Hauses verbindet eine Wendeltreppe das Erdgeschoß mit dem ersten Stock, während dieser und der zweite Stock mit einer versetzt angeordneten, gradarmigen Treppe verbunden sind. Die überaus differenzierte Ausbildung der Räume resultierte aus den sehr detaillierten Funktionsanforderungen des Bauherrn – bis hin zu präzisen Aufstellungsorten von Hi-Fi-Komponenten oder Projektions-Equipments, einem internen Materiallift oder der akkuraten Situierung eines Whirlpools – samt Blick über die ganze Stadt.

Halle im
2. Obergeschoß

Hauptplatz, Blick gegen
Nordwest, Modellfoto

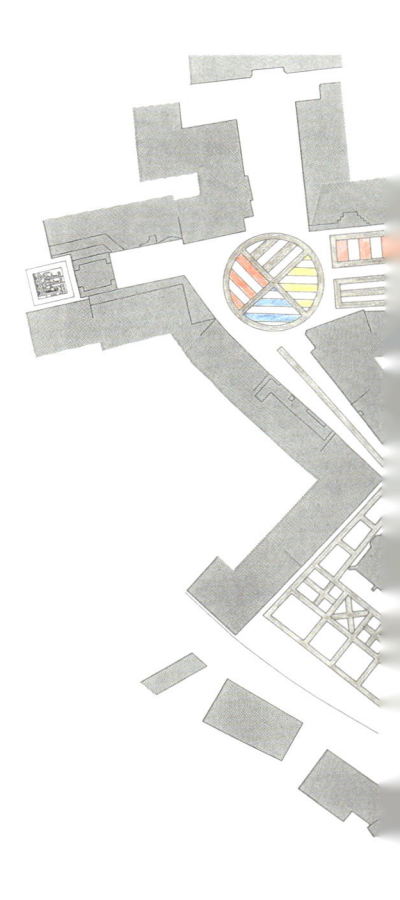

Fußgängerzone Vöcklabruck

Vöcklabruck, Oberösterreich
1990
geladener Wettbewerb
nicht ausgeführt

Auf Empfehlung des Verkehrsplaners Dr. Nadler wurde ich von der Stadt Vöcklabruck zur Teilnahme am Wettbewerb für die geplante Fußgängerzone eingeladen. Die Aufgabenstellung war reizvoll und ich entschloss mich zu einem »Idealprojekt«, einem Vorschlag also, der eine baukünstlerische Vision für diesen Stadtraum ganzheitlich entwickelte und darstellt.

Die Formensprache, Farbgebung und Struktur der gegebenen Bausubstanz – Turmbauten, Fassaden der Bürgerhäuser usw. –, aber auch der grafische Reiz der historischen Heraldik der Stadt könnten in freier Transponierung zu Bildsymbolen verschmolzen werden, welche dem öffentlichen Boden, dem urbanen Bewegungs- und Begegnungsraum in farbiger Pflasterung eine zusätzliche, verstärkende Identität geben. Es wäre damit eine Stadtbildqualität erreicht, die – unabhängig von verkehrspolitischen Tageserfordernissen – den zentralen Platzräumen eine »dritte, begehbare Fassade« gibt und somit das spezifische Image der Stadt erweitert, steigert, alltäglich vertieft.

Nächste Seite: Entwurfsskizze,
Ölkreide auf Transparentpapier

Oberflächengestaltung, Lageplan

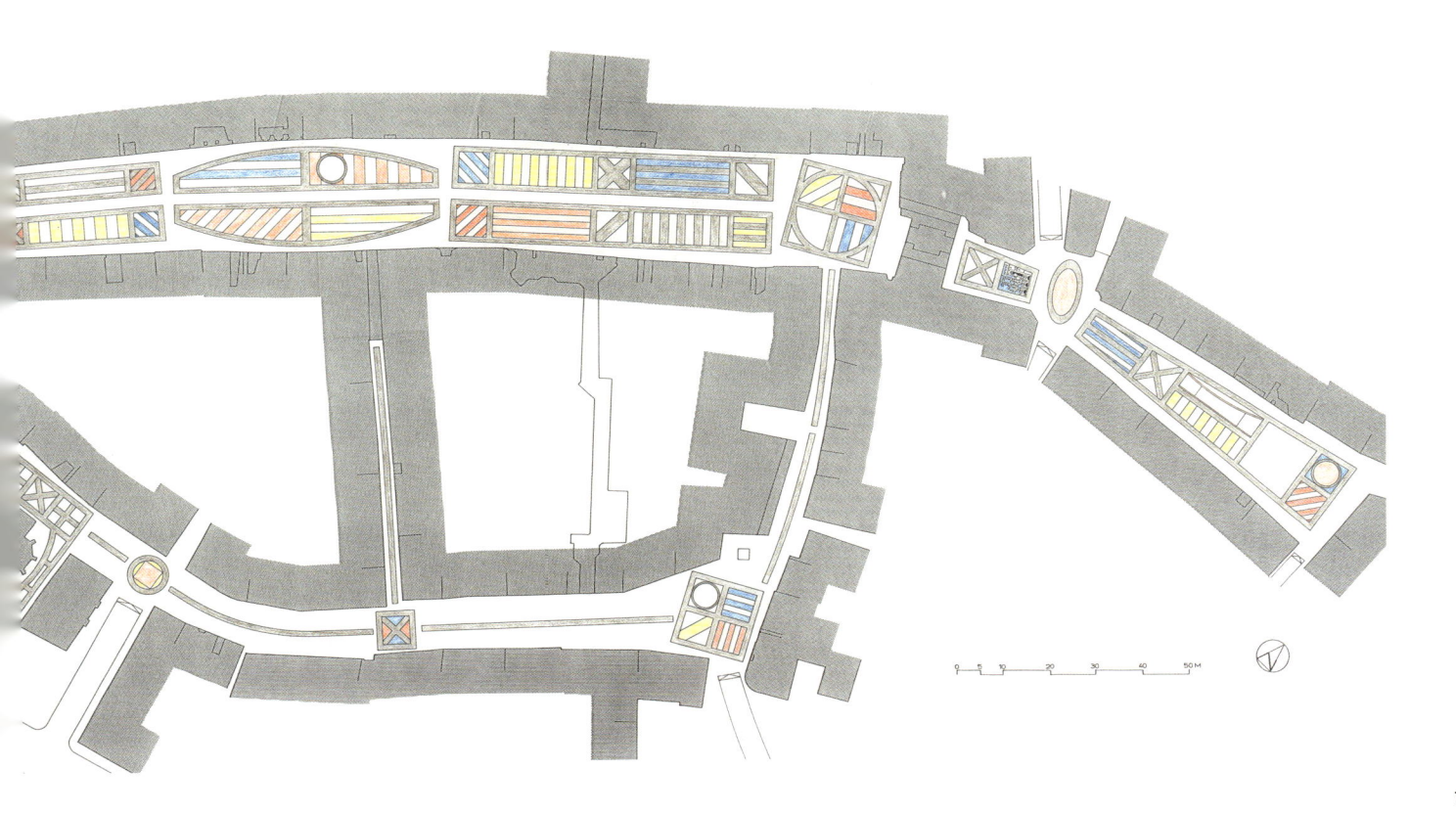

-- EINE COLLAGE--   SKIZZE IM MASSTAB ca. 1:200

ORIGINALFARBEN DER STEINE

Einkaufszentrum Philadelphiabrücke

Wien 12, Meidlinger Hauptstraße / Vivenotgasse
1990
geladener Wettbewerb, 2. Preis
nicht ausgeführt

Das renommierte Planungsbüro ATP (Achammer Tritthart und Partner) lud mich 1990 zur Teilnahme an einem Wettbewerb für ein neues Geschäftszentrum bei der Philadelphiabrücke ein. Mitglieder der Jury waren u. a. die Architekten Christoph Achammer und Günther Domenig. Das Projekt war interessant und auch der Umstand, dass Prof. Domenig diese Jury als Vorsitzender leiten würde, bewog mich zur Teilnahme.

Mein Projekt zeigt nach Süden in Richtung der hochfrequentierten Umsteigestationen von U-Bahn, S-Bahn und Straßenbahn eine geschwungene Glasfassade als südlichen Abschluss der zentralen Halle, der Mall, als »Fenster« ins Innere mit Blick über alle Niveaus. Flankierende Baukörper begrenzen und rahmen seitlich diese Halle; ihr dreieckförmiges Dach mit zentraler Lichtkuppel verstärkt die räumliche Sogwirkung und stellt auch den Übergang zur angrenzenden, niederen Bebauung her.

Die offene, auch von oben belichtete Mitte der Mall, die alle Verteiler- und Verknüpfungsfunktionen übergreift, sollte die Orientierung und Kommunikation fördern und trotz der Informationsdichte von individuellen Auslagen, Waren und Werbungen immer auch Weite erfahrbar machen, denn überall wäre auch der Blickkontakt nach außen gewährleistet. Die Dachflächen sollten begrünt werden, sodass der nunmehr geschlossene, beruhigte Innenhof eine Grünoase für die dort wohnenden und arbeitenden Menschen anbietet.

Das Zentrum wurde später gänzlich anders und vollkommen unambitioniert realisiert.

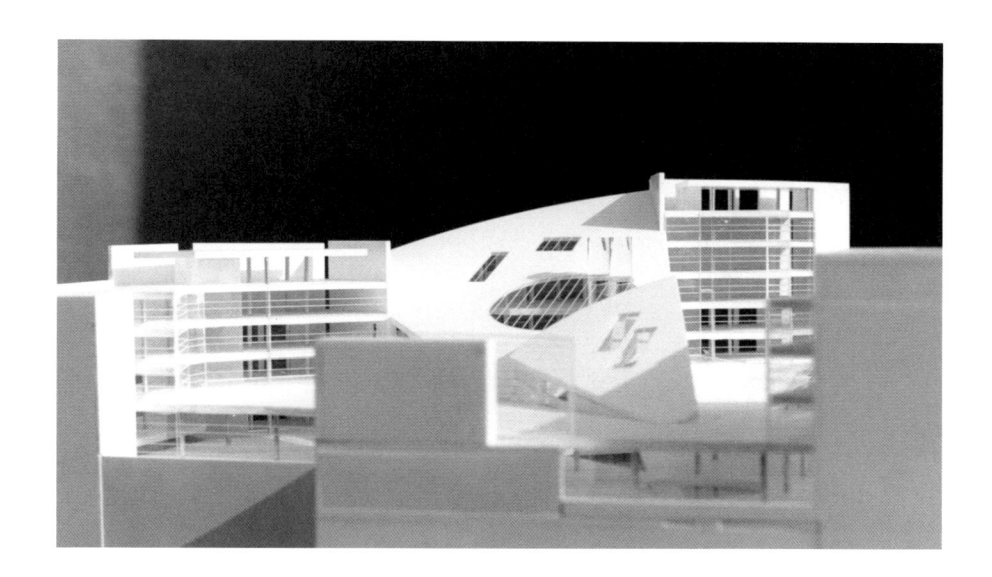

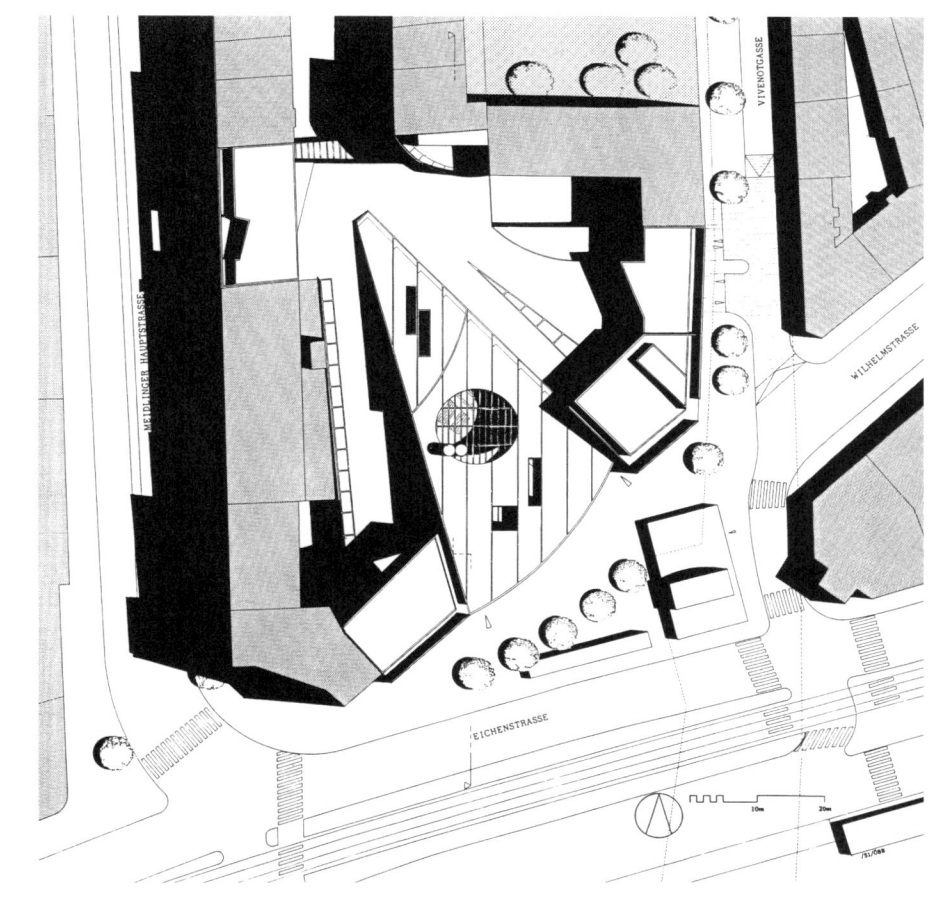

↗
Blick gegen Süden, Modell

→
Situation

←
Hauptfassade, Blick gegen
Norden, Schaubild

Nächste Seite: zentrale Mall,
Blick gegen Süden, Schaubild,
Tusche auf Transparentpapier

125

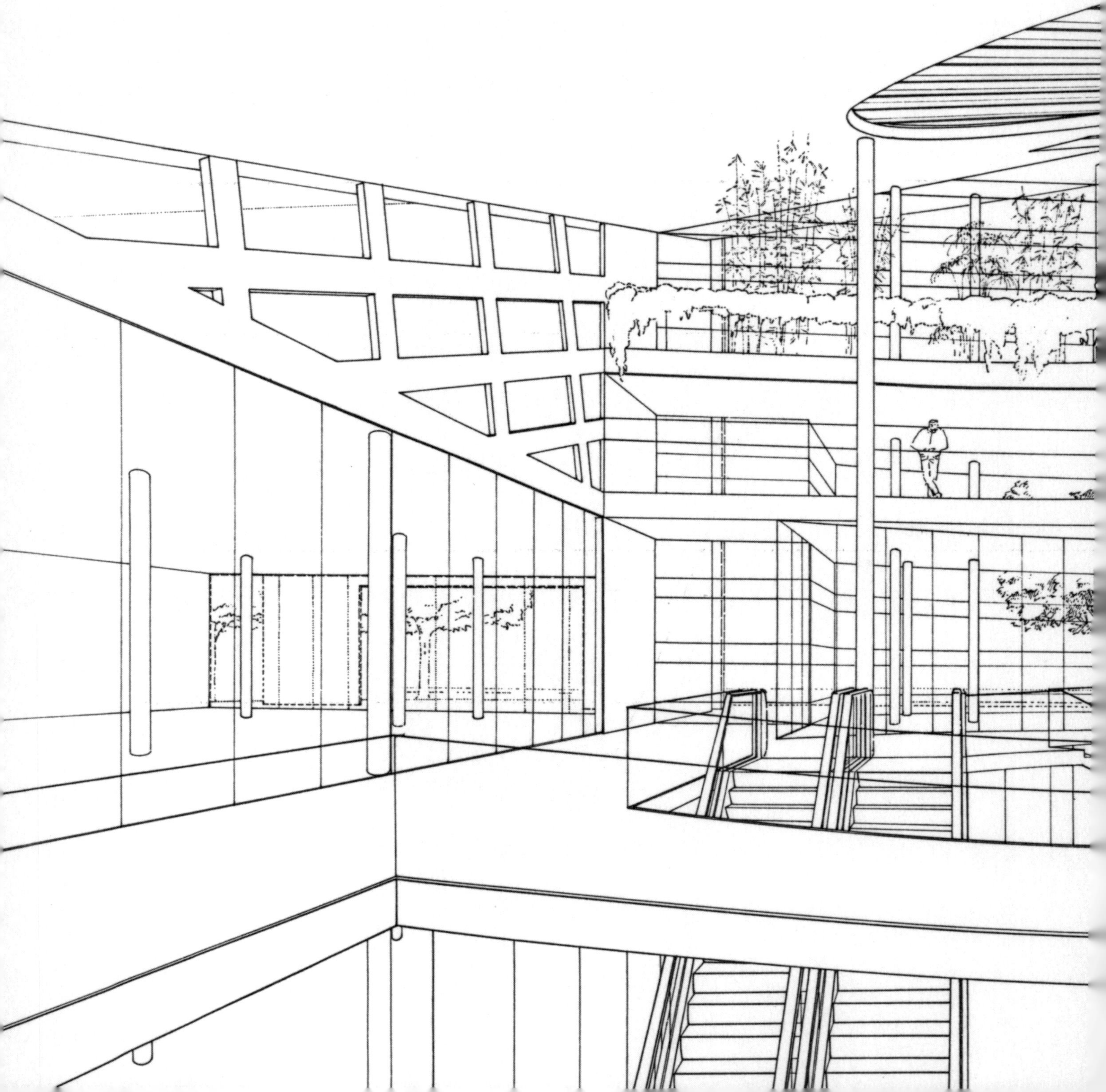

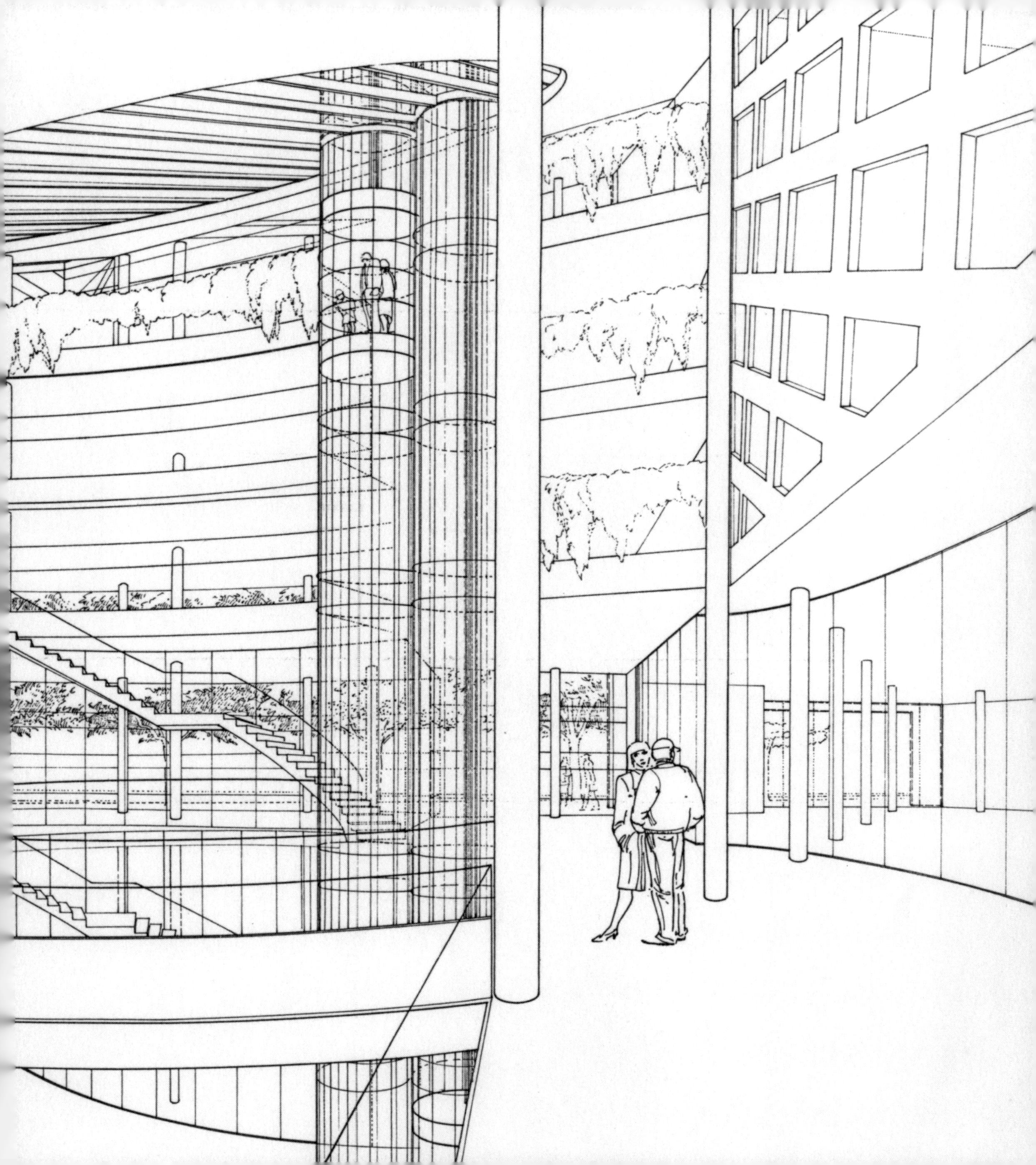

Stadtteilplanung Handelskai

Wien 20, Handelskai, Bereich
zwischen Brigittenauer Brücke
und Floridsdorfer Brücke
1990
geladener städtebaulicher
Wettbewerb, 1. Preis (ex aequo)
nicht ausgeführt

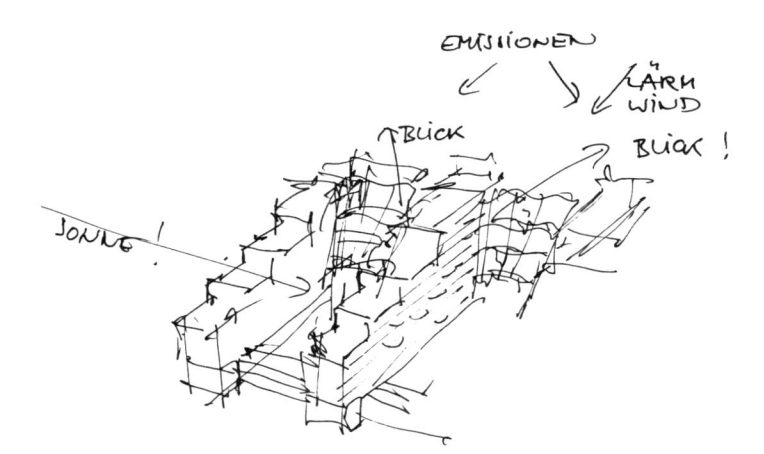

Im Zuge der in den späten 1980er-Jahren forcierten Ideenfindungen und großen Konkurrenzen zur Neudefinierung des Wiener Donauraumes wurde ich von der Stadt Wien zu einem Wettbewerb eingeladen, der die Neustrukturierung eines Abschnittes des Handelskais zum Ziel hatte. Die Teilnahme war ehrenvoll, die Jury prominent und das Thema interessant. Mein Projekt errang ex aequo mit Roland Rainer und Neumann+Steiner den 1. Preis und wurde von der Presse besonders gewürdigt.

Die von mir konzipierten Neubauten entlang der Uferkante beziehen sich auf die »landeinwärts« bestehenden, historischen Raster- und Blockstrukturen, transformieren deren Rhythmen jedoch in neue Figurationen, welche die speziellen klimatischen, akustischen und visuellen Parameter am Donauufer, am Handelskai, berücksichtigen. Senkrecht auf den Strom angeordnete, scheibenförmige Wohnbauten bilden eine kammartige Struktur, an deren Stirnseiten zur Donau dienen verglaste, transparente Laubengang-Konstruktionen sowohl der Erschließung als auch als Emissions- und Witterungsschutz. So entstehen zwischen den Wohntrakten geschützte, gut belichtete, halböffentliche Wohnhöfe, während die alte Stadtstruktur vom Strom her weiter ablesbar bleibt.

Diese Wohnblöcke stehen auf zweigeschoßigen Basisbauwerken, welche die Wohnungen einerseits über die Verkehrstrassen herausheben, andererseits diese mit dem Niveau der Dammkronen leicht verbinden lassen – und die als »Sockel« zusammenhängende, neutrale Flächen für kommerzielle Nutzungen aufnehmen. Das Zentrum der neuen Bebauung ist bei der Verknüpfungsstation S1 / S45 / U6. Hier sind die solitären Gebäude für die OMV-Zentralverwaltung sowie für die öffentliche Verwaltung vorgesehen.

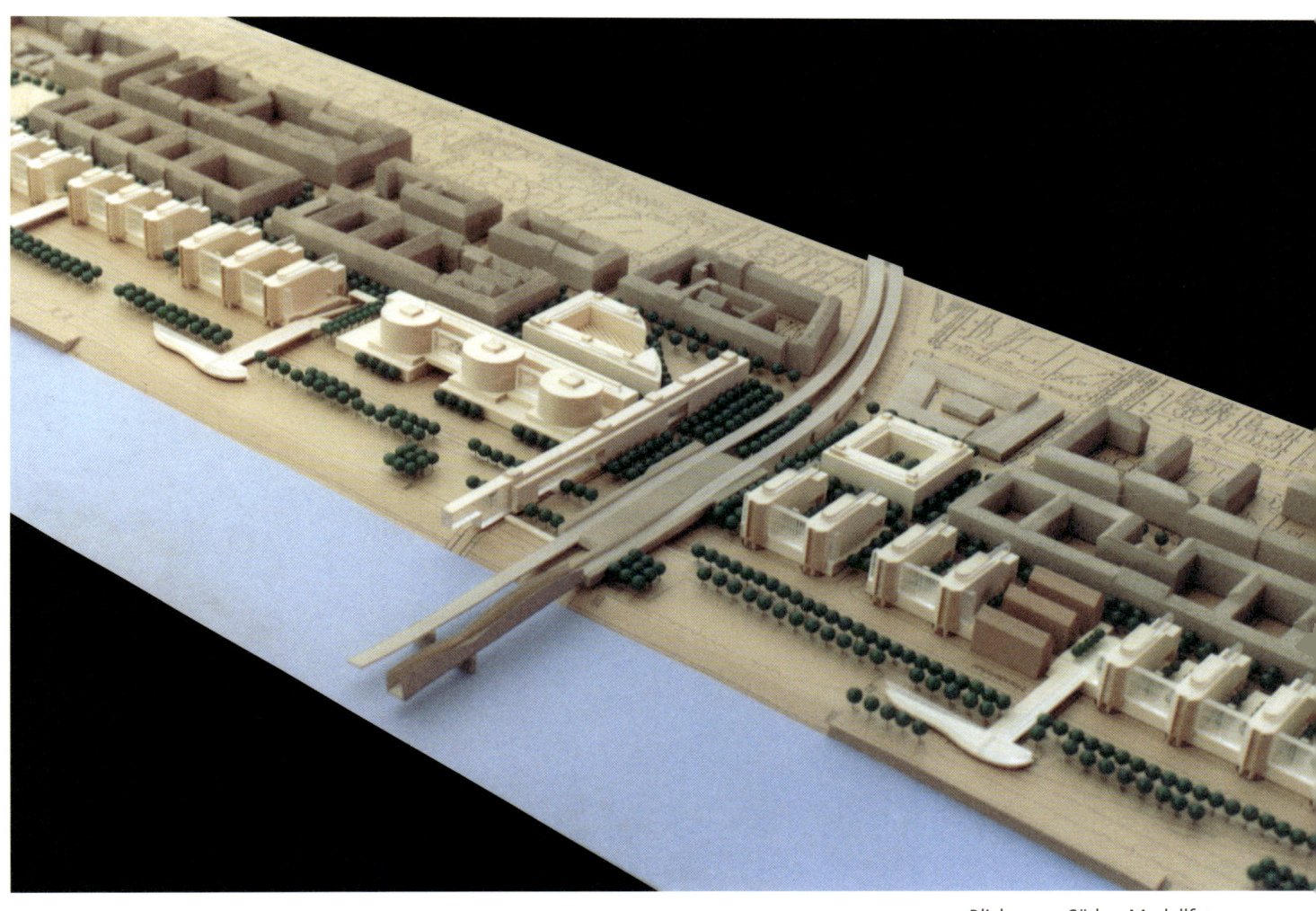

Blick gegen Süden, Modellfoto

Nächste Seite: Entwurfsskizzen zum Wettbewerb

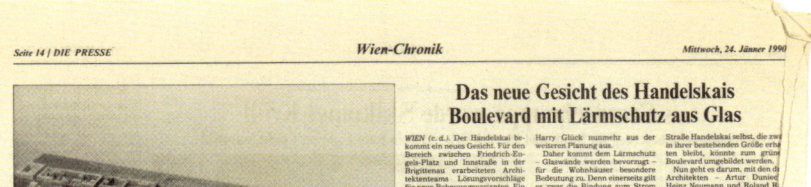

Die Presse,
24. Jänner 1990

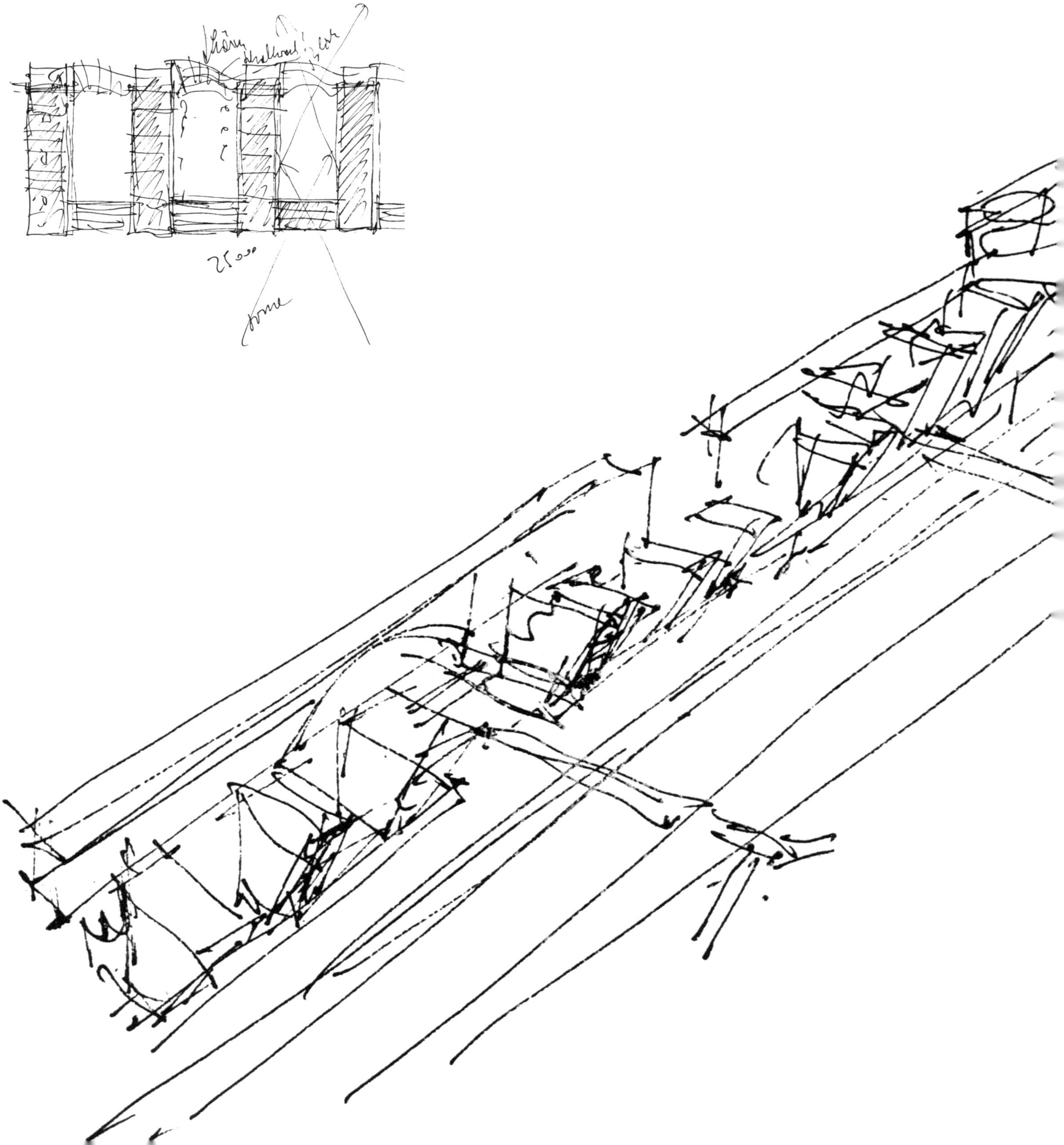

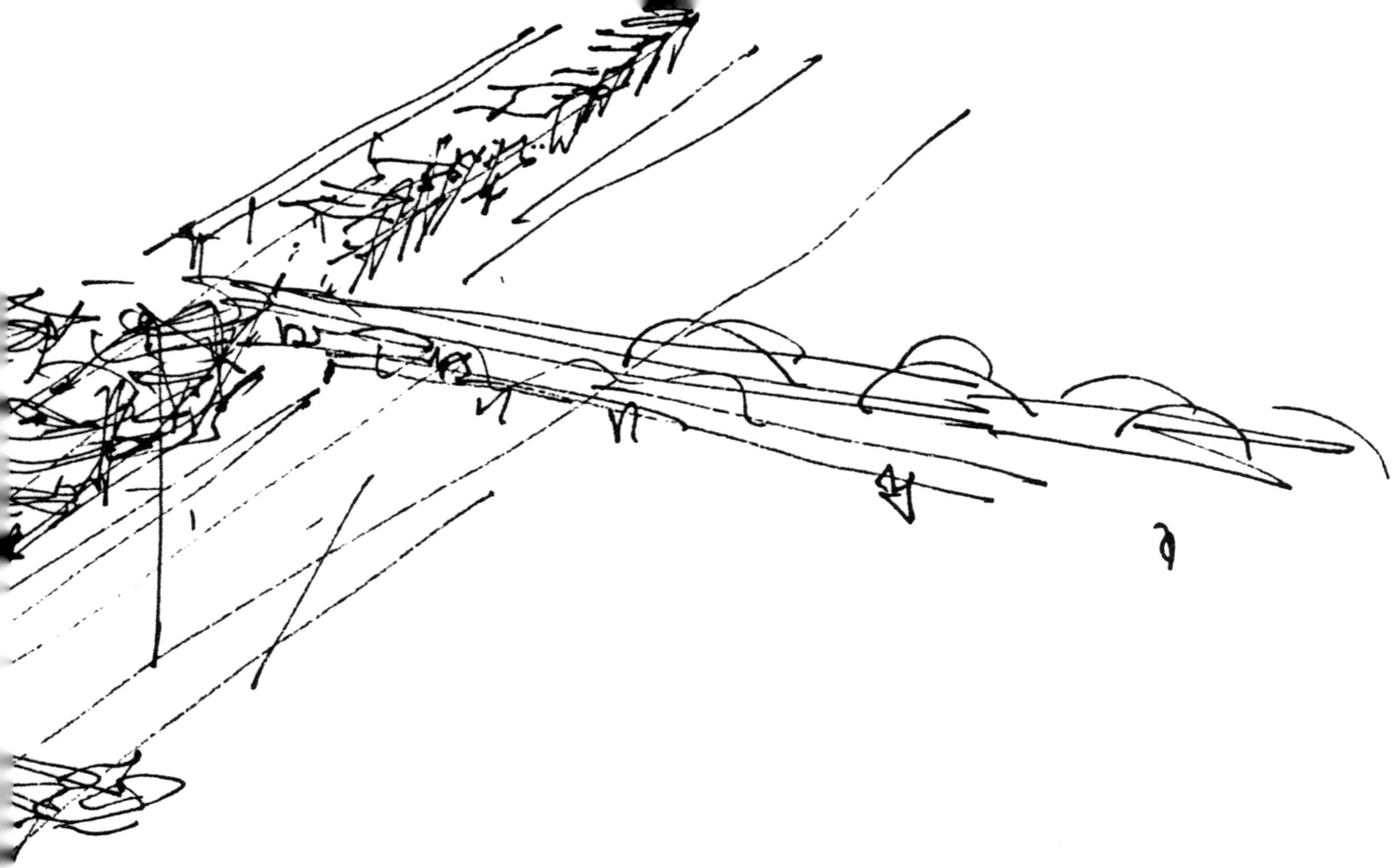

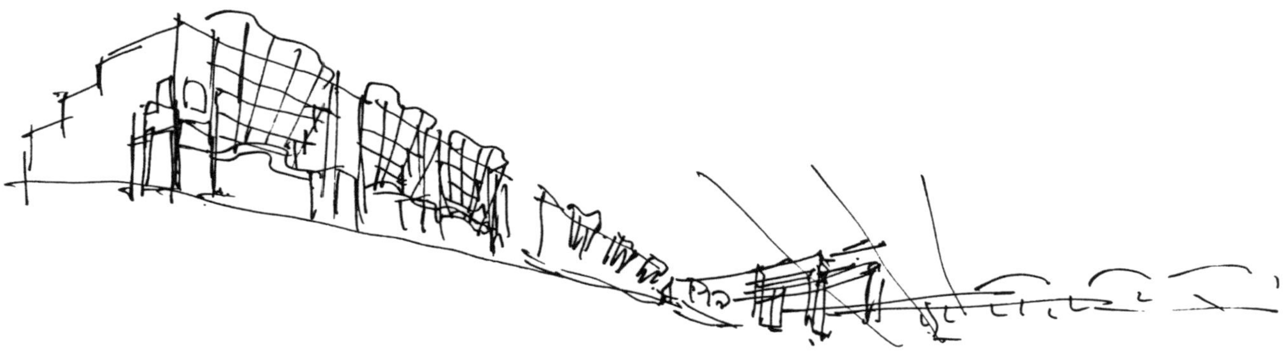

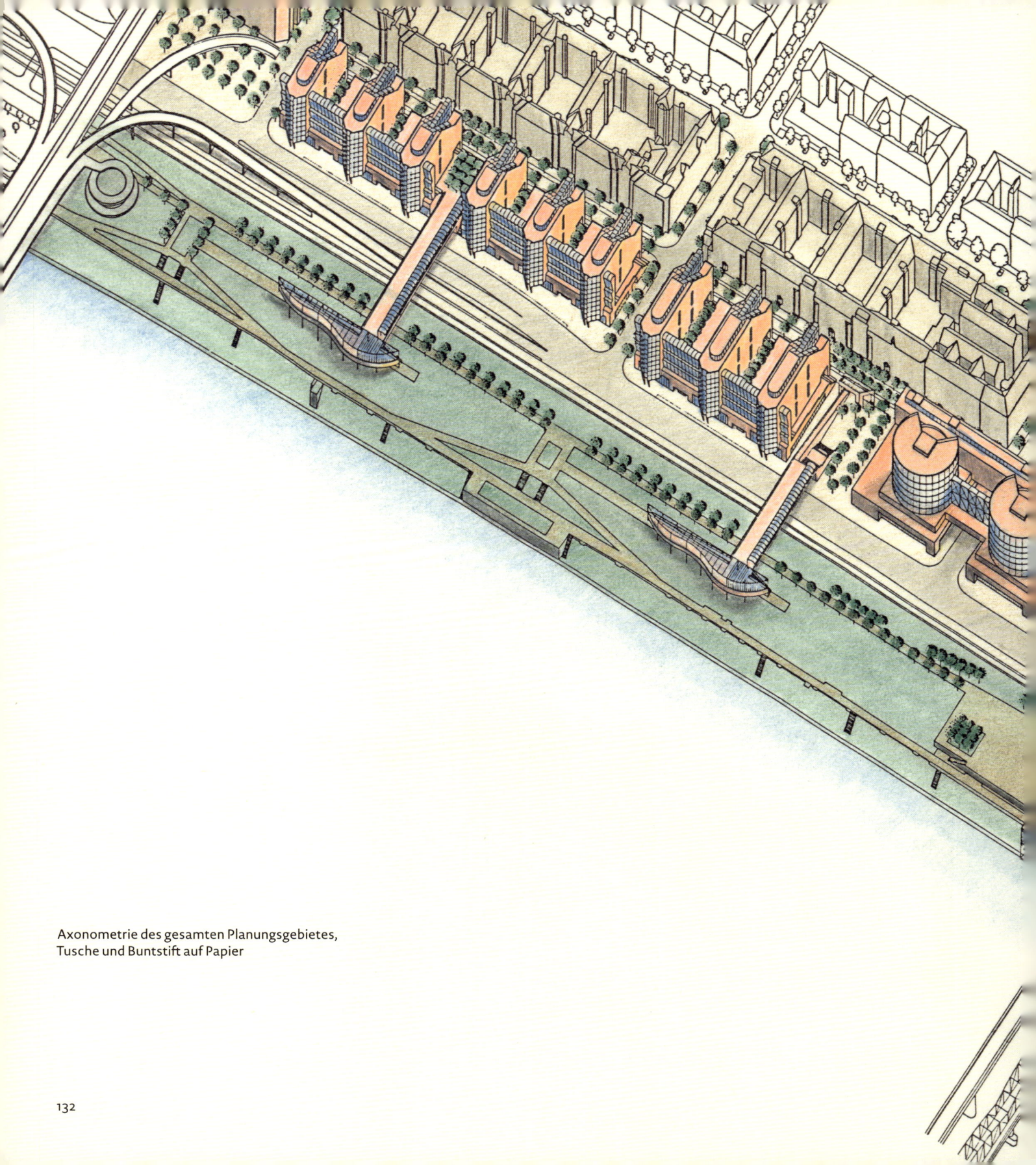

Axonometrie des gesamten Planungsgebietes,
Tusche und Buntstift auf Papier

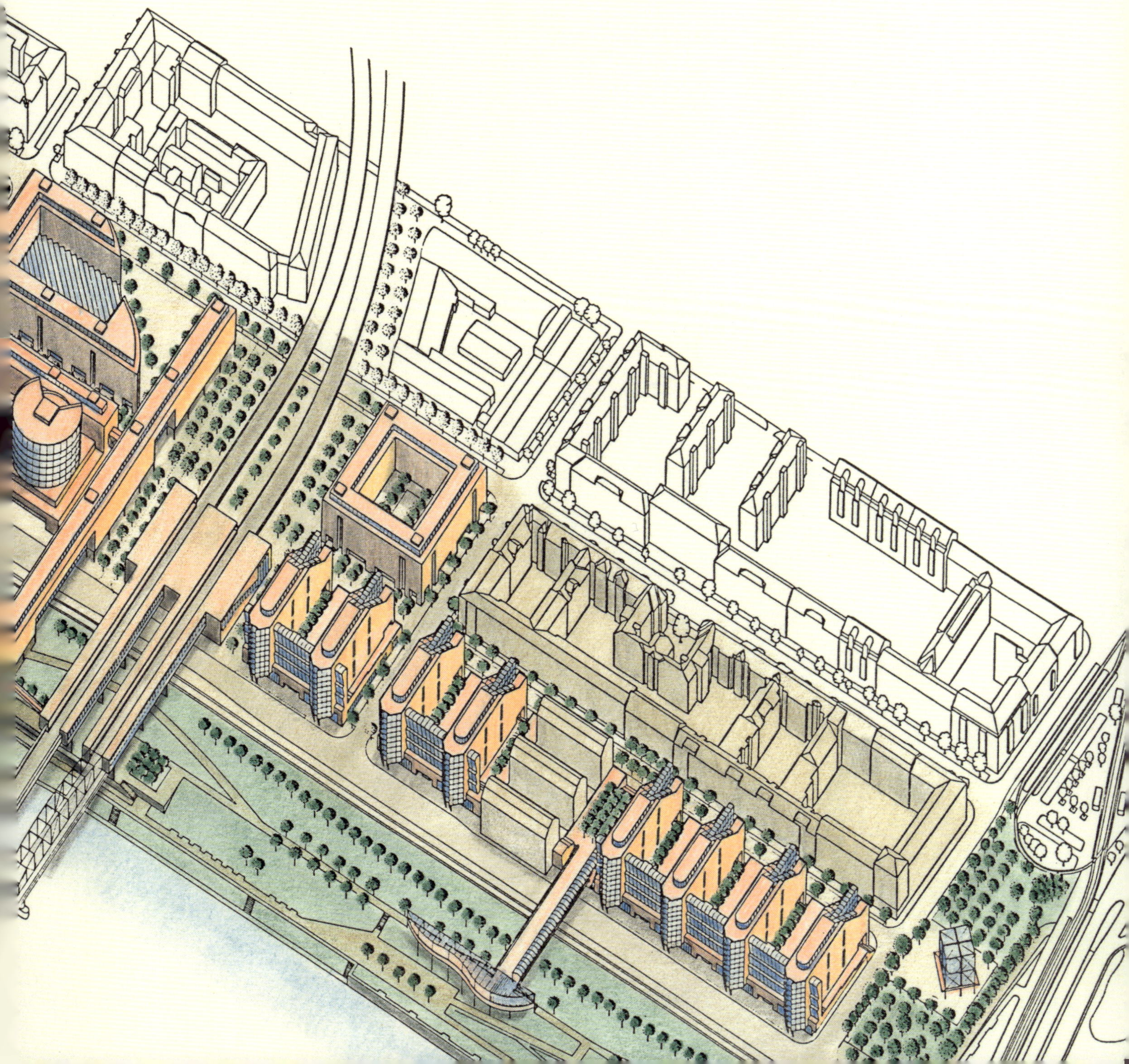

Möbelhaus Leiner

Wien 7, Mariahilfer Straße /
Karl-Schweighofer-Gasse
1991
Zu- und Umbau
zerstört 2021

Das Möbelhaus Leiner plante 1990 in der Karl-Schweighofer-Gasse einen Erweiterungsbau zum bestehenden Stammhaus Ecke Mariahilfer Straße. Knapp vor Baubeginn trat die Geschäftsleitung an mich heran, die Fassade dieses Neubaus neu zu gestalten, da der ursprüngliche Vorschlag eines Planungsbüros von der Behörde abgelehnt worden war. Mein Entwurf, der auch Eingriffe in die Grundrisse erforderte, gefiel und wurde der Ausführung zugrunde gelegt.

Die Neugestaltung der Schaufensterzone des Stammhauses war dann ein Folgeauftrag. Das markante Eckhaus zeigte – trotz vieler Änderungen und Umbauten – in weiten Teilen noch immer die Grundsubstanz des 1894/95 errichteten Warenhauses Stefan Esders, ein frühes Beispiel eines über alle Etagen großflächig bis zum Dach hochgeführten Ständerbaus.

Die Fassade des Neubaus reagiert durch ruhige Mauerflächen mit geringem Fensteranteil auf die hermetisch wirkende Fassade seines Gegenübers, wogegen die Neugestaltung der Schaufensterzone des Altbaus die ursprüngliche Zonierung der Fassaden mit zeitgemäßen Mitteln anstrebt. Die Gebäudeecke mit dem Haupteingang wird wieder durch eine Kuppel akzentuiert, nun aber als Stahl-Glas-Konstruktion.

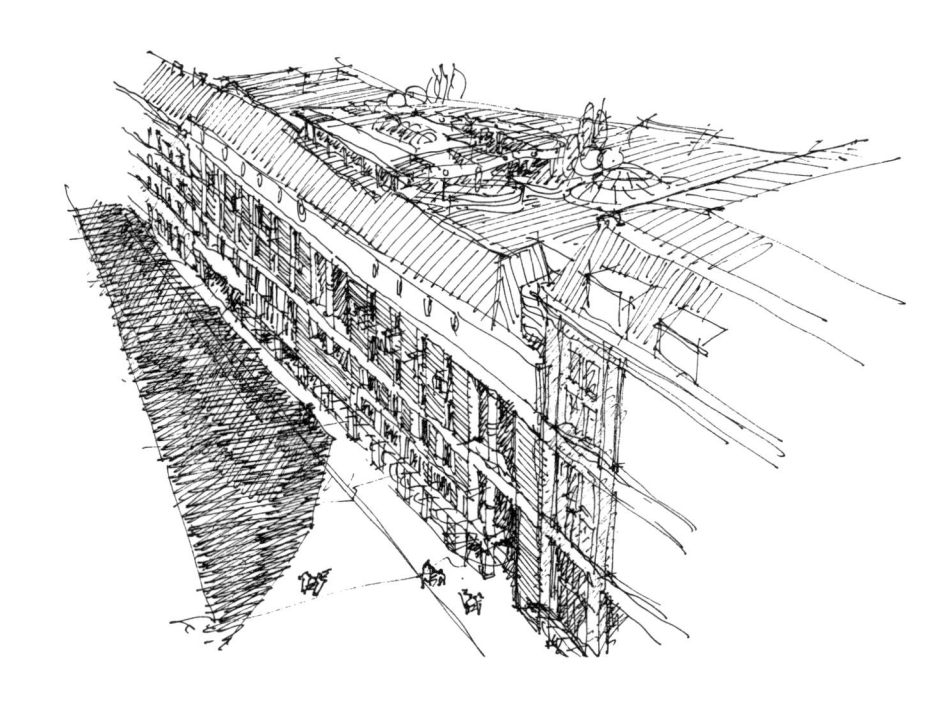

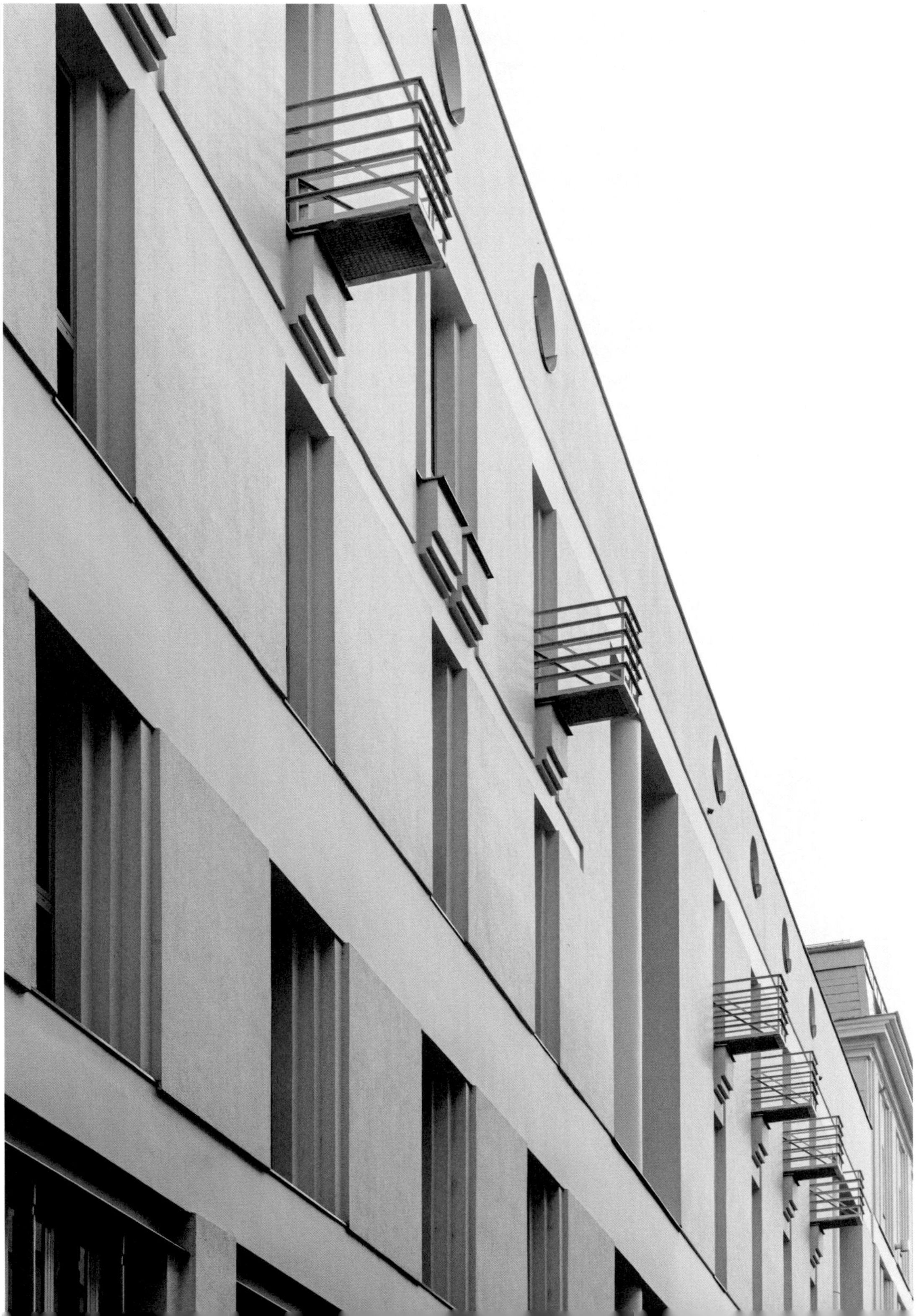

Vorfeld Schloss Schönbrunn

Wien 13, Bereich
zwischen Grünbergstraße
und Kennedybrücke
1991
geladener Wettbewerb
nicht ausgeführt

Die stadtstrukturellen und verkehrstechnischen Probleme im Bereich von Schloss Schönbrunn und darüber hinaus im gesamten Abschnitt der Westeinfahrt von Hütteldorf bis Meidling veranlassten die Stadt Wien 1991, einen Wettbewerb zur Erlangung von Lösungsvorschlägen auszuschreiben. Die Aufgabenstellung war ausufernd, denn natürlich sollten neben Verkehrs- und Strukturproblemen auch historische bzw. kunsthistorische Aspekte ebenso berücksichtigt werden – und primär war eine adäquate Steuerung für den hier anrollenden Massentourismus zu konzipieren.

Mein Projekt postulierte im Wesentlichen die weitgehende Verkehrsfreimachung im Bereich Schlossvorfeld, Wienfluss, Hadikpark und Auer-Welsbach-Park samt Aufwertung der Achse von Schloss und Schlossallee und, damit einhergehend, die Renaturierung bzw. Attraktivierung des Wienflussbettes. Übergeordnetes Ziel war die Schaffung eines möglichst ungestörten Grünraums, der Schlosspark, Schloss und sein Vorfeld sowie den Frei- und Grünraum bis zum Technischen Museum zu einer neuen Einheit verbinden sollte: vielleicht die Imagination und visionäre Projektion eines historischen Zustandes vor dem Schloss, zum Wohle der Bürger und zur Erbauung der Besucher. Im Beitrag war diese »große Lösung« in einzelne Abschnitte gegliedert, welche eine realistische, schrittweise Ausführung gleichsam in Form eines Baukastensystems im Sinn hatte.

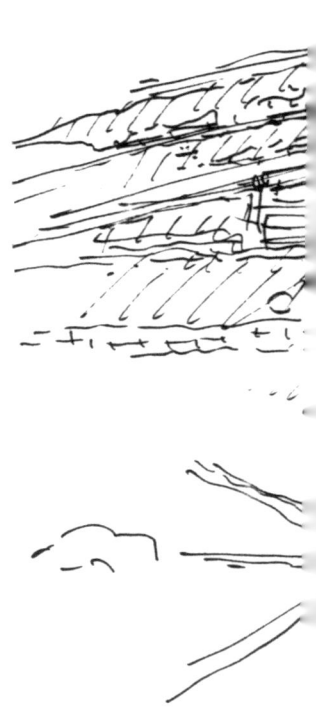

Wiental / B1, Blick gegen
Osten, Querschnitt

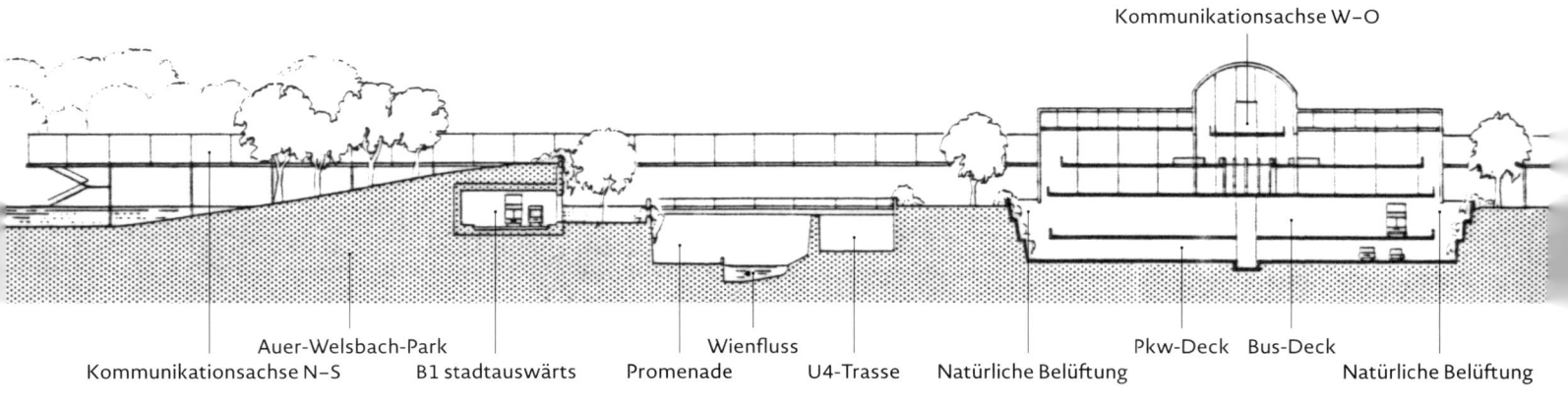

Kommunikationsachse N–S | Auer-Welsbach-Park | B1 stadtauswärts | Promenade | Wienfluss | U4-Trasse | Natürliche Belüftung | Pkw-Deck | Bus-Deck | Natürliche Belüftung

Kommunikationsachse W–O

Blick gegen Norden,
perspektivische Skizze

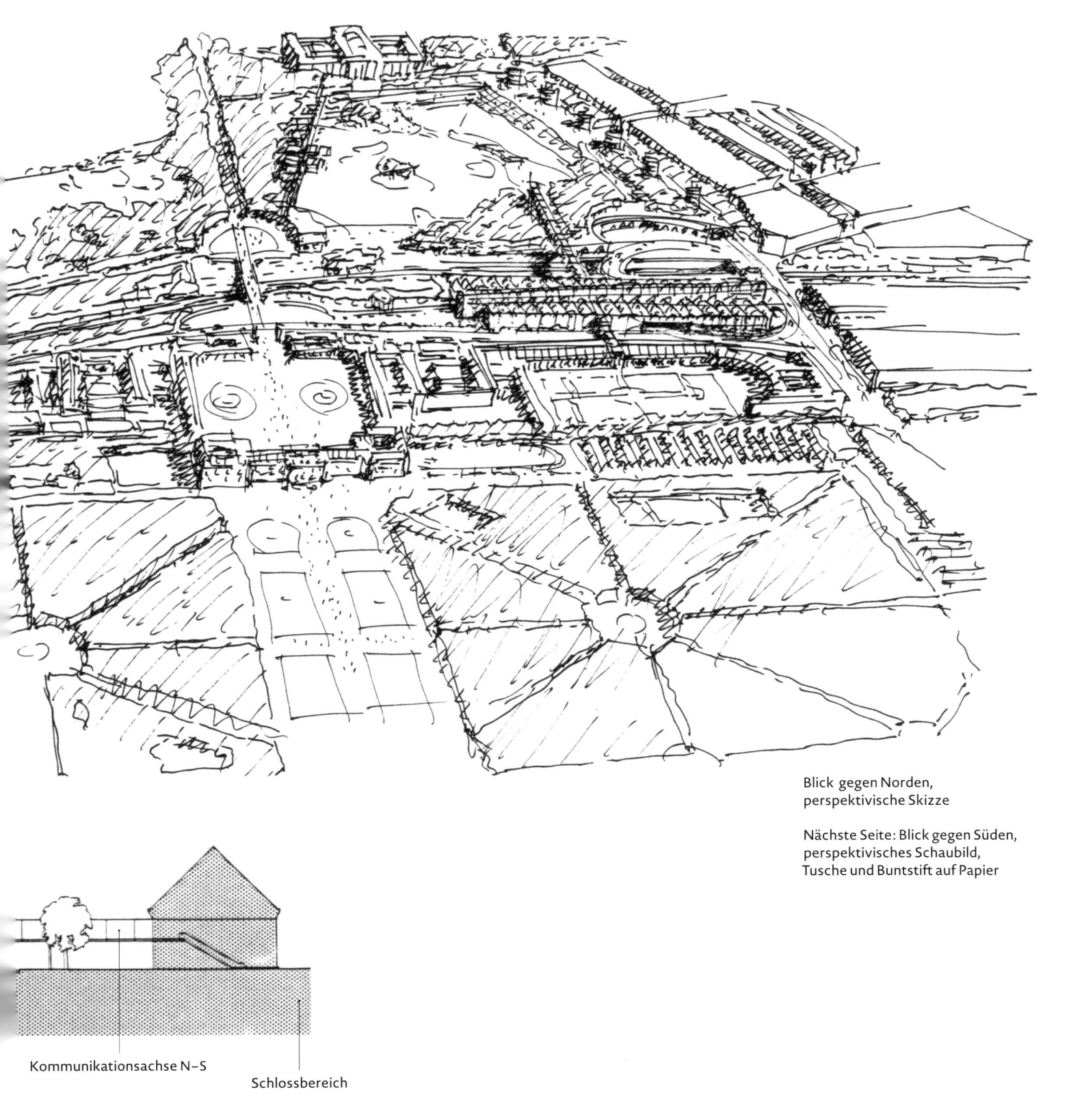

Nächste Seite: Blick gegen Süden,
perspektivisches Schaubild,
Tusche und Buntstift auf Papier

Kommunikationsachse N–S

Schlossbereich

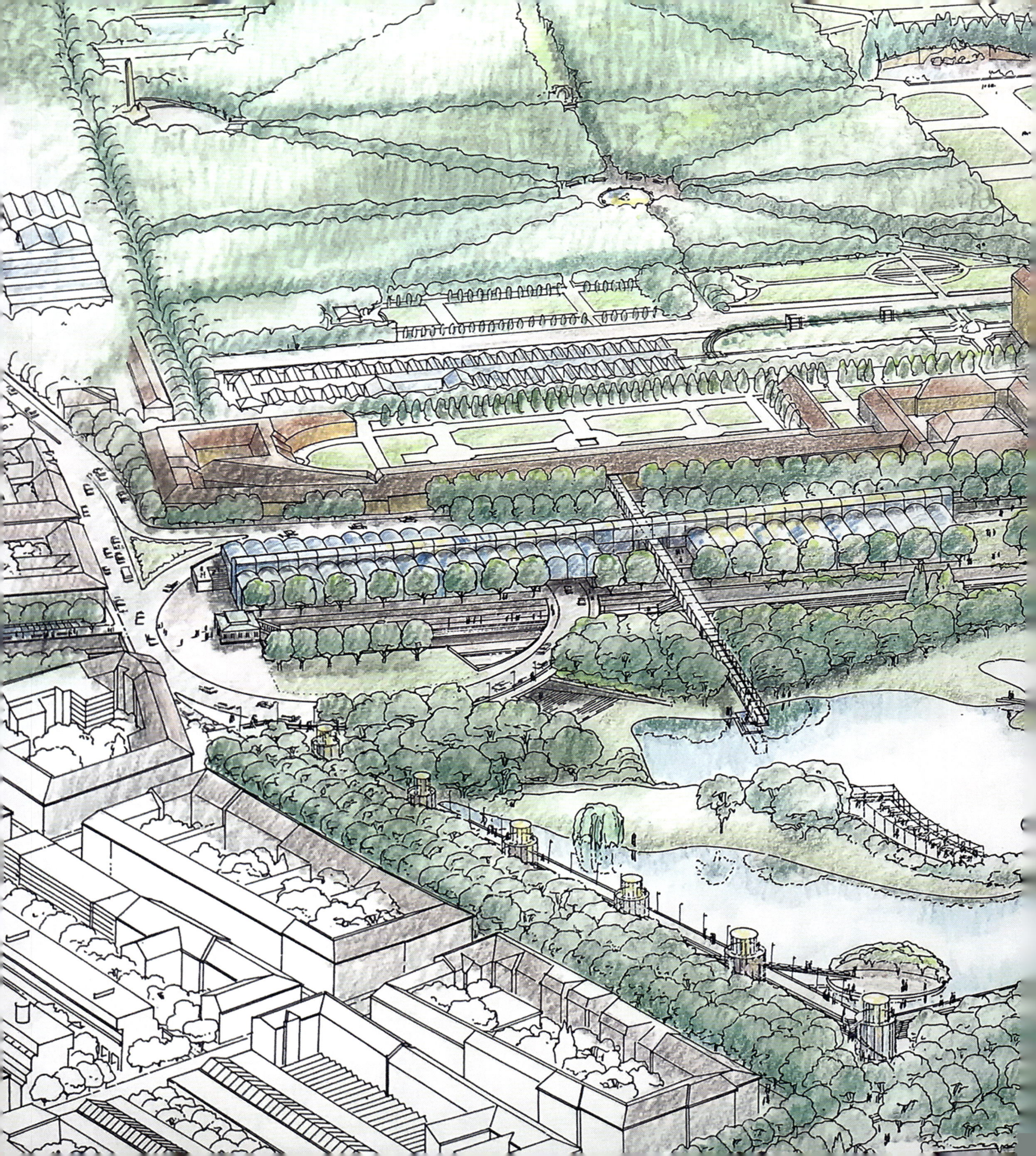

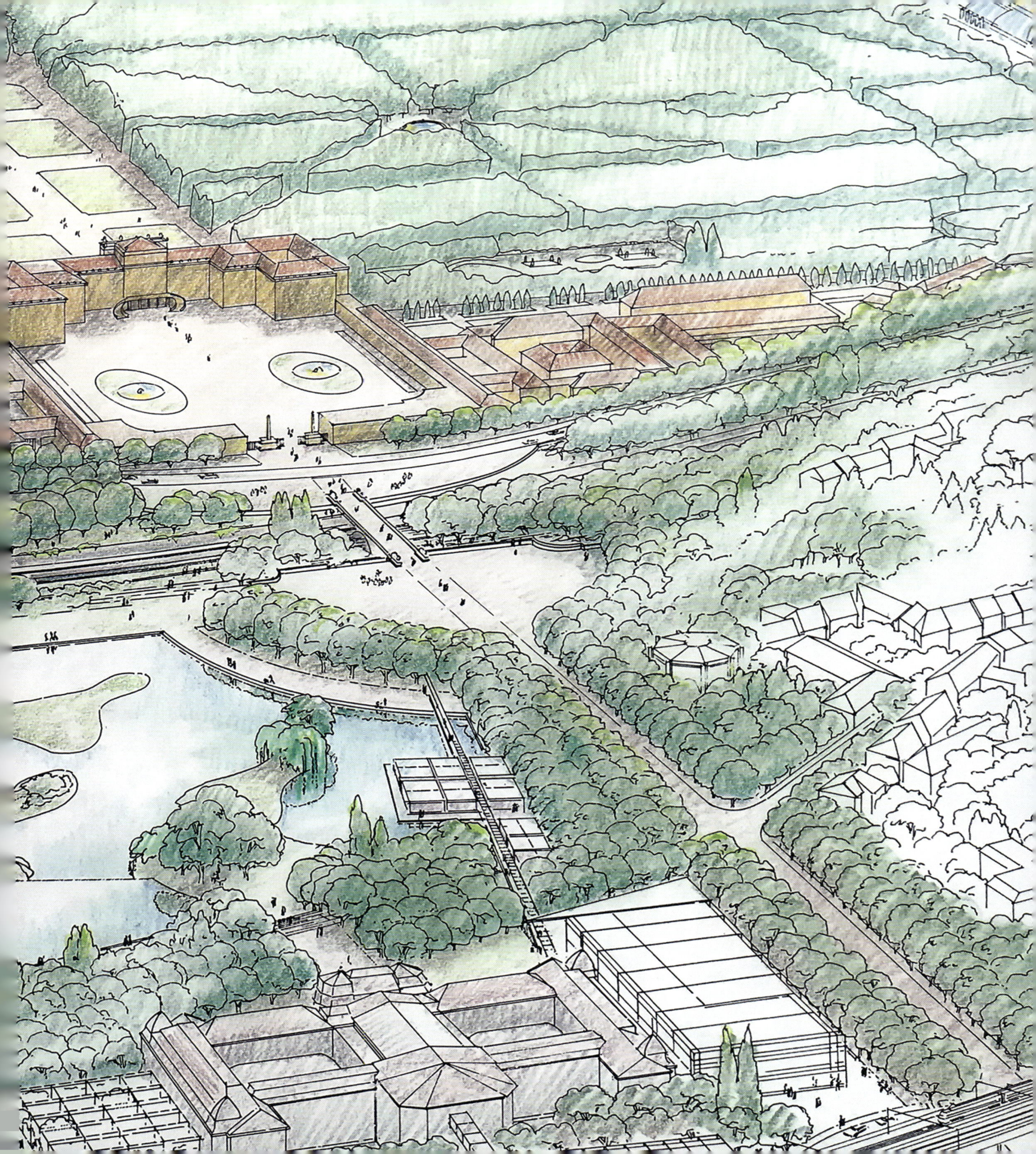

Spardat Rechenzentrum

Wien 11, Geiselbergstraße 21–25
geladener Wettbewerb 1991,
1. Preis
1994
Werkplanung Porr AG
künstlerische Interventionen
von Charlotte Weinmann
verändert erhalten

Die Triton GmbH, ein Tochterunternehmen der GiroCredit Bank, lobte für den Neubau des Spardat Rechenzentrums einen geladenen Wettbewerb aus und lud mich mit drei weiteren Teams dazu ein. Mein Wettbewerbsbeitrag überzeugte die Bauherrschaft und so wurde das Haus für den »Sparkassen-Datendienst« mein größtes und auch komplexestes Projekt.

Die Anlage mit rund 30.000 Quadratmetern Nutzfläche ist nach innen stark gegliedert, mit schlanken Trakten und optimierten Außenflächen für gute Belichtung. Die relativ geringe Höhe der kammartig gegliederten Volumina resultiert aus den Auflagen des zu diesem Zeitpunkt gültigen, amtlichen Bebauungsplanes. Der monumentale Duktus der gekurvten, arkadierten Ostseite ergab sich aber aus den damals unklaren Nachbarschaftsverhältnissen. Der östlich direkt benachbarte, hohe Altbau ganz anderer Nutzung war noch nicht im Besitz der Spardat GmbH. Und so musste mein Entwurf in einer Kurve »nach hinten« ausweichen und zusätzlich die sensiblen Bereiche, die Büros der Spardat-Programmierer, vor möglichen Immissionen oder Einblicken aus dieser Nachbarschaft abschirmen. Aus solchen Parametern entstand die weit geschwungene, dreigeschoßige, membranhafte Wand mit Glasbausteinen, die alle Innenhöfe abschirmt und zum Straßenraum eine prägnante, plastische Wirkung entfaltet.

Entwurfsskizze, 1991

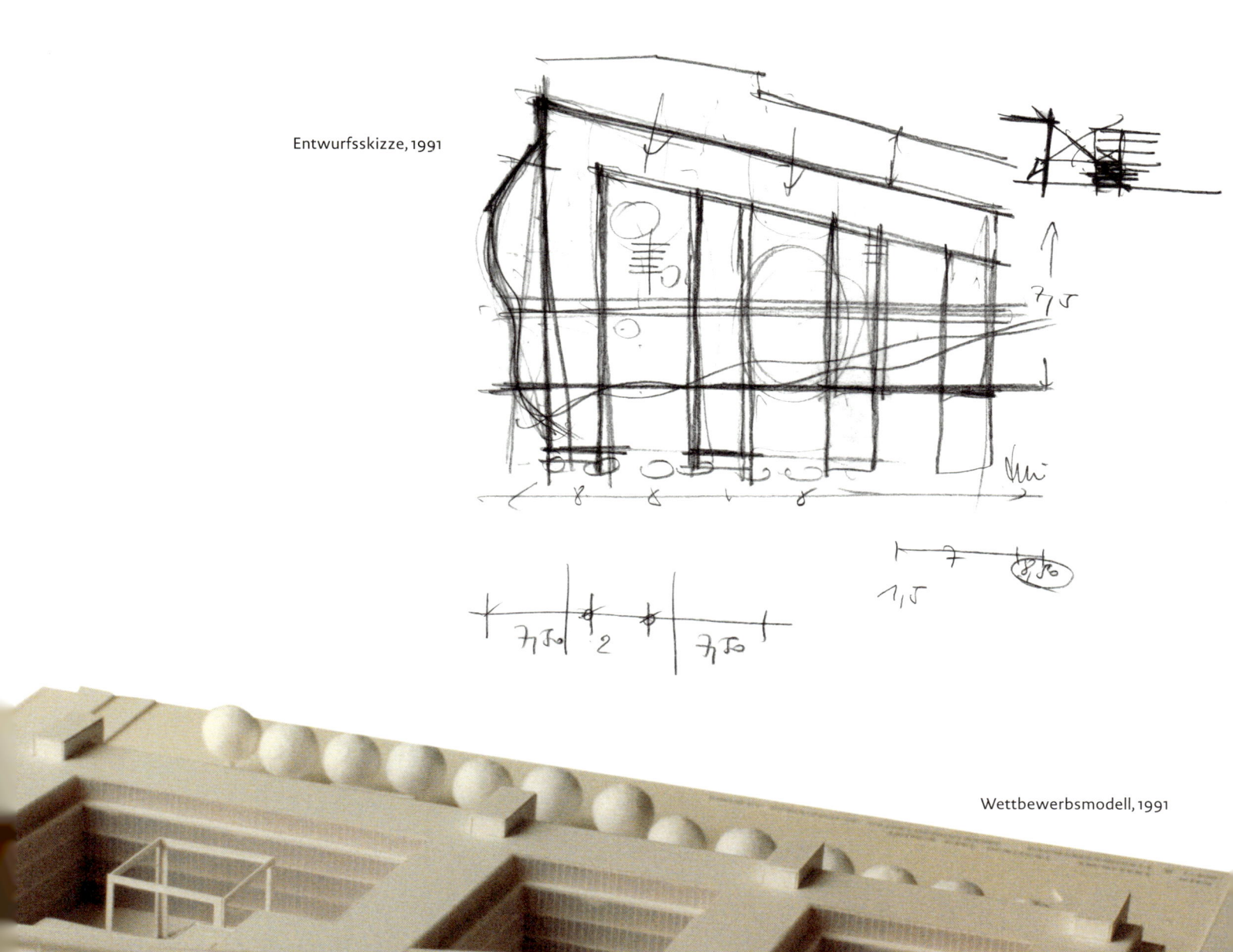

Wettbewerbsmodell, 1991

Ansicht Geiselbergstraße /
Nemelkagasse, Zustand 2019

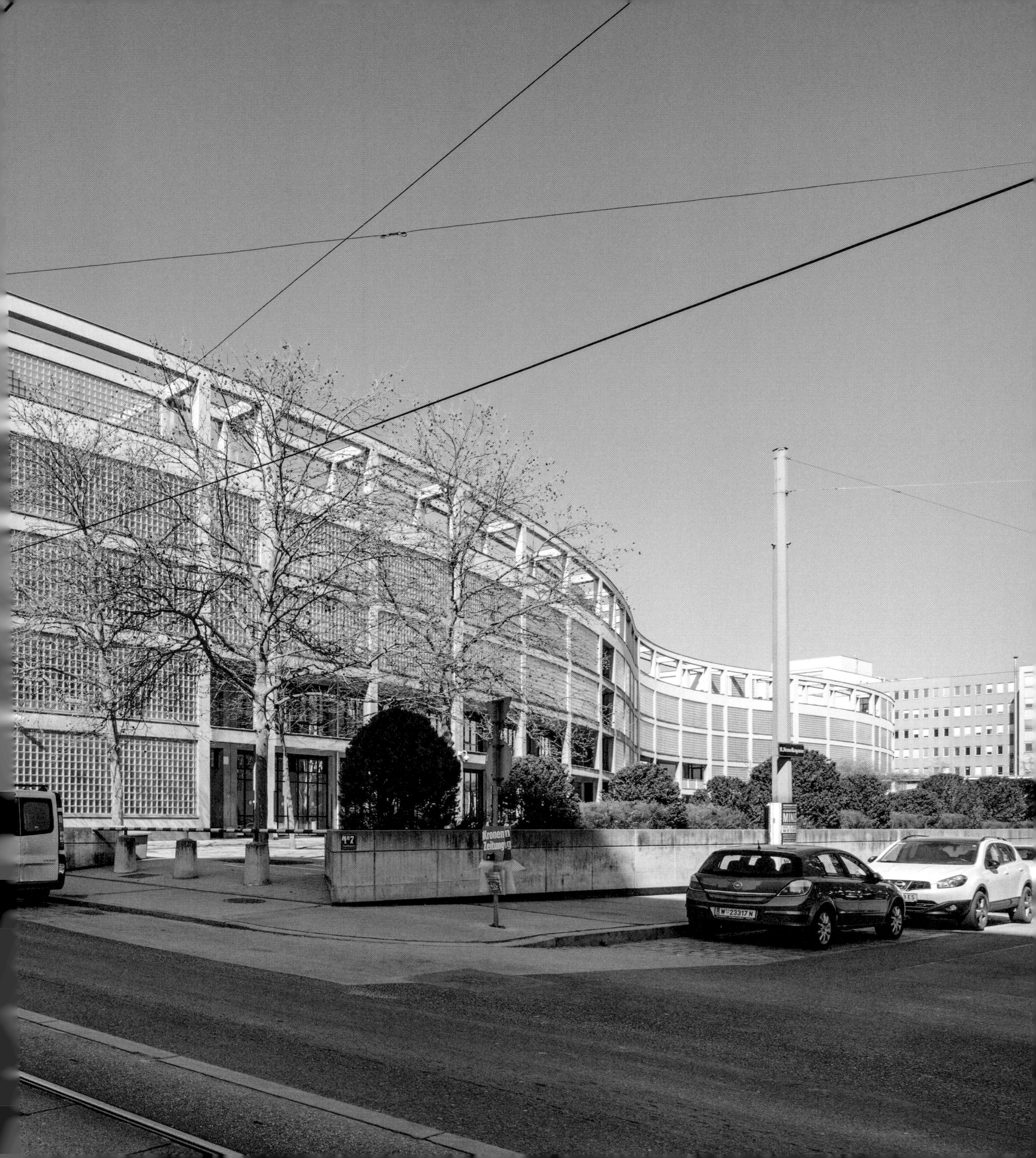
Kronen
Zeitung
W 23317 N

Ansicht Nemelkagasse / Brehmstraße, Zustand 2019

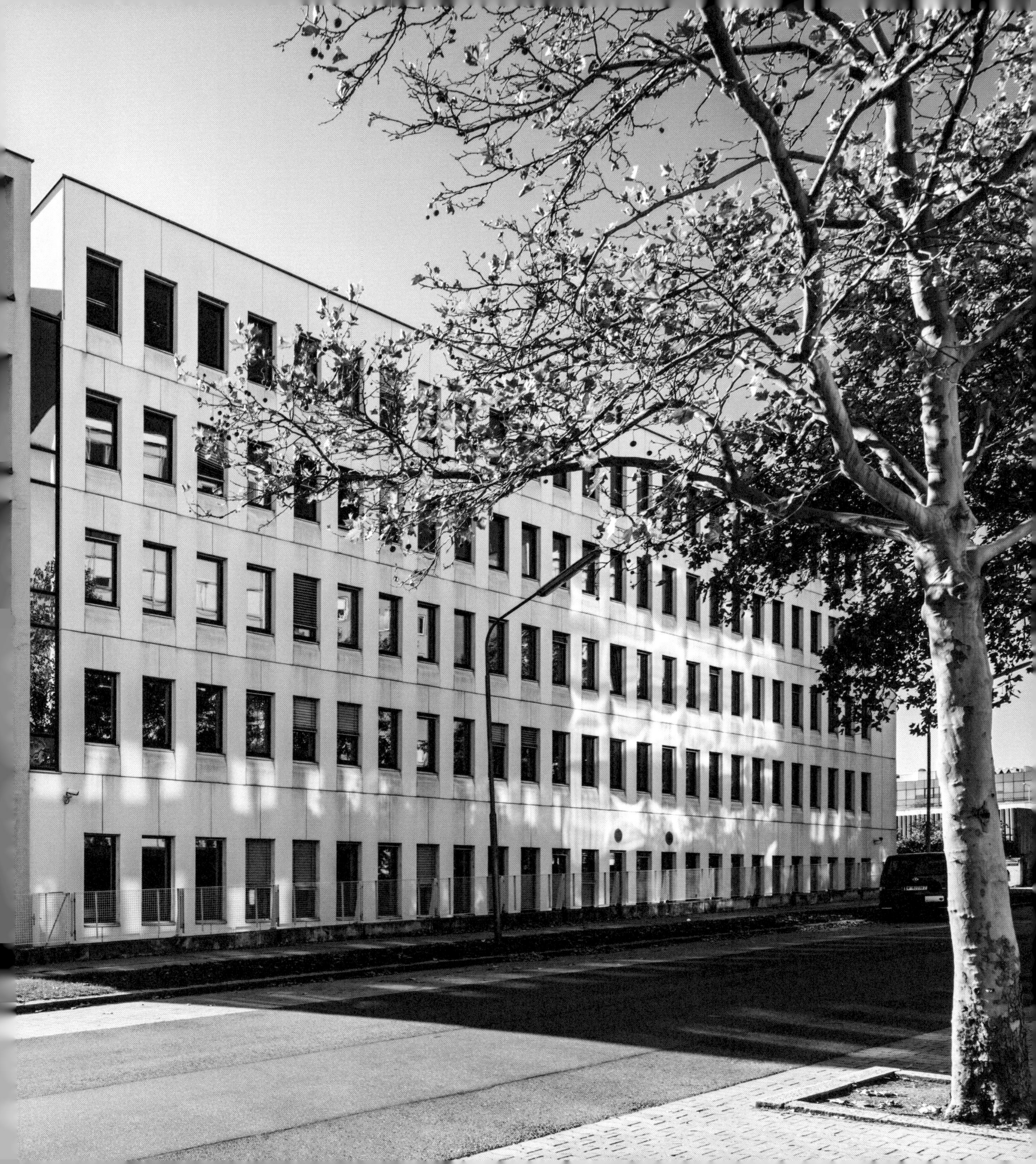

Detail der geschwungenen Ostfront, Blick gegen Süden

Hauptstiegenhaus

Blick aus dem mittleren Hof zur Nemelkagasse

Vorplatz mit Brunnenanlage an der Nemelkagasse, ursprünglicher Zustand

Austria Email

Produktion, Lager und Verwaltung
Wien 12, Eibesbrunnergasse
1994
geladener Wettbewerb
nicht ausgeführt

Bei Austria Email hatte einige Jahre zuvor die Eigentümerschaft gewechselt und der neue Besitzer lud mich 1994 zu einem geladenen Wettbewerb für den Neubau der Zentrale. Im Zuge einer Firmensanierung sollten nun sowohl die Produktions- und Lagerflächen als auch die Administrationsflächen gemeinsam in einem Komplex untergebracht werden.

Demgemäß definierte mein Wettbewerbsbeitrag einerseits eine flexibel nutzbare und erweiterbare Produktions- und Lagerhalle mit weitem Stützenraster, mit »Pilzkonstruktion« und großzügigen Belichtungsbändern. Mit etwas Abstand, die modulare Rasterteilung der Mehrzweckhalle aber fortsetzend, sollte dann ein mehrgeschoßiger Administrationstrakt entstehen. Das Projekt wurde nie realisiert.

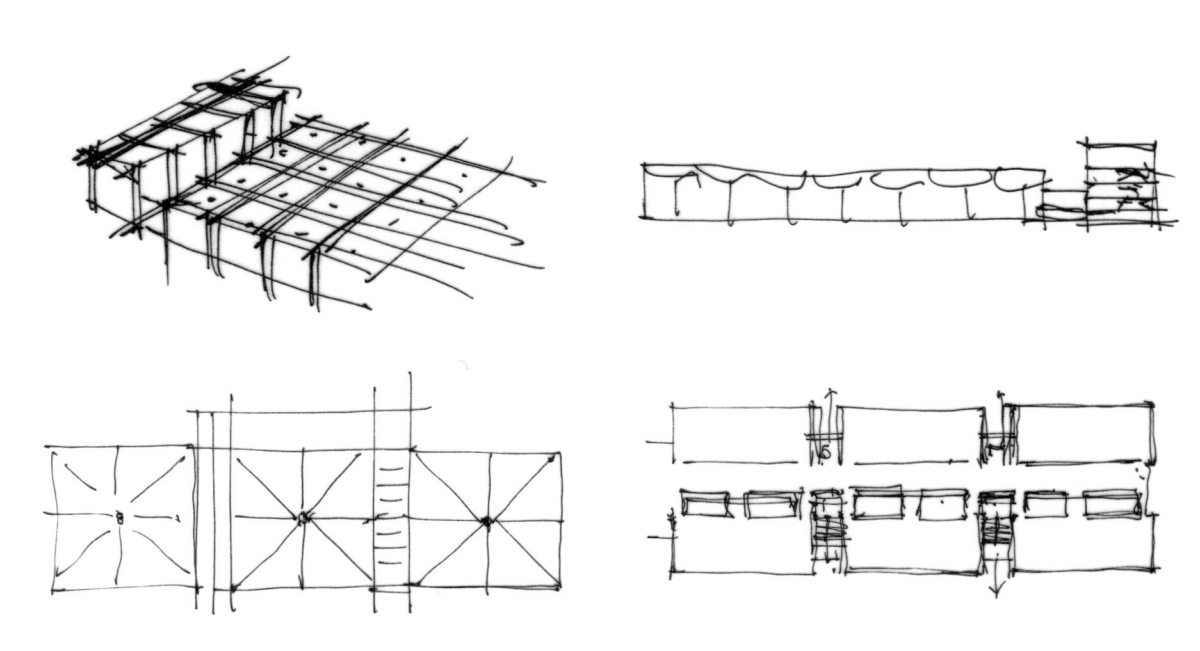

Entwurfsskizzen

Nächste Seite:
Produktions- und Lagerhalle,
Schaubild, Tusche auf Papier

Wirkung bei Nacht, Modell

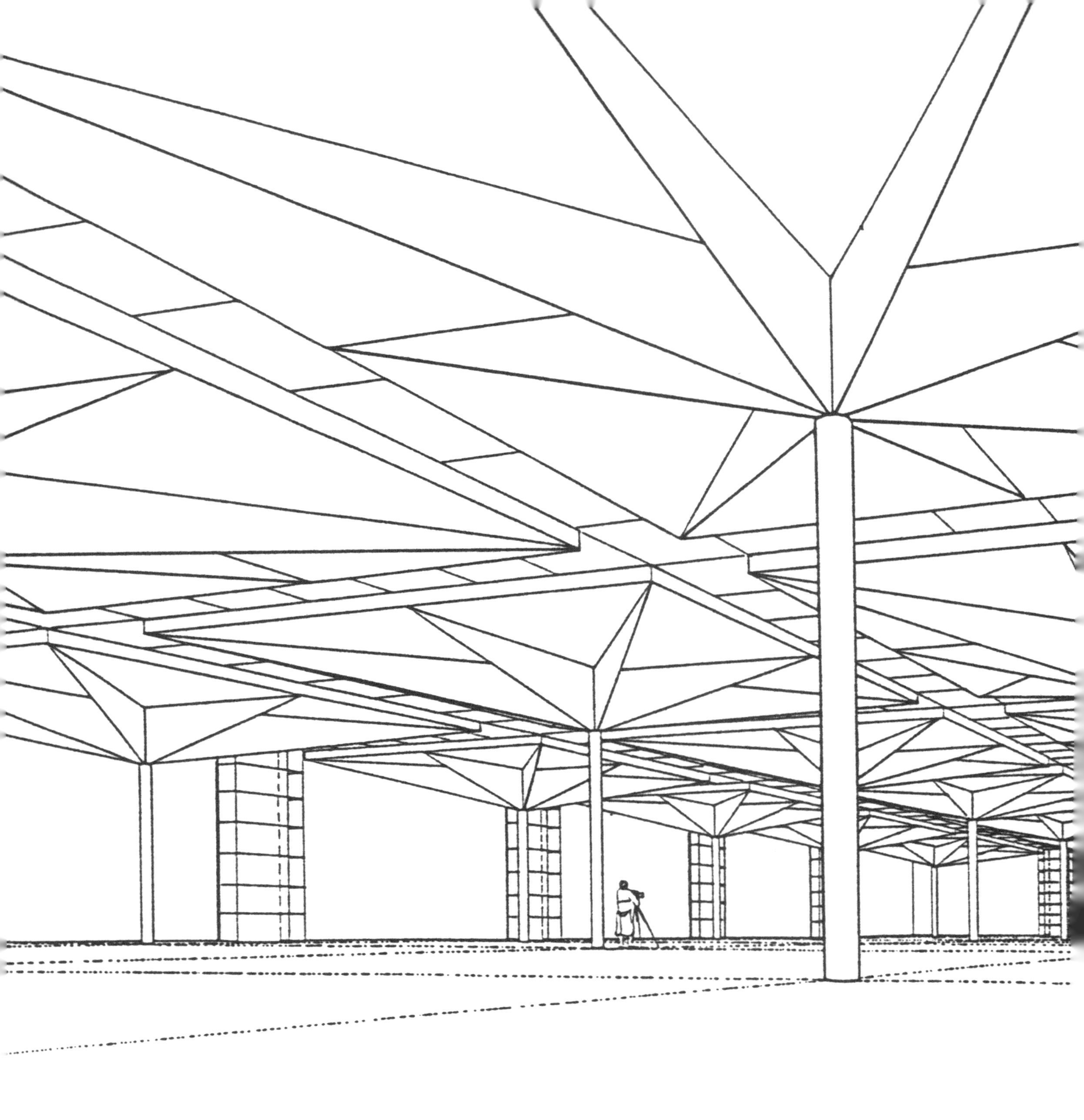

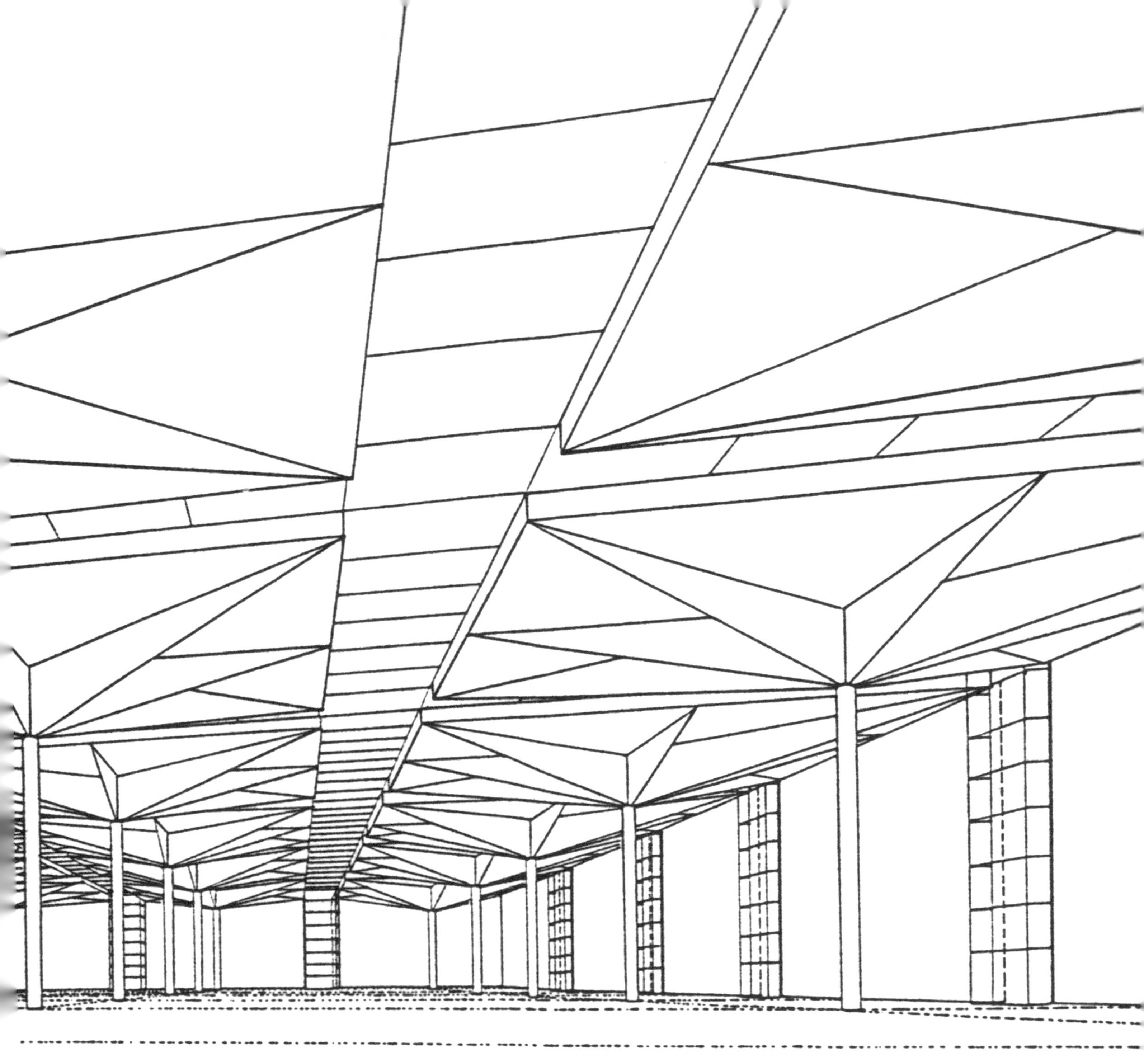

Wohnhaus der Stadt Wien Lazarettgasse

Wien 9, Lazarettgasse 17
1995
geladener Wettbewerb 1992
1. Preis

Fünfzehn Jahre nach meinem »Debüt« im Wiener sozialen Wohnbau – mit der Wohnanlage Dresdner Straße – erhielt ich ein zweites Mal die Gelegenheit, in dem Metier etwas zu leisten. 1990 organisierte die MA 19 – Architektur und Stadtgestaltung einen beschränkten Planungswettbewerb für ein städtisches Wohnhaus in einer Baulücke der Lazarettgasse. Mein siegreicher Entwurf war jedoch nur die »Eintrittskarte«, denn für die konkrete Ausführung mussten erst gravierende Umplanungen vorgenommen werden, die zum Zweck der höheren Wirtschaftlichkeit nun verlangt wurden. Einige der im Wettbewerb formulierten Features blieben dabei auf der Strecke.

Die Baulücke von rund 20 Metern Länge und 12 Metern Tiefe erlaubte die grundrissliche Teilung in zwei annähernd quadratische Stockwerkshäuser, jeweils erschlossen durch ein Stiegenhaus im »dunklen Kern« der Einheiten. Die kreisförmig gewendelten Treppen bedienen pro Etage je zwei »durchgebundene« Wohnungen, die zur Straße und zum Hof auch Balkone bzw. Loggien aufweisen. Die im Grundriss quadratische Einhausung der Stiegen ist um 45 Grad gedreht, sodass die Wohnungen nach außen die maximale Breite nützen können. Über die durch alle Etagen reichenden Lufträume erhält das Stiegen- und Lifthaus zenitales Tageslicht von einem Glasdach. Die geplante transparente Glasumhüllung der Lifte, die für das räumliche Erleben der Stiegenhäuser von besonderer Bedeutung gewesen wäre, wurde bei der Ausführung nicht berücksichtigt.

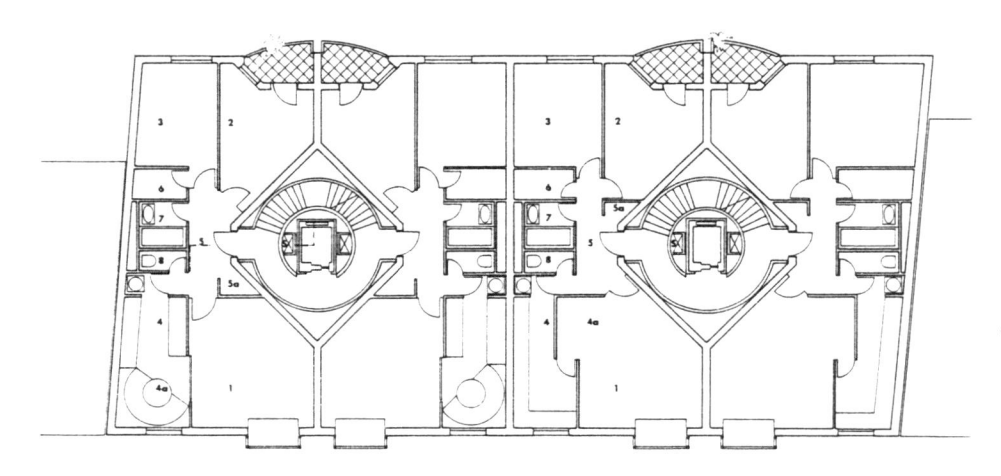

Wettbewerbsprojekt, Grundriss Regelgeschoß, 1992

Straßenansicht Lazarettgasse

Nächste Seite: Ansichten des Stiegenhauses

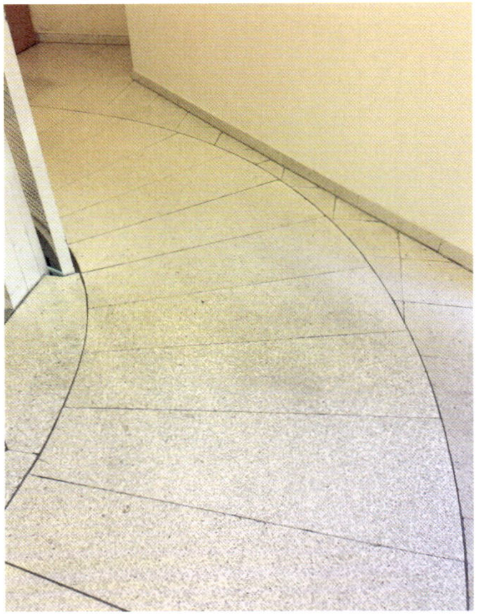
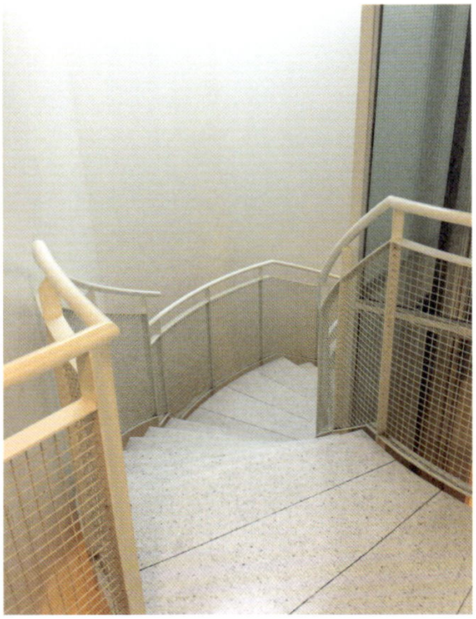
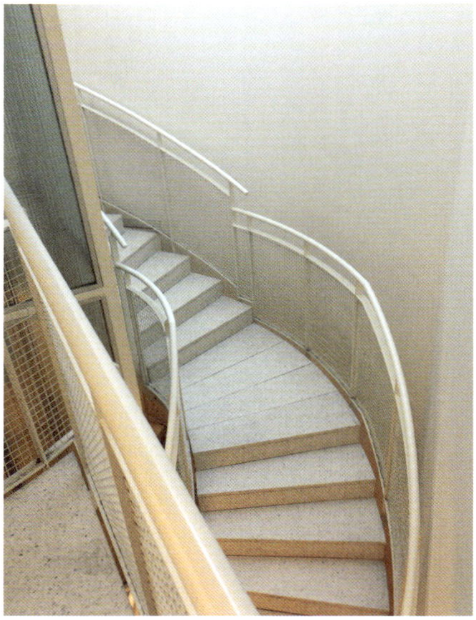
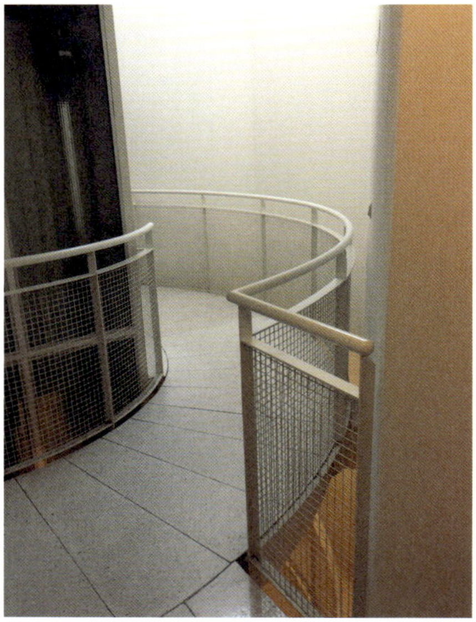

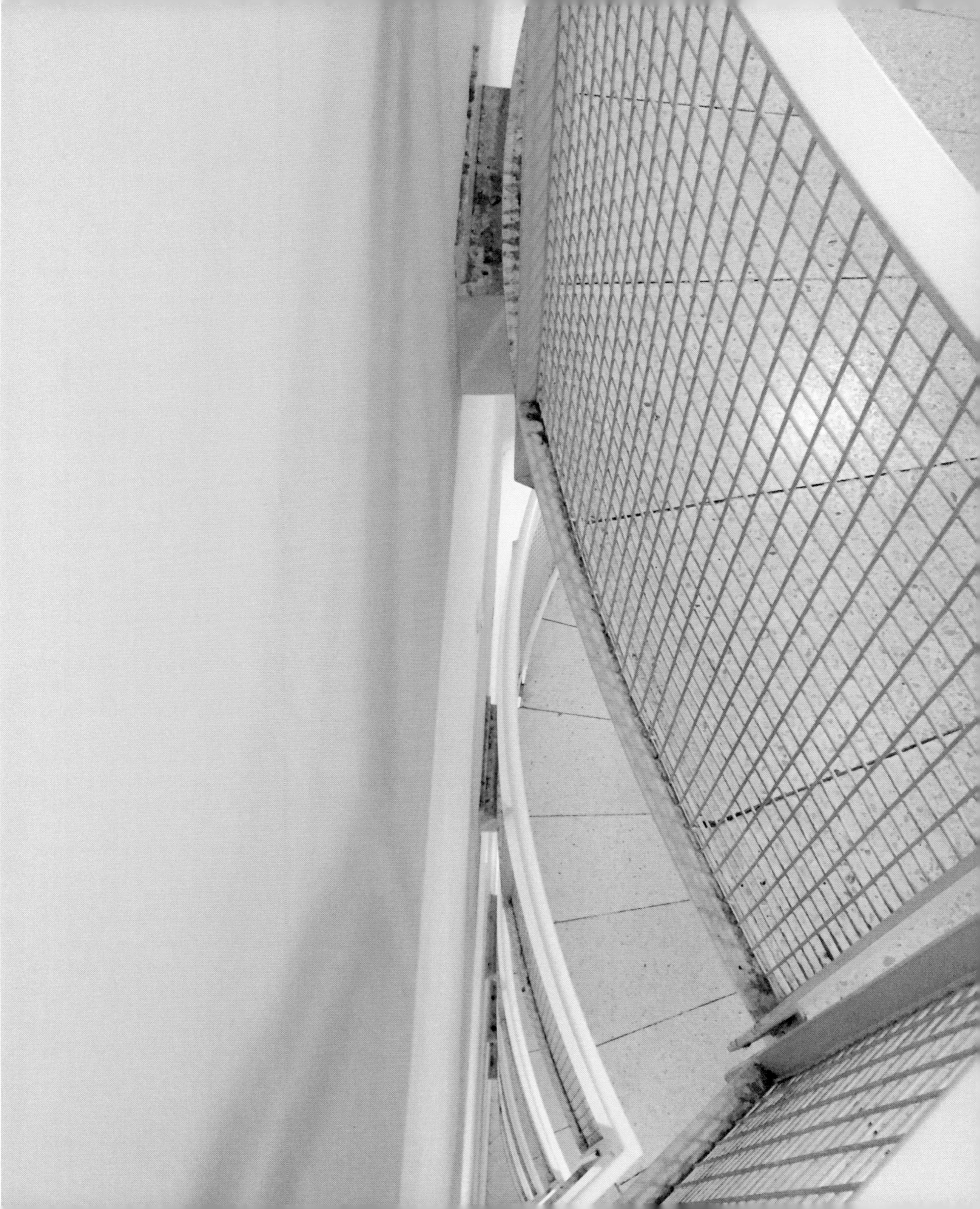

Kurhotel Agias

Bad Sauerbrunn,
Kurpark, Burgenland
1996
nicht ausgeführt

Das Kurzentrum Bad Sauerbrunn war damals mehrheitlich im Eigentum der Bank Austria. Die Geschäftsführung wollte den Betrieb mit einem Kurhotel neben dem bestehenden Kurzentrum erweitern. Es gab ein sehr detailliertes und komplexes Raumprogramm mit hohen Anforderungen in Bezug auf Originalität und Exklusivität, dabei sollten die bestehenden Einrichtungen des Kurzentrums in alle Überlegungen einbezogen werden und dem Thema »Wasser« besonderes Augenmerk zukommen.

Ich konzipierte einen fünf Etagen hohen, abgewinkelten Baukörper, der den südlich vorgelagerten Bade-, Wellness-, Seminar- und Freibereich umfasst und gegen Norden, zur Kirchengasse, und gegen Westen, zum ansteigenden Wald hin, abschirmt. In zwei Sockelgeschoßen sind Eingang, Empfang, Bar, Restaurant, Küche, Nebenräume, Therapiezonen und ein Mehrzwecksaal situiert. Die drei oberen Etagen enthalten rund 150 Zimmer, der Großteil nach Süden orientiert, ein kleinerer Teil zum benachbarten Wald hin und nur etwa ein Zehntel nach Nordosten. Eine fünfgeschossige Halle in der Beuge des hohen Volumens erschließt alle Bereiche und bietet auch auf den oberen Ebenen Durchblicke zum Therapiehof.

Wasserkaskaden, Wandelgänge, verschiedene Pools, kontemplative Räume, Terrassen und Pavillons formen vielfältige Relationen zwischen Bau und Natur, innen und außen, Ruhe und Bewegung, Wald und Wasser. Zentrale Bereiche dringen unterirdisch in den Berghang ein und verankern die Architektur im Naturgelände. Rational strukturierte Hoteltrakte rahmen die gekurvten, weichen Formen der Bade- und Therapiezonen; komplementäre Formen und Geometrien in fließenden Übergängen charakterisieren sowohl die Binnenräume als auch die Beziehungen der Anlage zur Landschaft. Anspruch und Vision des Auftraggebers entsprachen also durchaus der anrollenden Wellnessbewegung, doch die Bank Austria als Mehrheitseigentümer hatte entschieden, die gesamte Sparte auszugliedern, sodass das Projekt nicht weiterverfolgt wurde.

Entwurfsskizze der fünfgeschoßigen Halle

Blick gegen Südwest, Modellfoto

Nächste Seite: Gesamtanlage mit Kurlandschaft, Schaubild, Tusche auf Transparentpapier

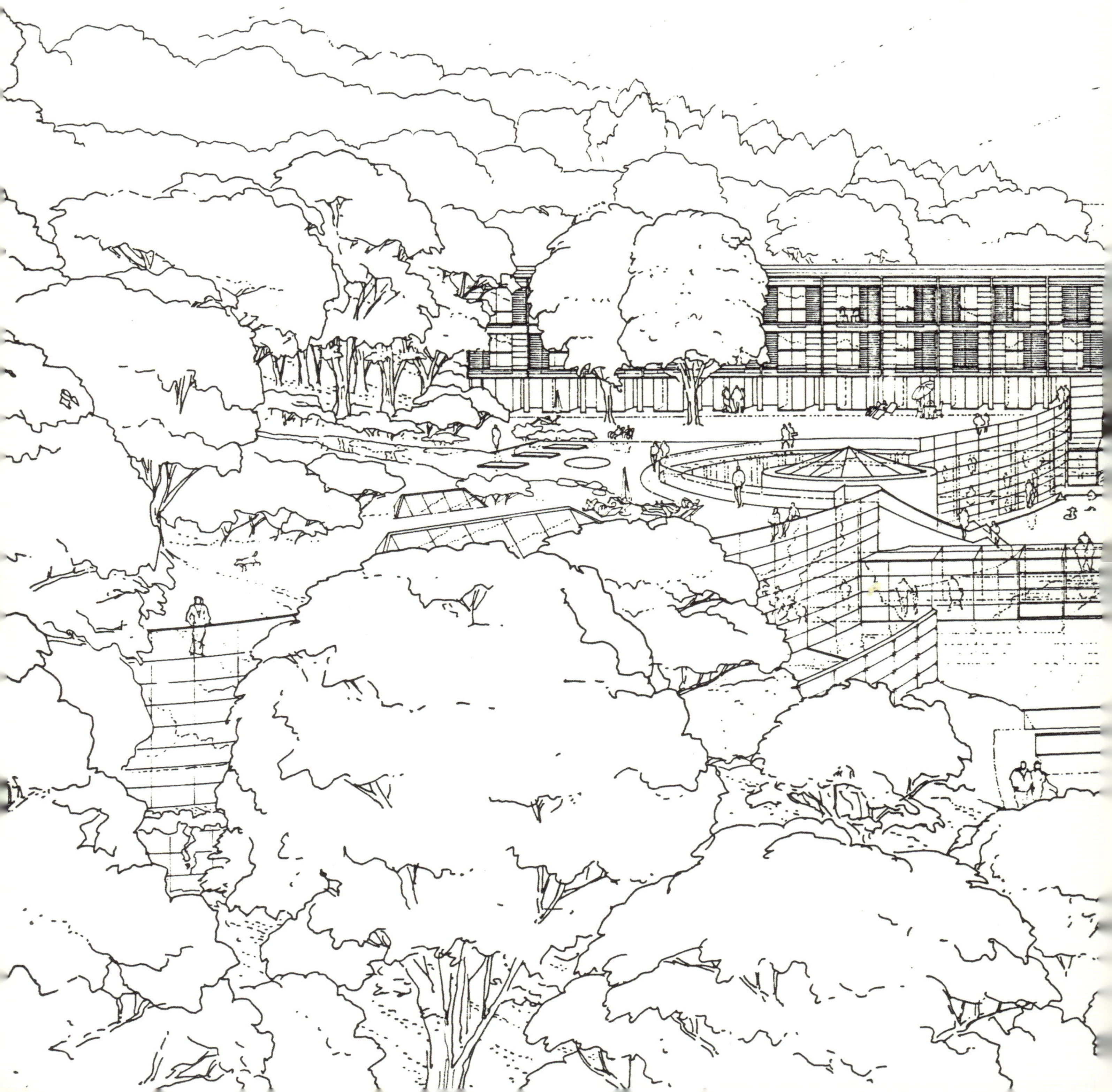

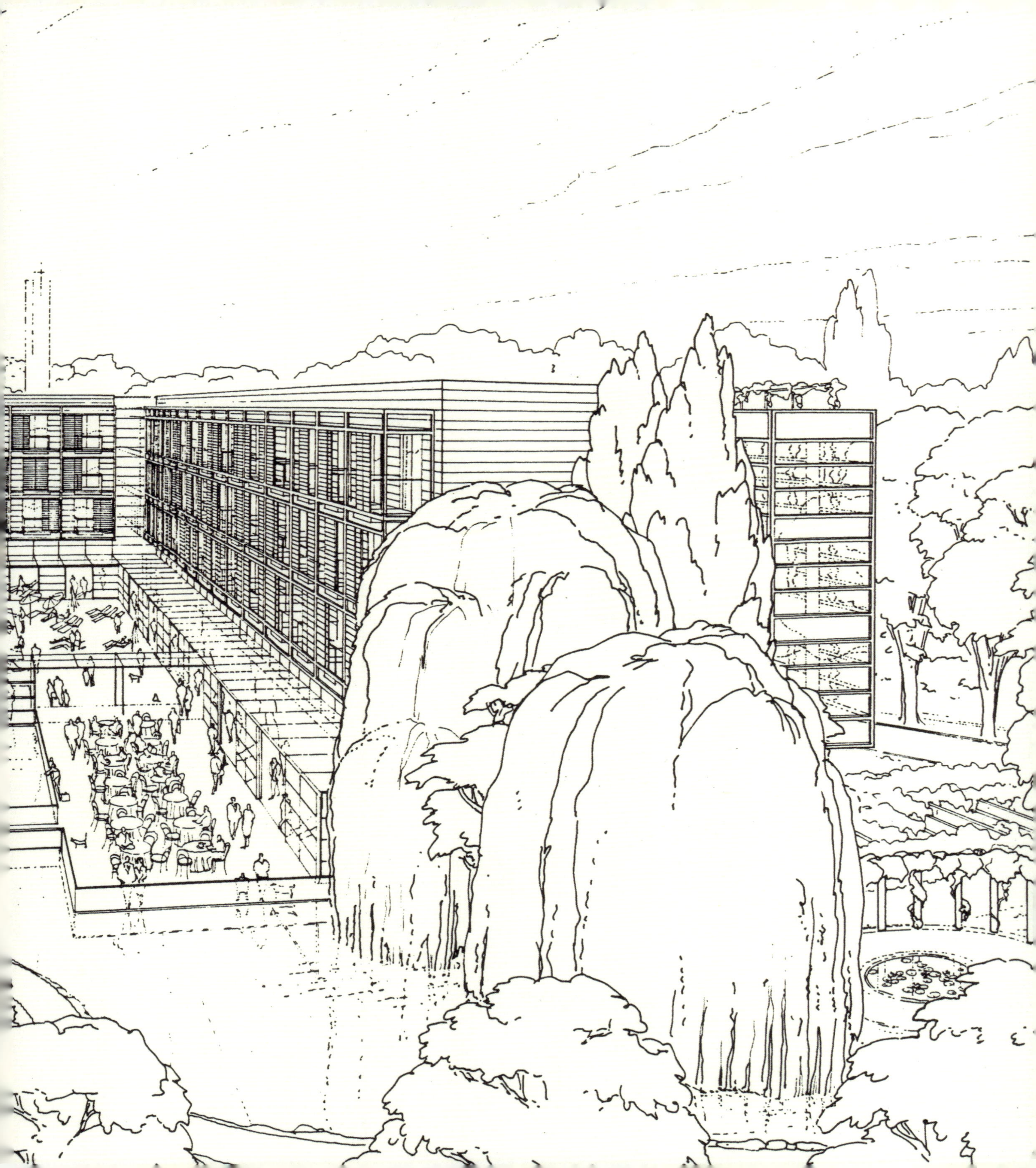

Wien 21, Siemensstraße / Giefinggasse / Richard-Neutra-Gasse
1996
geladener Wettbewerb, 1. Preis
(ex aequo mit Coop Himmelb(l)au)
nicht ausgeführt

* Seit 2010 Wirtschaftsagentur Wien.

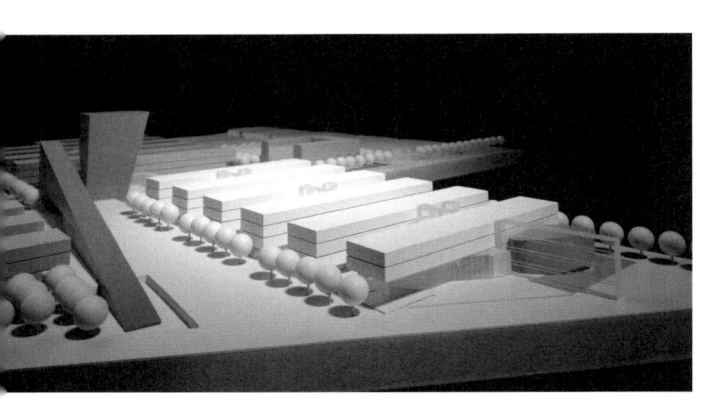

Wissenschafts- und Technologiepark Siemensstraße

Der Wiener Wirtschaftsförderungsfonds (WWFF)* organisierte 1996 ein städtebauliches Expertenverfahren für Gründe an der Siemensstraße, in direkter Nachbarschaft zum Gebäude des bereits geplanten Klima-Wind-Kanals. Der geforderte städtebauliche Masterplan sollte ein tragfähiges Gesamtkonzept für die zukünftige Entwicklung des gesamten Bereiches enthalten und zusätzlich für die im Eigentum des WWFF befindlichen Flächen auch detaillierte Bebauungsvorschläge aufzeigen.

Der Wettbewerb war für mich ein Anlass, um sehr stringente, funktionale Baustrukturen vorzuschlagen – ein Streifenmuster im gleichmäßigen Takt von »voll« und »leer«, vergleichbar mit einer Tastatur –, ohne jedoch im Kernbereich, einer inneren Plaza mit Sonderbauten, auf eine städtebauliche »Dominante« zu verzichten. An eine von Norden nach Süden durchgehende Grünachse und ein großes Baumkarree ostwärts anschließend, hätten sich diese Rhythmen variabel in Baufeldern doppelter Trakttiefe fortsetzen können.

Mein Projekt wurde ex aequo mit jenem von Coop Himmelb(l)au für die Weiterbearbeitung empfohlen, allerdings kam alles schnell ins Stocken, denn es fanden sich vorerst keine Interessenten. Erst fünf Jahre später, mit Arsenal Research, war endlich ein kongenialer Nutzer für einen kleinen Teil der Flächen gefunden und ich wurde mit der Entwurfsplanung beauftragt. Aufgrund der nun konkret vorliegenden Erfordernisse war jedoch eine komplette Neuplanung erforderlich geworden – siehe Projekt AIT (Austrian Institute of Technology).

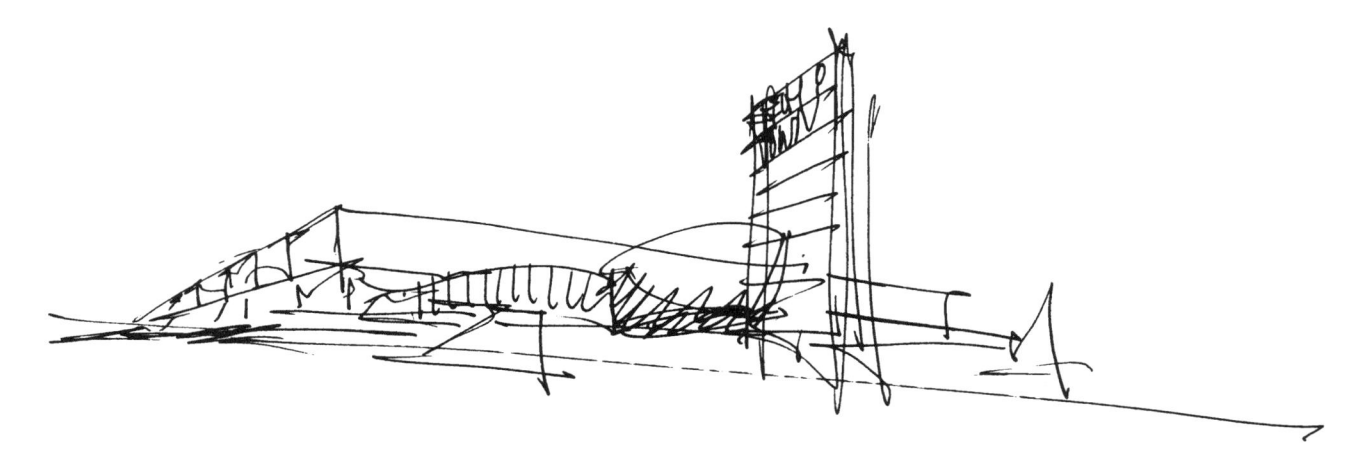

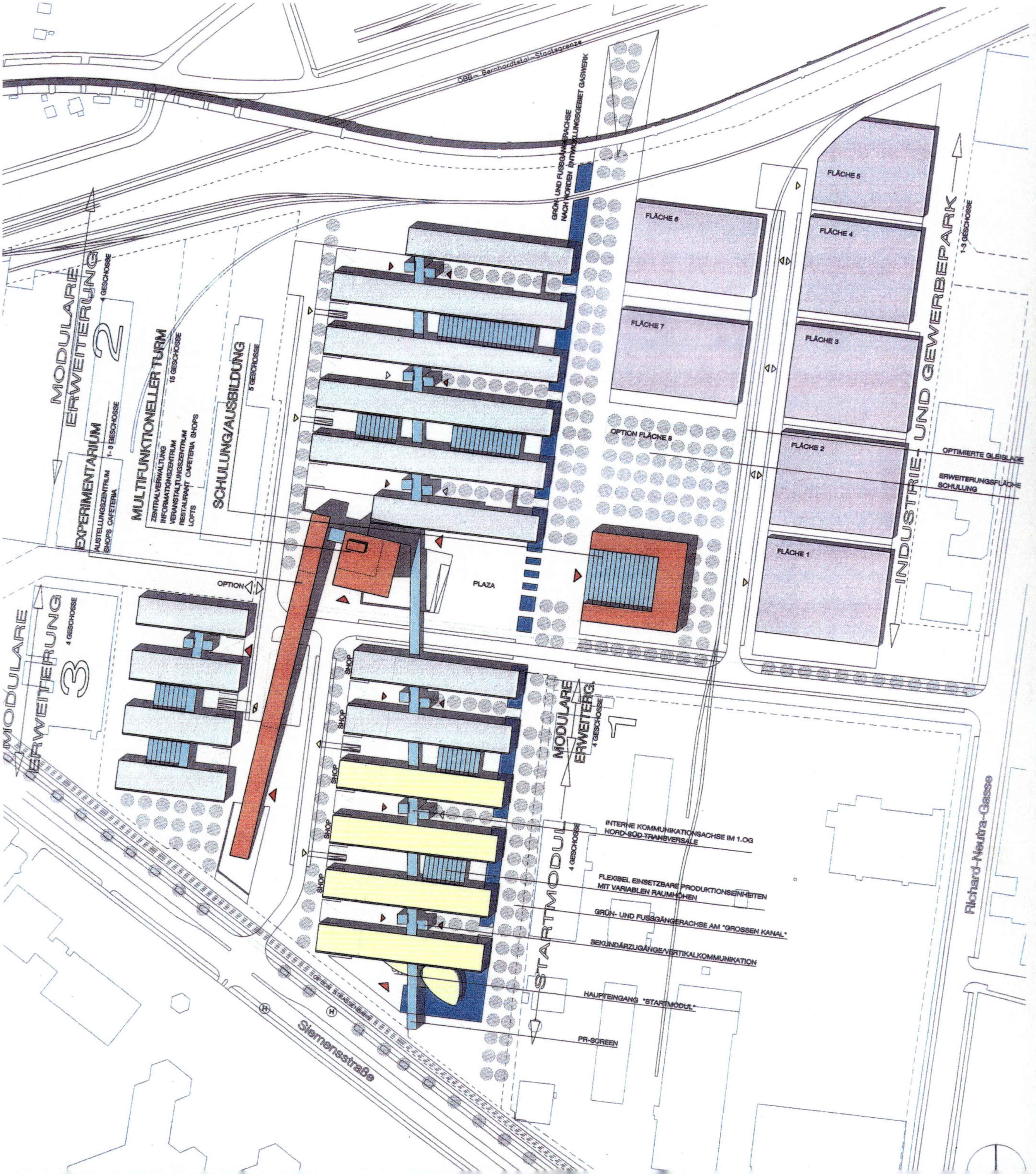

ÖBB- Bernhardtstal- Staatsgrenze
GRÜN- UND FUSSGÄNGERACHSE NACH NORDEN ENTWICKLUNGSGEBIET GASWERK
FLÄCHE 5
FLÄCHE 6
FLÄCHE 4
FLÄCHE 7
FLÄCHE 3
OPTION FLÄCHE 8
FLÄCHE 2
FLÄCHE 1
INDUSTRIE- UND GEWERBEPARK
1-3 GESCHOSSE
OPTIMIERTE GLEISLAGE
ERWEITERUNGSFLÄCHE SCHULUNG
MODULARE ERWEITERUNG
2
4 GESCHOSSE
EXPERIMENTARIUM
1-5 GESCHOSSE
AUSTELLUNGSZENTRUM
SHOPS CAFETERIA
MULTIFUNKTIONELLER TURM
15 GESCHOSSE
ZENTRALVERWALTUNG
INFORMATIONSZENTRUM
VERANSTALTUNGSZENTRUM
RESTAURANT CAFETERIA SHOPS
LOFTS
SCHULUNG/AUSBILDUNG
5 GESCHOSSE
OPTION
PLAZA
MODULARE ERWEITERUNG
3
4 GESCHOSSE
SHOP
MODULARE ERWEITERG.
1
4 GESCHOSSE
STARTMODUL
4 GESCHOSSE
INTERNE KOMMUNIKATIONSACHSE IM 1.OG
NORD-SÜD TRANSVERSALE
FLEXIBEL EINSETZBARE PRODUKTIONSEINHEITEN
MIT VARIABLEN RAUMHÖHEN
GRÜN- UND FUSSGÄNGERACHSE AM "GROSSEN KANAL"
SEKUNDÄRZUGÄNGE/VERTIKALKOMMUNIKATION
HAUPTEINGANG "STARTMODUL"
PR-SCREEN
Siemensstraße
Richard-Neutra-Gasse

Blick von der Siemensstraße gegen Norden, Schaubild, Tusche und Farbfolie auf Transparentpapier

165

Kika Wien Nord

Wien 22,
Wagramer Straße / Rautenweg
1996
verändert erhalten

Nach der Planung für das Möbelhaus Leiner in der Karl-Schweighofer-Gasse beauftragte mich die Geschäftsführung der Kika/Leiner-Gruppe mit dem Entwurf des neuen Kika an der Wagramer Straße im Norden Wiens. Es wurde der flächenmäßig größte Bau meiner Praxis – etwa zeitgleich mit dem vielschichtigsten, dem Spardat-Rechenzentrum in Simmering.

    In der damals noch freien, brettlebenen und eintönigen Landschaft, im Schwellenbereich zwischen Stadt und Land, setzte das neue Einrichtungshaus ein sehr auffälliges Signal. Der 16 Meter hohe, quadratische Baukörper resultierte aus dem Erfordernis, auf vier Ebenen nahezu 40.000 Quadratmeter Nutzfläche unterzubringen. Seine monumentale Wirkung verdankt der Bau sowohl dem Abrücken von der Wagramer Straße als auch der auf wenige Elemente reduzierten, kompakten Gestaltung mit dem rundum weit auskragenden Dach und den markanten Toreinschnitten in den Fassadenachsen.

Blick über die Wagramer Straße gegen Süden, 1996

Nächste Seite:
Frontalansicht Wagramer Straße

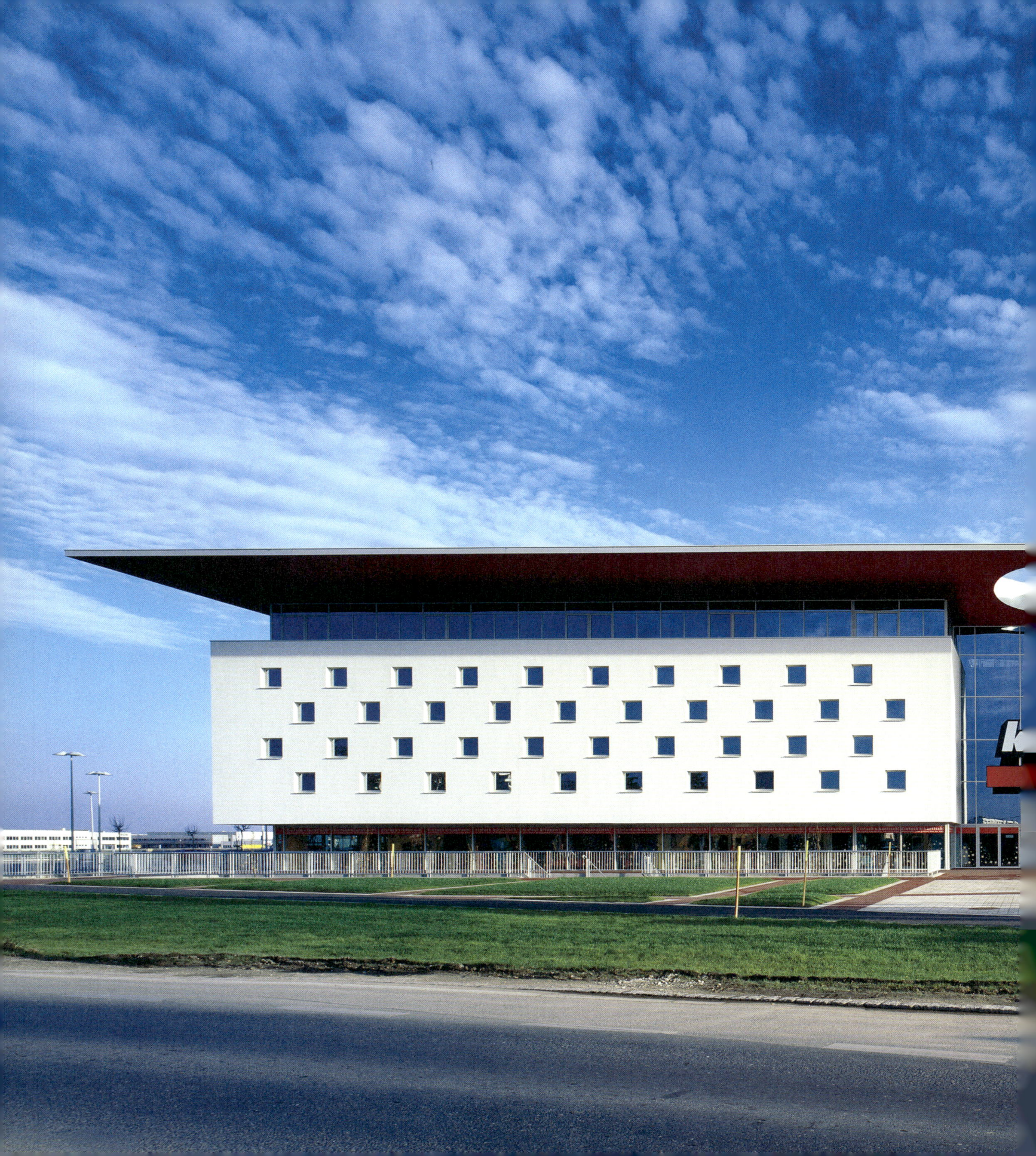

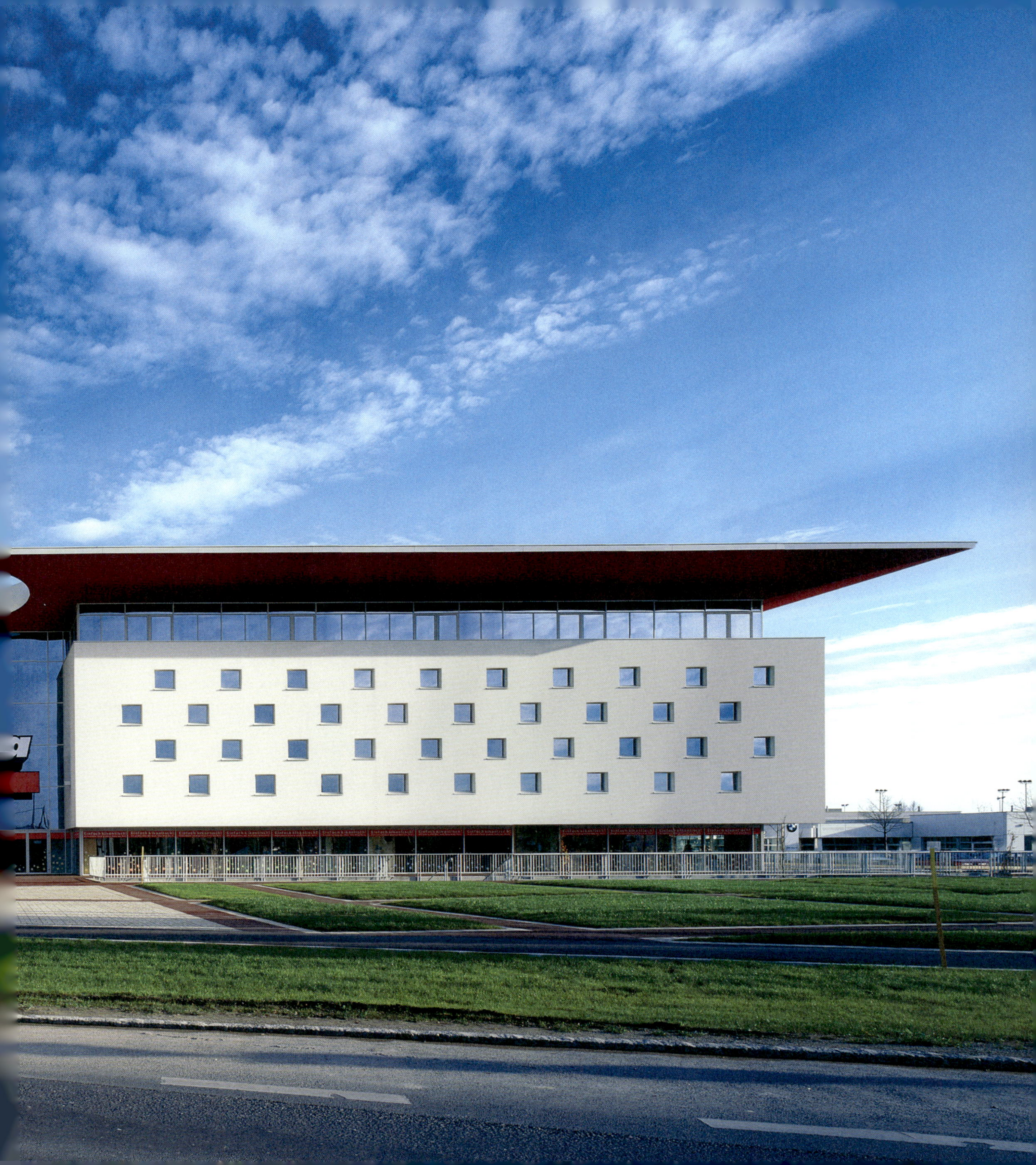

Gewerbehof Engerthstraße

Wien 20,
Engerthstraße / Hellwagstraße
1997
nicht ausgeführt

Im Zuge der Transformation der alten Industriegelände am stadtseitigen Donauufer der Nordbahnbrücke zur »Millennium City« prüften die Investoren auch die Möglichkeiten der Neubebauung von Parzellen »in der zweiten Reihe«. Als einzige Folge meines erfolgreichen Wettbewerbsprojektes »Handelskai« betraute mich die SEG (Stadterneuerungs- und Eigentumswohnungs GesmbH) mit diesem Entwurf für einen Gewerbehof an der Ecke Engerthstraße, Hellwagstraße und Wehlistraße. Am Areal befanden sich noch Reste von Altbauten, doch die verkehrstechnisch günstige Lage zwischen S-Bahn-Trasse und S-Bahn-Station sowie das daneben geplante neue Einkaufszentrum samt dichter Wohnüberbauung ließen die Auftraggeber auf eine attraktive Vermarktung dieser Liegenschaft hoffen.

Mein Entwurf situierte im Kern des Neubaus eine Hochgarage, die gleichzeitig die Erschließung der ringförmig um die Garage angelagerten Gewerbe- und Büroflächen leistet. Auf diese Weise sind die Lade- und Parkflächen in allen Etagen direkt den eingemieteten Firmen zugeordnet. Die Fassaden sind durchgängig mit einem Modulraster für Schrift- und Bildfelder versehen, bieten so den Mietern großflächige und zugleich »geordnete« Werbeauftritte im Straßenraum – und vermitteln auch ein lebendiges Abbild der jeweiligen »inneren« Situation des Hauses.

Dieser interessante Typus eines Gewerbehofs wurde aber nie realisiert, denn die SEG entschied sich, die Liegenschaft zu veräußern. An dieser Stelle entstand dann ein ganz anders genutzter Neubau.

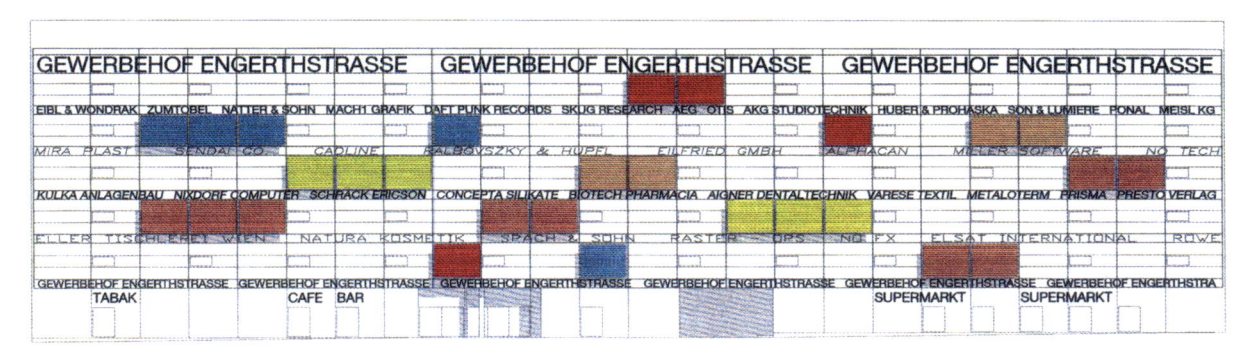

Fassade Engerthstraße

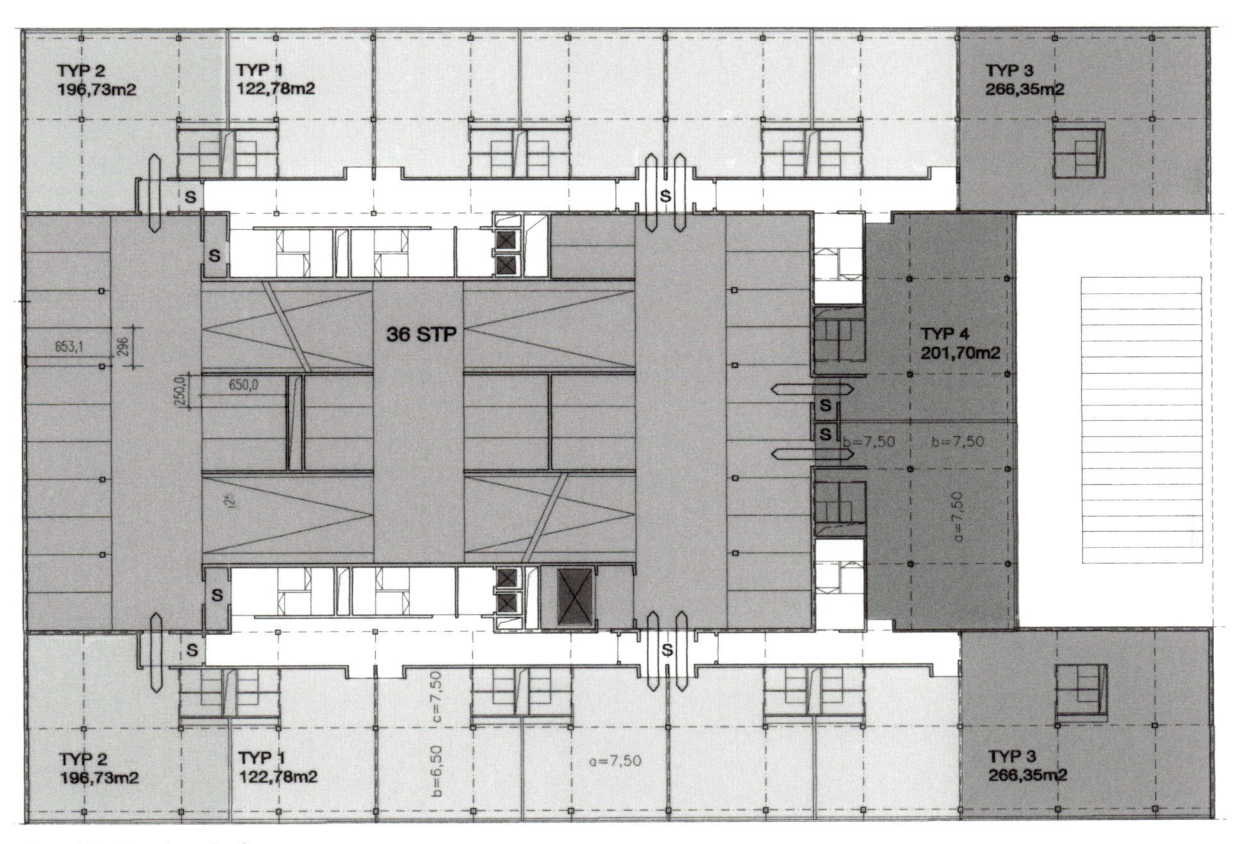

Grundriss Regelgeschoß

Nächste Seite: Engerthstraße, Blick gegen Nordwest, Schaubild,
Tusche und Farbfolie auf Transparentpapier

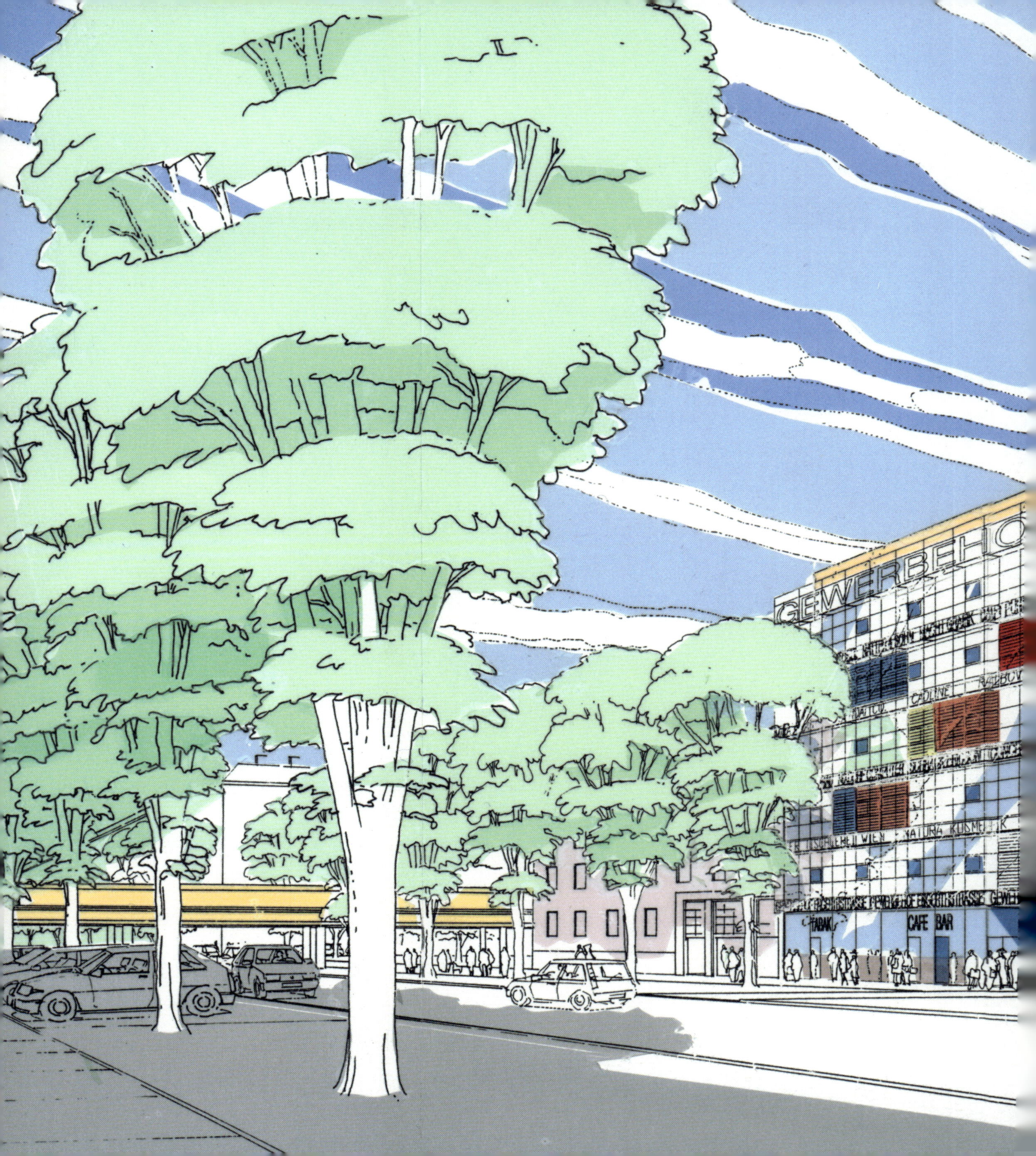
TABAK
CAFE BAR

ENGERTHSTRASSE
AKG STUDIOTECHNIK HUBER & PROHASKA SON & LUMIERE PONAL
MILLER SOFTWARE
ALPHACAN
DENTALTECHNIK VARESE TEXTIL METALOTERM PRISMA PRESTO
ELSA INTERNATIONAL
GEWERBEHOF ENGERTHSTRASSE
SUPERMARKT
SUPERMARKT

Wien 14,
Hadikgasse / Hochsatzengasse
1999
nicht ausgeführt

Entwurfsvarianten,
Baumassenmodelle

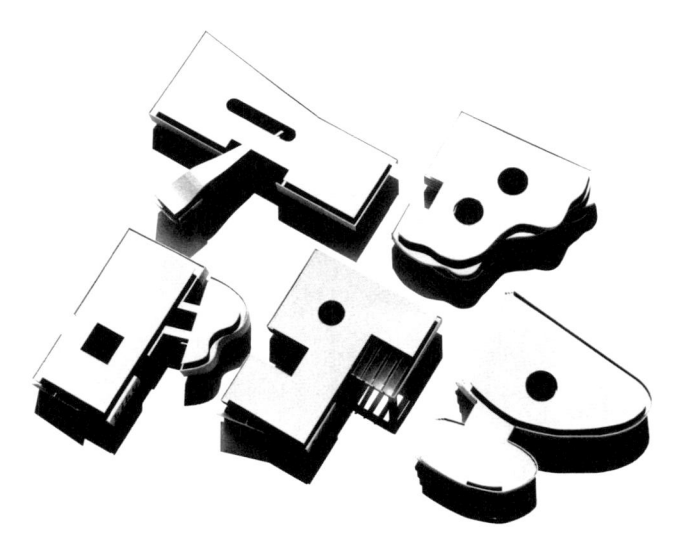

Kika Wien West

Die Geschäftsführung der Kika/Leiner-Gruppe plante nach der Eröffnung von Kika Wien Nord sofort den Bau eines neuen Einrichtungshauses im Wiental an der Hadikgasse, der Wiener Westausfahrt, wobei ich wieder den Entwurfspart übernehmen sollte. Meine Vision für den im Vergleich zu Kika Wien Nord ganz anderen Standort war: Es sollte ein Bau mit einem dynamischen Auftritt im Stadtbild und einer Identität, die aus der speziellen Lage einen unverwechselbaren Ort schafft, werden. Zugleich wollte ich durch fließende Linien und weiche Formen signalisieren: Hier kann man einkaufen, arbeiten und sich wohlfühlen. Das Einbetten des großen Volumens in die kleinteiligere Nachbarschaft sollte durch ein Aufsplitten der Baumasse in zwei Gebäude erreicht werden, weiters durch das Einhalten der Traufenhöhe der angrenzenden Wohnbauten, durch eine Rückstaffelung des Dachgeschoßes und teilweise Begrünung der Fassaden. Die »große Form«, mit Modellen in mehreren Varianten erarbeitet, sollte somit scheinbar konträre Aspekte unter einen Hut bringen: eine unverwechselbare Architektur mit medialer Akzeptanz und sozialpolitischer Verträglichkeit.

Auf dem Grundstück hatte ein beliebtes, mittlerweile stillgelegtes Freibad bestanden, sodass für den Neubau eine entsprechende Flächenwidmung erforderlich wurde. Mein Entwurf wurde dem Widmungsantrag zugrunde gelegt. Es dauerte jedoch ein Jahr bis zum Vorliegen der rechtskräftigen Widmung. In dieser Zeit gewannen andere Einflüsse an Boden und die Geschäftsführung distanzierte sich von meinem schon abgesegneten, baureifen Projekt. Der dann ausgeführte Bau ist eine Mixtur »aus zweiter Hand«, ein wenig Kika Wien Nord mit viel Kika Wien West.

Blick gegen Westen, Modelfoto

Nächste Seite: Hadikgasse, Blick gegen Westen, Schaubild, Tusche und Farbfolie auf Transparentpapier

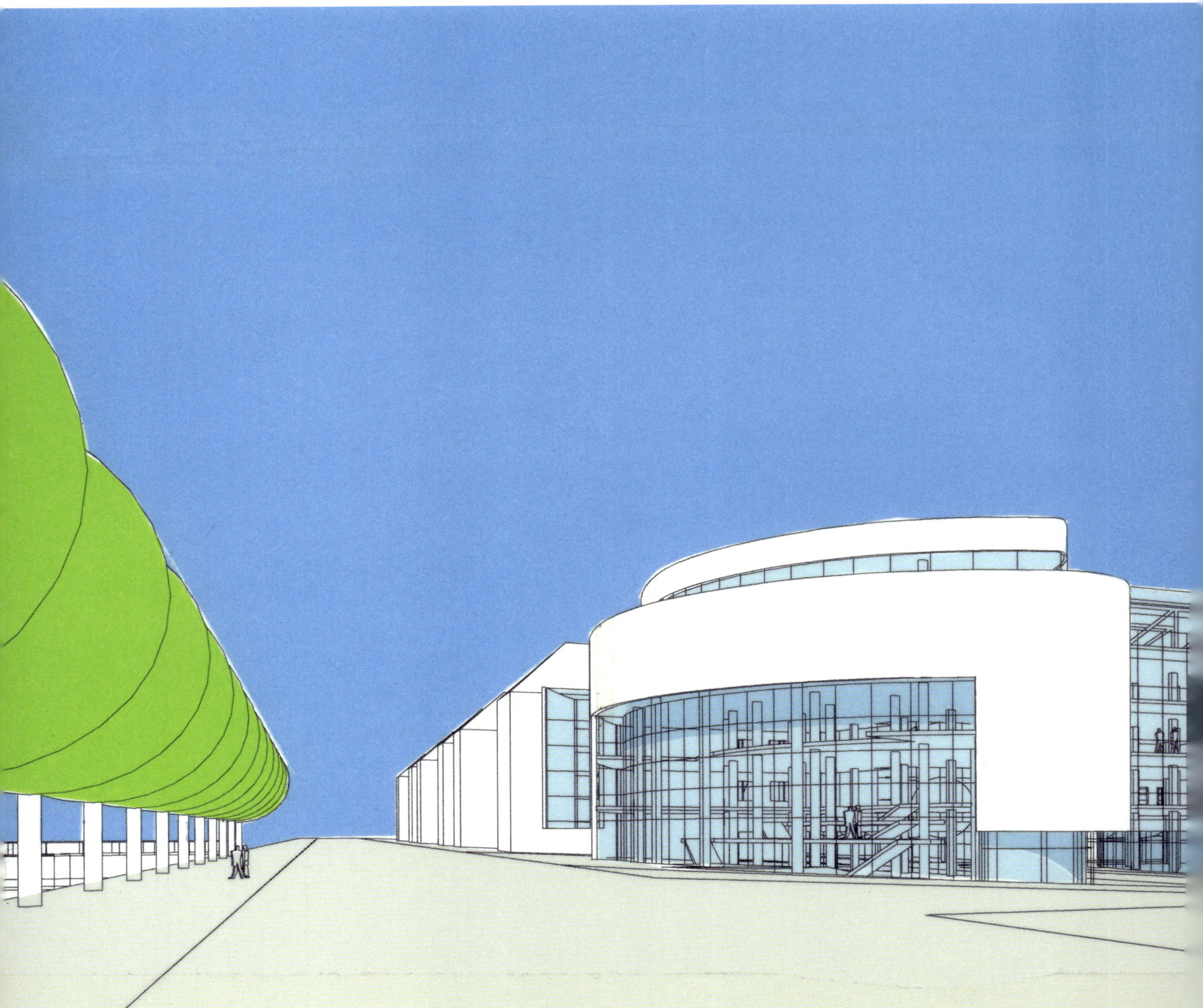

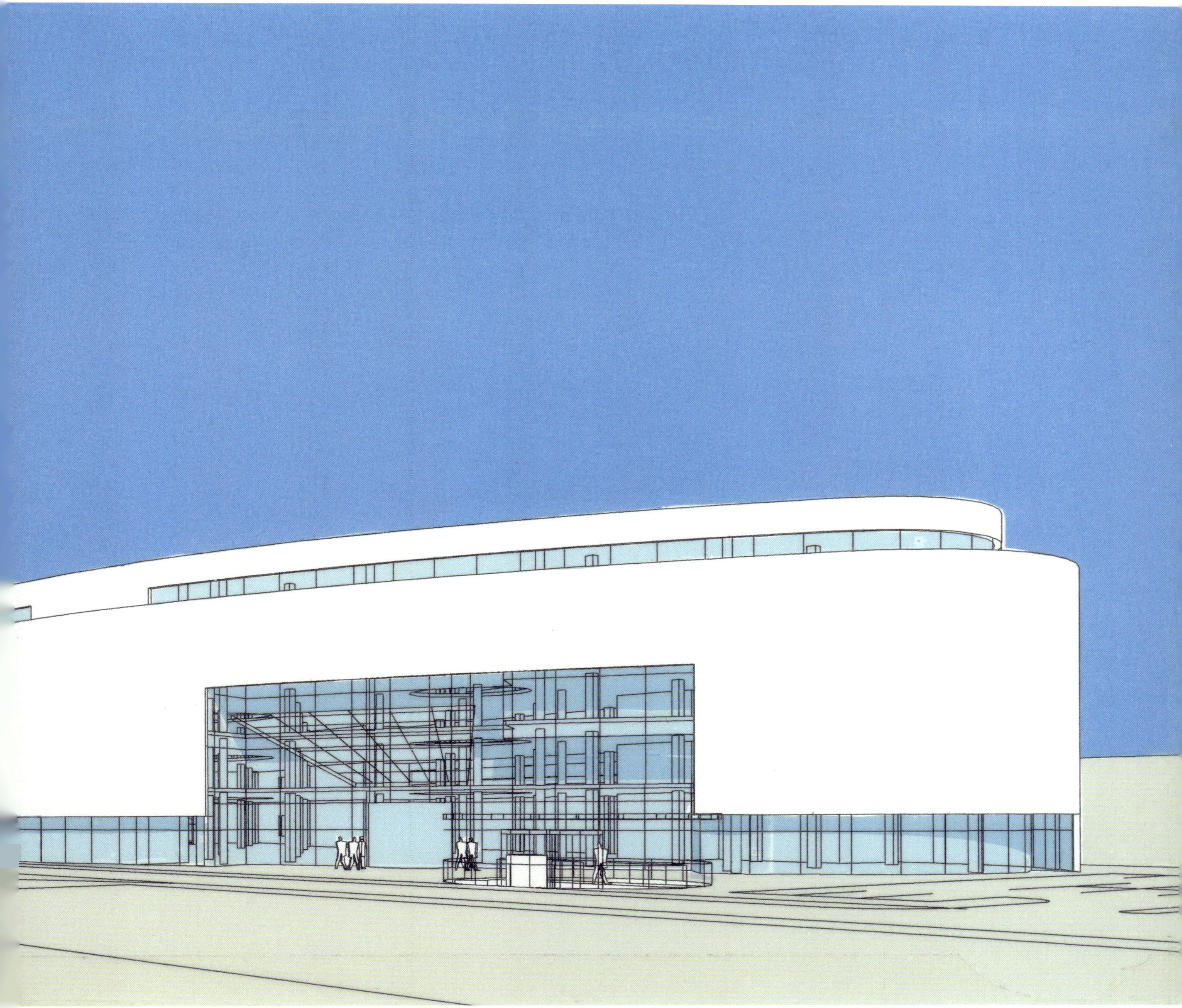

Bank Austria Speising

Wien 13, Speisinger Straße 42
1999
künstlerische Interventionen
von Charlotte Weinmann

Die Räume liegen ebenerdig in einem gründerzeitlichen Wohnhaus an einer exponierten Stelle, wo sich an der Mündung der Feldkellergasse in die Speisinger Straße eine ypsilonartige Platzfigur darbietet. Betritt man die Bankräume, eröffnet sich ein Innenraum von unerwarteter Transparenz, optischer Leichtigkeit und illusionärer Weite: Raumhohe Glaswände führen die Bewegungen und die Blickrichtungen in die Tiefe. Die Farbgestaltung von Charlotte Weinmann erfasst hier sämtliche Oberflächen von Bauteilen, Raumgrenzen, Wänden und Einbauten. Die Farbe, als »dünnstes« und zugleich stärkstes Ausdrucksmittel, entmaterialisiert gleichsam die Flächen, entstofflicht alle baulichen Fakten und hebt diese in die rein sinnliche Atmosphäre einer autonomen Gesamtstimmung, in die Harmonie eines vielseitigen Farbklangs. So entspannt und wandelt sich der profane Zweck des Raumes in ein begehbares Bild feingestimmter Lichtschwingung.

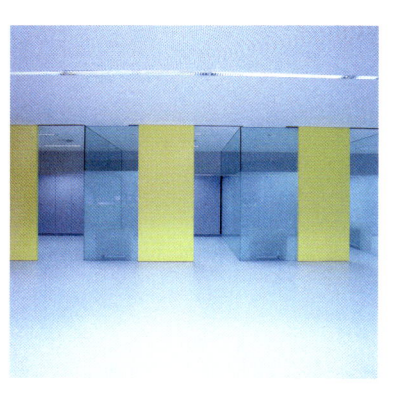

Alle Fotos zeigen den noch unmöblierten archaischen Farbraum.

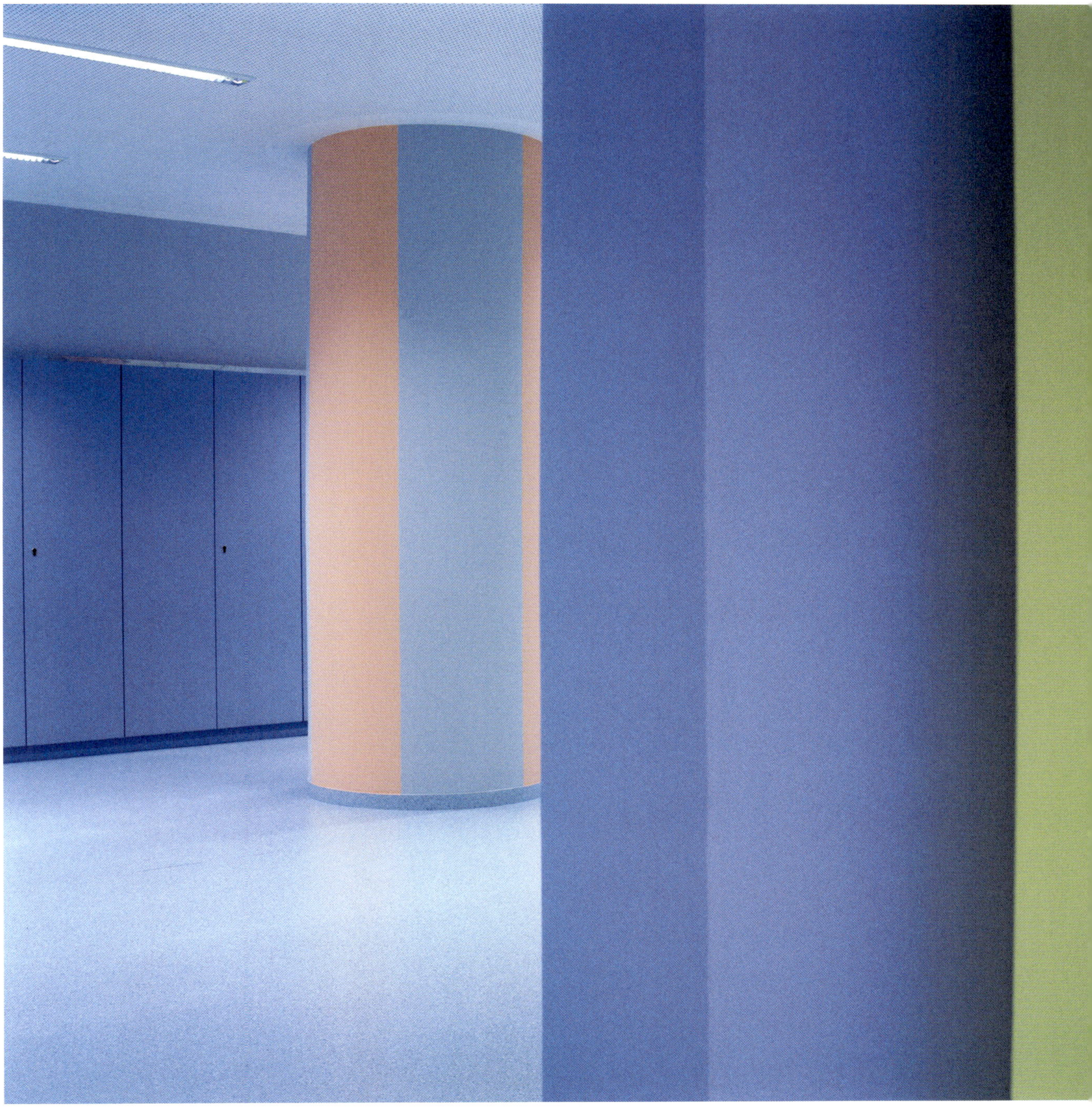

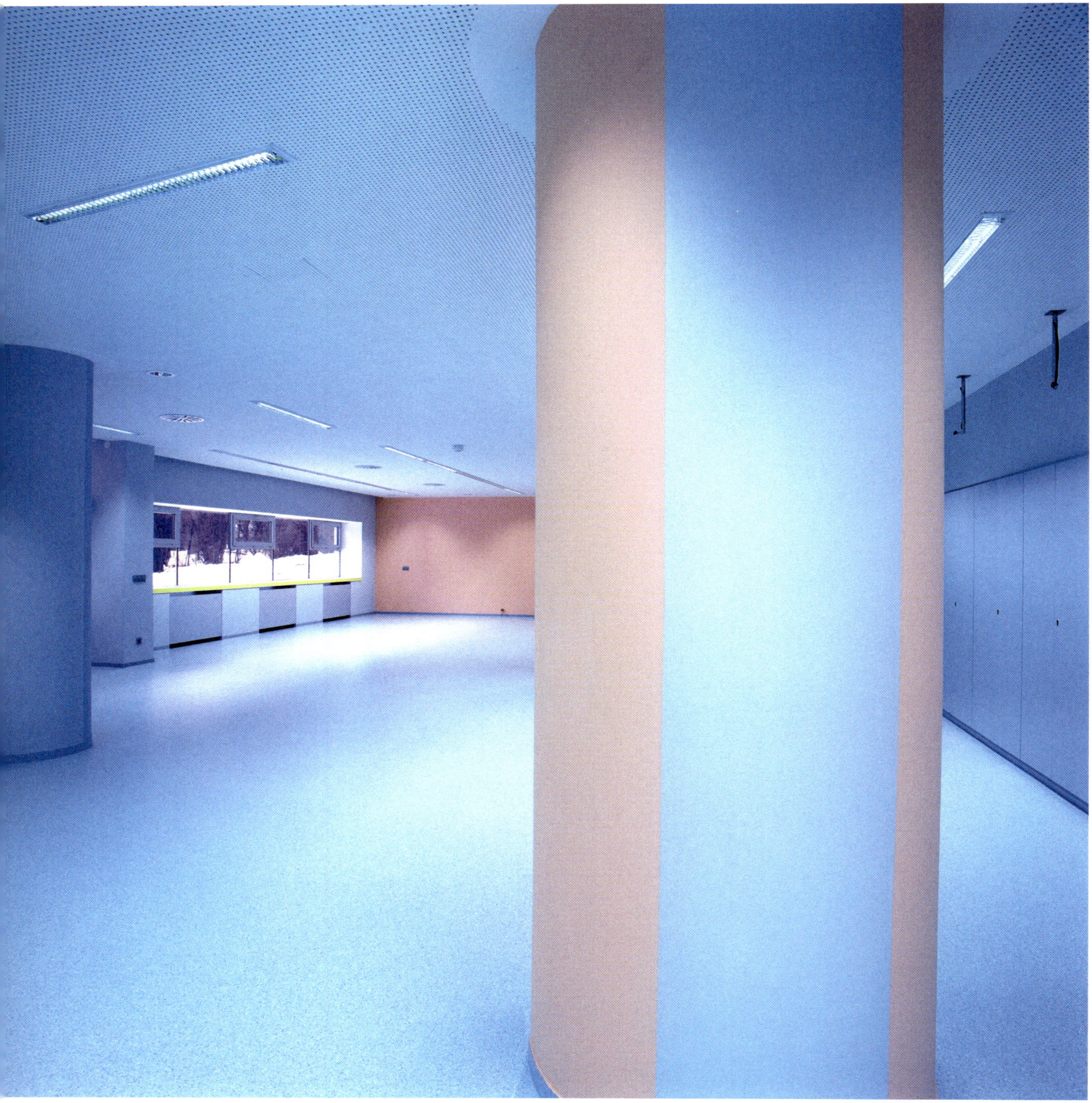

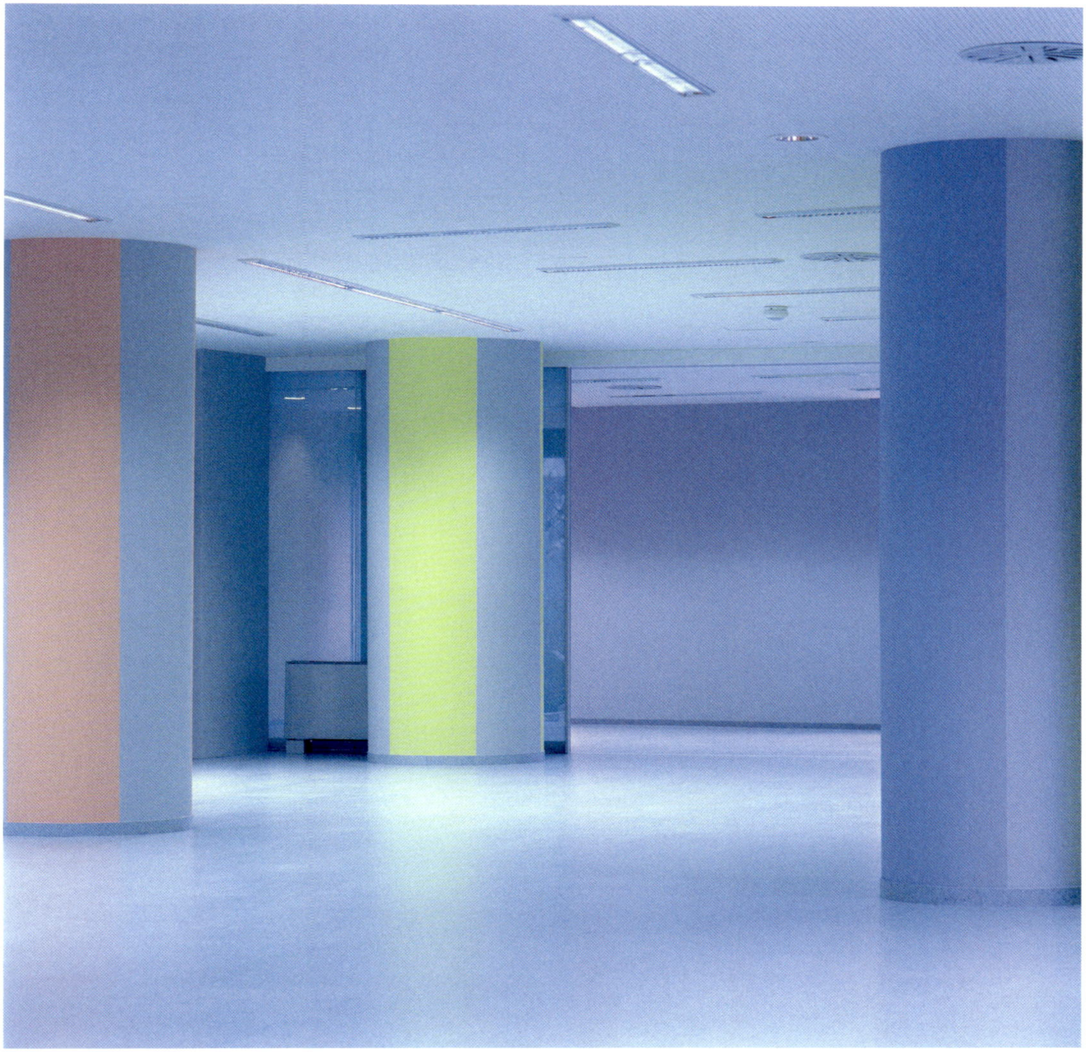

Zentrum am Stadtpark | Village Cinemas

Wien 3, Landstraßer
Hauptstraße / Invalidenstraße
2000
Generalplaner Porr AG
verändert erhalten

Noch während der Planungsarbeiten für die Spardat GmbH wurde ich von der Porr AG in ein Projekt für das neue »Zentrum am Stadtpark« involviert; der Neubau sollte anstelle des zum Abbruch freigegebenen AEZ (Ausstellungs- und Einkaufszentrum) errichtet werden. Die Problemstellung lautete: Für eine weitgehend vorliegende Planung nun die Fassaden zu entwerfen! Über eine »Fremdplanung« Fassaden zu stülpen, ist natürlich grundsätzlich diffizil, doch Standort und Dimension des Projektes überzeugten mich, mitzumachen.

Die vorgeschlagene Lösung definiert für den weitgehend fensterlosen Bau einen hermetischen Baukörper, der unter anderem mehrere unterschiedlich große Kinosäle umschließt, wobei die Positionen und die Konfigurationen der Säle in Form von Ausstülpungen an den Fassaden ablesbar sind. Bei Nacht zusätzlich hinterleuchtet, dienen sie als Werbeträger im Stadtbild. Der Umriss des ehemaligen AEZ wird – quasi als Reminiszenz – durch den verglasten, sechsgeschoßigen Eingangs-Risalit an der Landstraßer Hauptstraße nachgezeichnet.

2015 wurde das Haus einem »Facelifting« unterzogen. Man veranstaltete eine Konkurrenz unter Schülern von der Graphischen – mit dem bekannten Ergebnis.

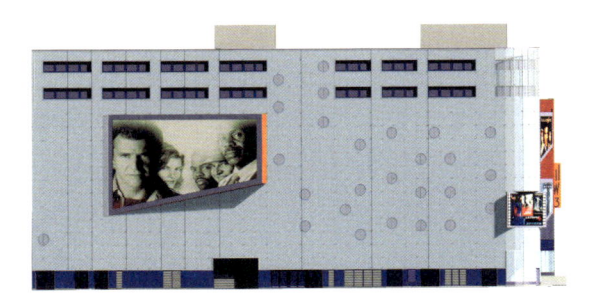

Ansicht Invalidenstraße

Ansicht Landstraßer Hauptstraße

Kreuzung Landstraßer Hauptstraße / Invalidenstraße, Blick gegen Südwest, ursprünglicher Zustand

Stadtteilplanung
Wien 22, Aspern
2000
geladener Wettbewerb
nicht ausgeführt

»Das persische Wort Paradies bedeutet einen
von Mauern umgebenen Lustgarten ...«
Bernhard Rudofsky, »Der wohltemperierte Wohnhof«,
Umriß 10, 1/1986

Duniecki im Garten der Fondazione Querini
Stampalia von Carlo Scarpa in Venedig, 1997

Aspern Süd | Gartenstadt in der Au

Im Jahr 1995 wurden einige Architektenteams von der MA 21 – Stadtteilplanung und Flächennutzung zu einem Gutachterverfahren mit dem Ziel eingeladen, für ein bisher gärtnerisch genutztes, flaches und weiträumiges Gelände südlich des alten Ortskernes von Aspern Bebauungsvorschläge zu erhalten. In einem ersten Schritt waren alle Teilnehmer aufgerufen, generelle Konzepte auszuarbeiten. Nach einer Vorauswahl sollten die verbliebenen Teilnehmer dann in Teamarbeit konkrete Teilbereiche weiterbearbeiten und zur Realisierung bringen.

Für mich war der Wettbewerb ein Anlass, meine Auffassung von familiengerechtem Wohnen am Rande einer Großstadt, in unmittelbarer Nachbarschaft eines Naturschutzgebietes, in Form eines »Idealprojektes« darzulegen – wohl wissend, dass Ideen, die der aus England stammenden Gartenstadtbewegung nahestehen, in Wien kaum auf fruchtbaren Boden fallen würden. War doch schon Roland Rainer, der sich zeit seines Lebens mit der Idee der Gartenstadt beschäftigte, mit seinen neuerlich eingebrachten Ideen für naturnahen, verdichteten Flachbau in den 1960er-Jahren in Wien nicht erfolgreich gewesen.

Mein Wettbewerbsbeitrag verdeutlicht die Maximen und die Potenziale einer Gartenstadt moderner Prägung: relativ geringe Dichte, Leben in gereihten oder gekuppelten Häusern mit direktem und intensivem Bezug zum Erdboden, zu privaten Gärten und geschützten Freiräumen, weiters: feinjustierte Maßstäblichkeit, Vernetzung der Grün- und Freiräume zu einem auch kollektiv wirksamen Kontinuum, Fußläufigkeit der Erschließung, Reduktion des automobilisierten Individualverkehrs auf ein Minimum – all das Garanten für eine hohe Verträglichkeit mit den gewachsenen Strukturen des alten Ortskernes von Aspern.

Generelles Konzept,
Lageplan

Blick gegen Norden,
Entwurfsskizze, Filzstift
und Buntstift auf Papier

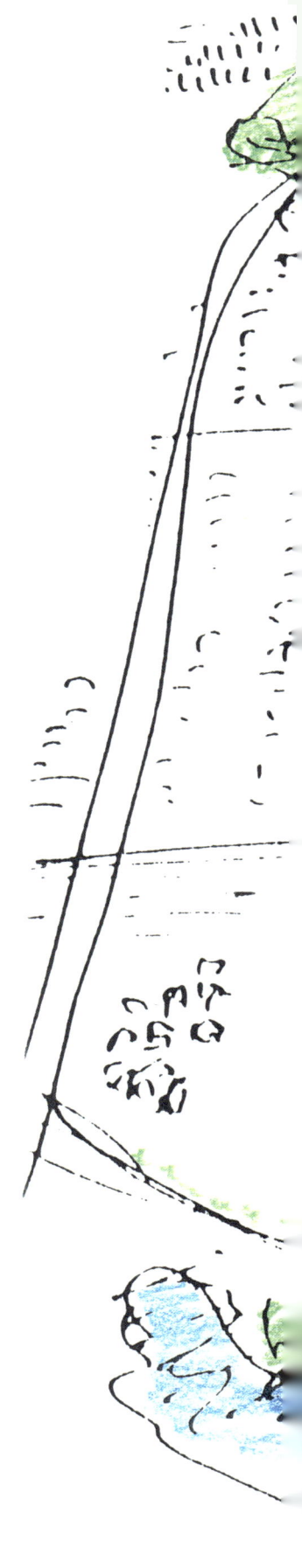

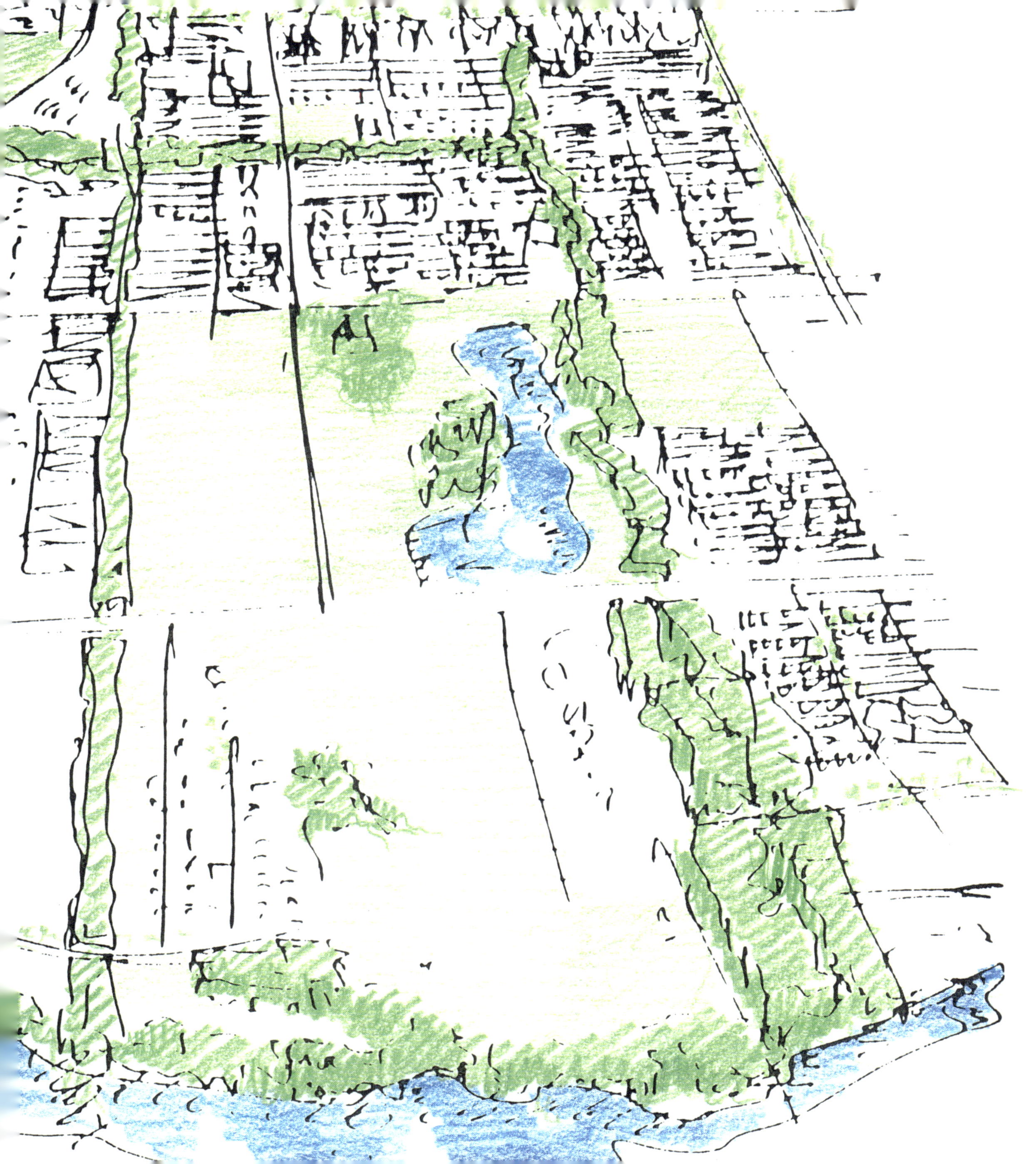

Kindergarten der Stadt Wien Bernoullistraße

Wien 22, Bernoullistraße 7
2002
geladener Wettbewerb
1. Preis
künstlerische Interventionen
von Charlotte Weinmann

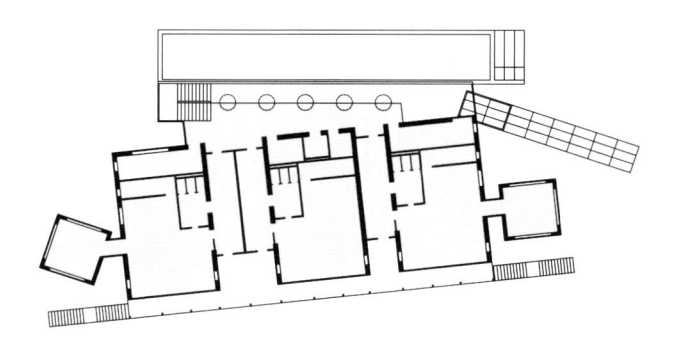

Nachdem der von mir 1998 geplante Kindergarten in einem Neubaugebiet jenseits der Donau, in der Rosenbergstraße in Essling, sehr gut angenommen wurde, erhielt ich 1999 von der MA 19 die Einladung zur Teilnahme am Wettbewerb für den Kindergarten in der Bernoullistraße in Kagran. Die Jury kürte meinen Wettbewerbsbeitrag und empfahl ihn zur Ausführung. Da in der konkreten Planung die MA 7 an diesem Standort zusätzliche Flächen für einen Stützpunkt wollte, wurde das Projekt entsprechend adaptiert, die wesentlichen Entwurfsprämissen blieben jedoch erhalten.

Die optimale Orientierung der Räume zum Licht war mein Hauptmotiv. Daher ist der Baukörper an der Nordgrenze des Grundstückes situiert, der Eingang erfolgt von Osten, alle Gruppenräume blicken nach Süden und die »dienenden Räume« liegen im Norden. Das Haus ist mit Ausnahme des Nordflügels zweigeschoßig, um am knapp bemessenen Grundstück genügend Freiraum zu lassen.

Die innere Erschließung erfolgt durch eine zweigeschoßige Halle, die das Oben und Unten erlebbar macht und die Kommunikation der Gruppen untereinander räumlich stimuliert und inszeniert. Jede der sechs Gruppen hat eine direkte Verbindung zum südlichen Garten, wobei jene im Obergeschoß den Freiraum über die vorgelagerte Loggia und Freitreppen erreichen. Die »Hortgruppen« sind im ersten Obergeschoß untergebracht, jeweils mit einem dazugehörigen Werkraum als eigenes »Häuschen« auf Stelzen.

Besondere Sorgfalt ist auf die differenzierte Lichtführung im Inneren verwendet. So wird unter anderem über kreisrunde Deckenöffnungen Südlicht auf die Nordwand der Erschließungshalle gebracht und über ihre verglasten Stirnfronten dringt die Morgen- und Abendsonne in die Tiefe des Gebäudes.

Neben dieser »Schule des Lichts« bietet der Kindergarten auch eine »Schule der Farben«. Raumverknüpfende Farbflächen verstärken nach einem künstlerischen Konzept von Charlotte Weinmann die Raumwirkung. Licht- und Farbenspiel ergänzen und steigern einander zu einer frühen »Schule des Sehens«.

Die zweigeschoßigen »Gruppenhäuser« und der eingeschoßige nördliche Flügel (Verwaltung, Küche usw.) sind in Ziegel-Massivbauweise ausgeführt. Die zweigeschoßige Erschließungshalle, die vorgelagerte Loggia und die Garderoben sind Holzkonstruktionen.

Wettbewerbsprojekt, Grundriss Obergeschoß

Blick von der Bernoullistraße gegen Norden

Nächste Seite: Blick von der
Bernoullistraße gegen Nordost

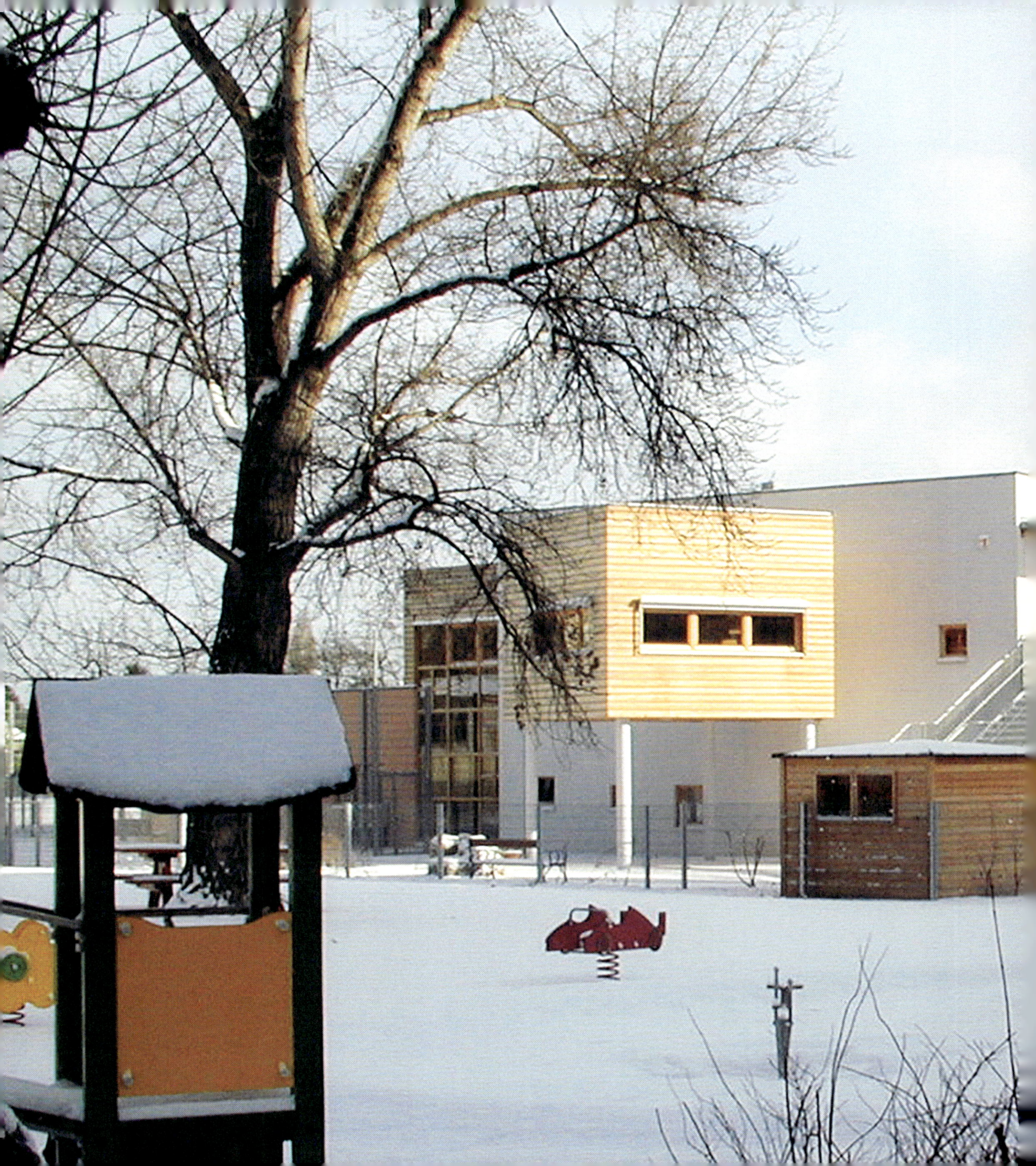

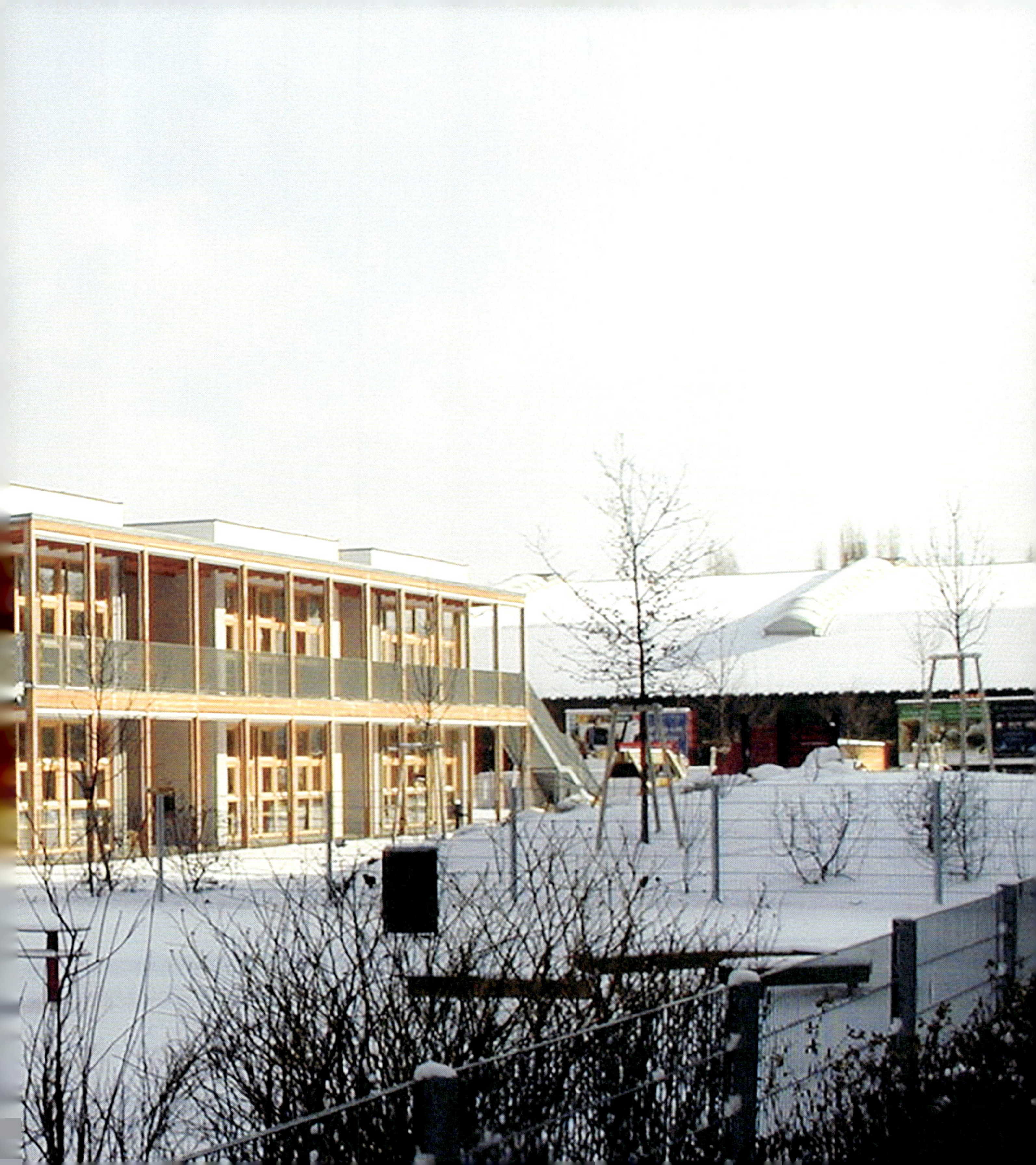

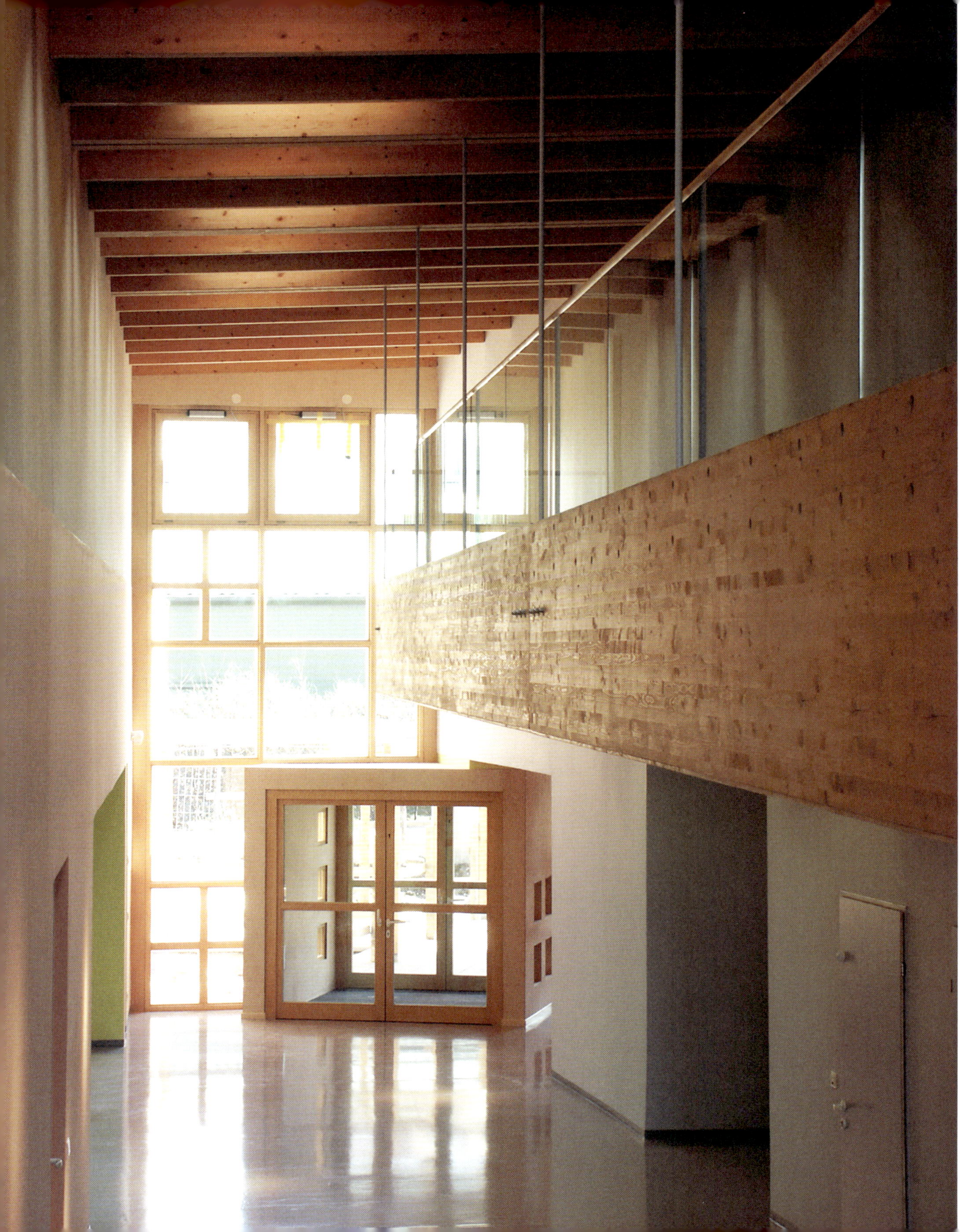

Zweigeschoßige Erschließungshalle

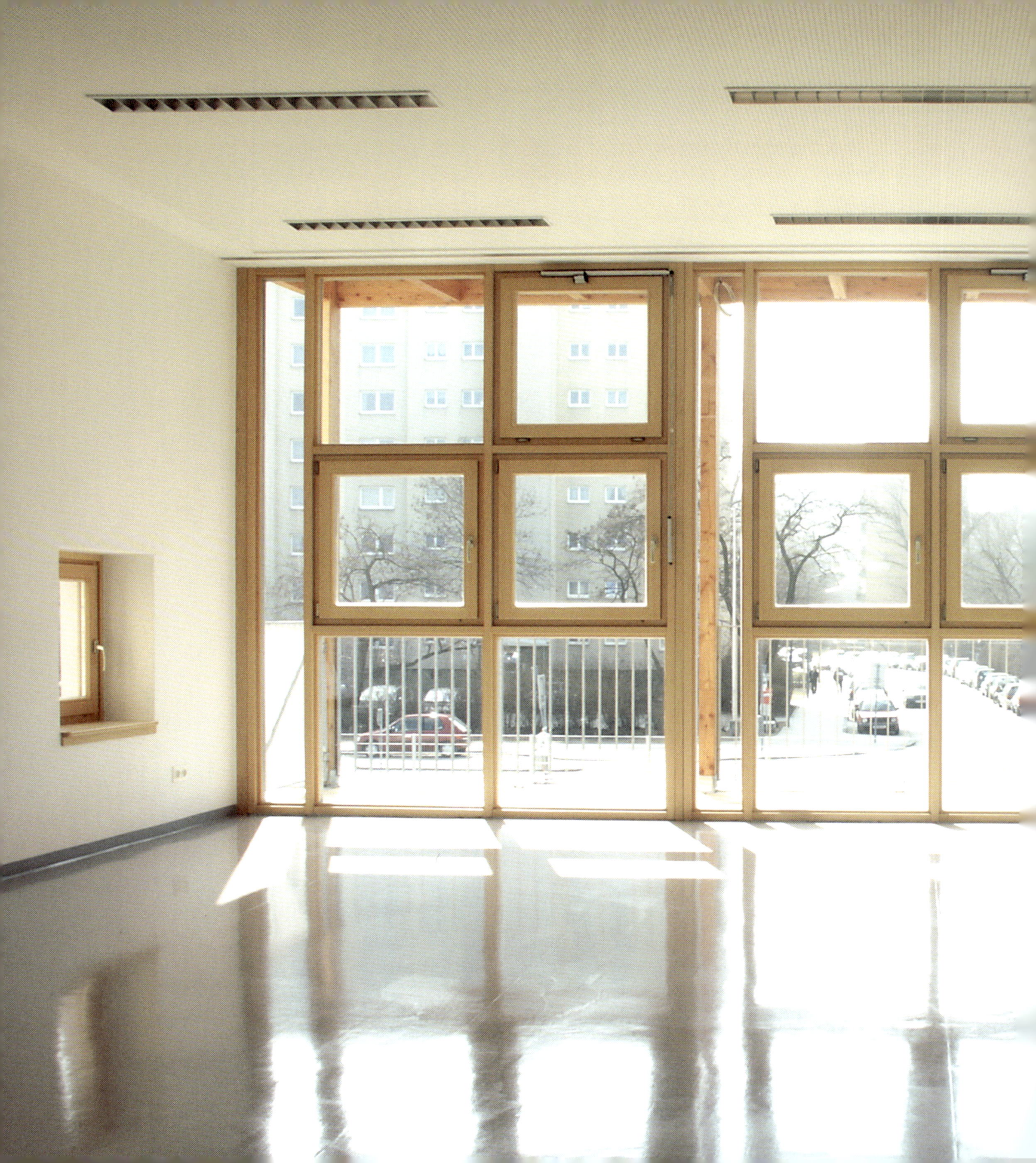

Gruppenraum, Obergeschoß

Farbtonleiter

Die zweigeschoßige Erschließungshalle mit den bespielbaren Farbobjekten

Kurzentrum Heilbad Sauerbrunn

Bad Sauerbrunn, Hartiggasse 4, Burgenland, Haus Esterházy mit Badekomplex (heute Haus Rosalia)
2004
Werkplanung Johann Schandl

Im Jahr 2000 erteilte mir die Kurverwaltung Bad Sauerbrunn den Auftrag für die Planung eines neuen Hotel- und Badetraktes sowie die Neugestaltung des Therapiebereiches und der Foyerzonen des Altbestandes aus den 1980er-Jahren. Der Neubau, das 2004 fertiggestellte »Haus Esterházy« (heute »Haus Rosalia«), schließt nordwärts im Winkel jenseits der Straße an. Die Verbindung zum Altbau schafft ein durch Oberlichten gut mit Tageslicht versehener Tunnel unter der Straße. Form und Volumen des Neubaus sind auf den landschaftlichen und baulichen Kontext abgestimmt.

Der hohe Bauteil enthält die Zimmer und ebenerdig die Räume für Trocken- und Nasstherapien. Der niedrige Badetrakt beinhaltet einen großen Pool, Therapie- und Thermalbecken, Kneipp- und Saunabereiche. Dieser Trakt steht parallel zur Straße, öffnet sich mit Glaswänden nach Norden zum Wald, aber auch nach Süden, reagiert mit dem Bogendach auf die Straßenkrümmung; der Zimmertrakt führt diesen Schwung dann im Grundriss weiter. Eine transparente Lobby dient als Gelenk aller Funktionen, Zimmer und Therapiebereiche bieten viel Tageslicht und weite Ausblicke zur Landschaft.

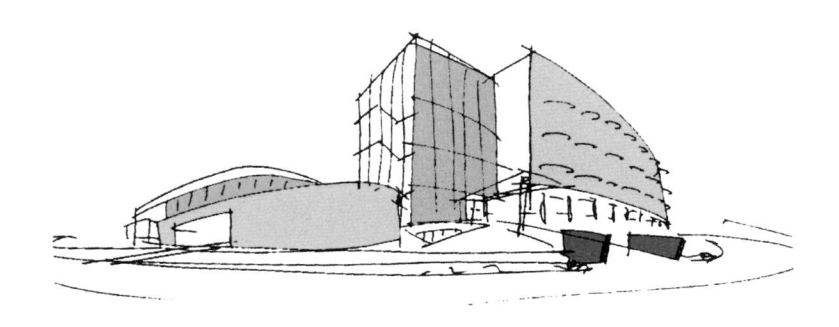

Ansicht Wiesingerstraße, Blick gegen Norden

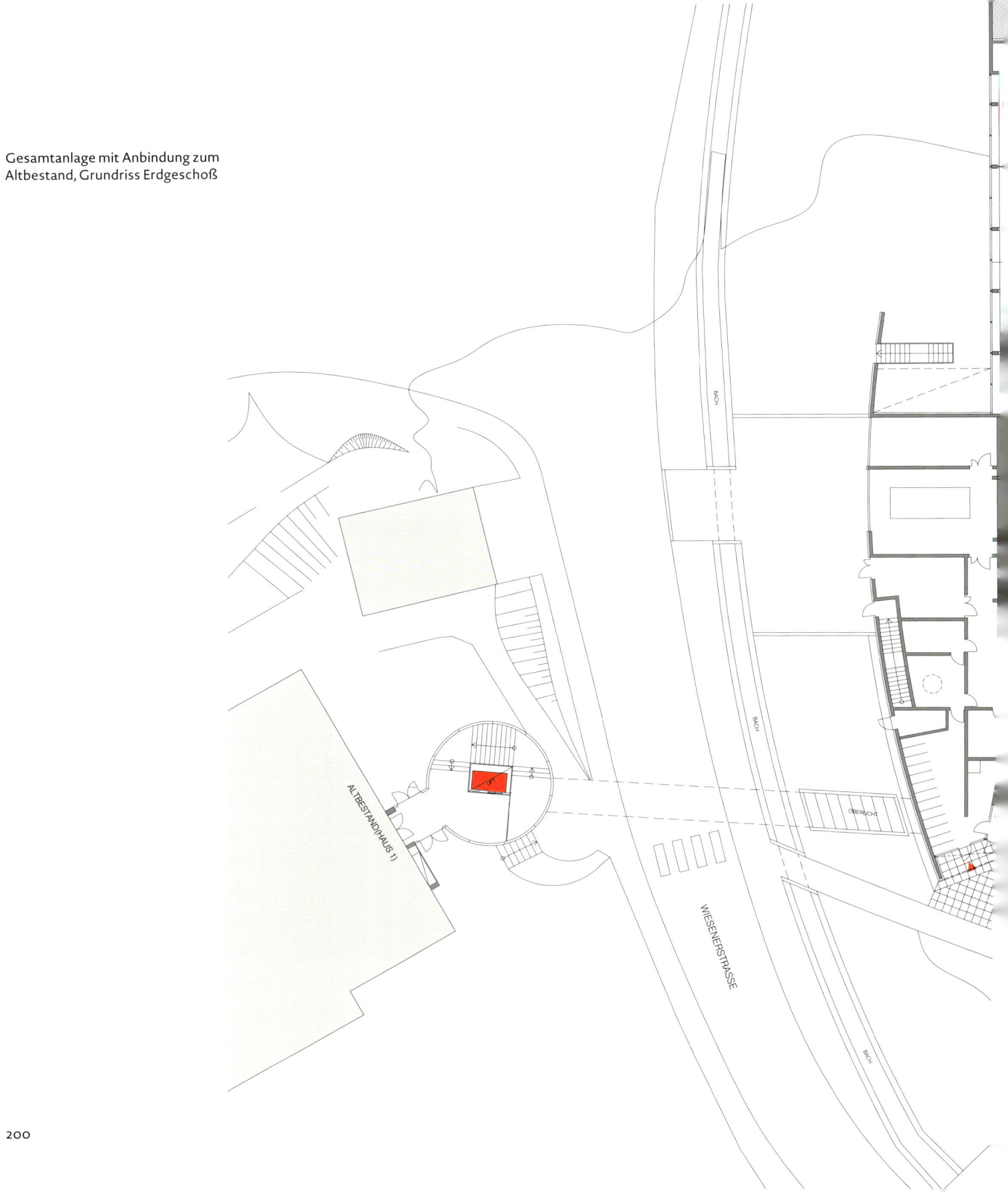

Gesamtanlage mit Anbindung zum
Altbestand, Grundriss Erdgeschoß

WASSERFLÄCHE
TEILWEISE ALS
KNEIPPGRABEN

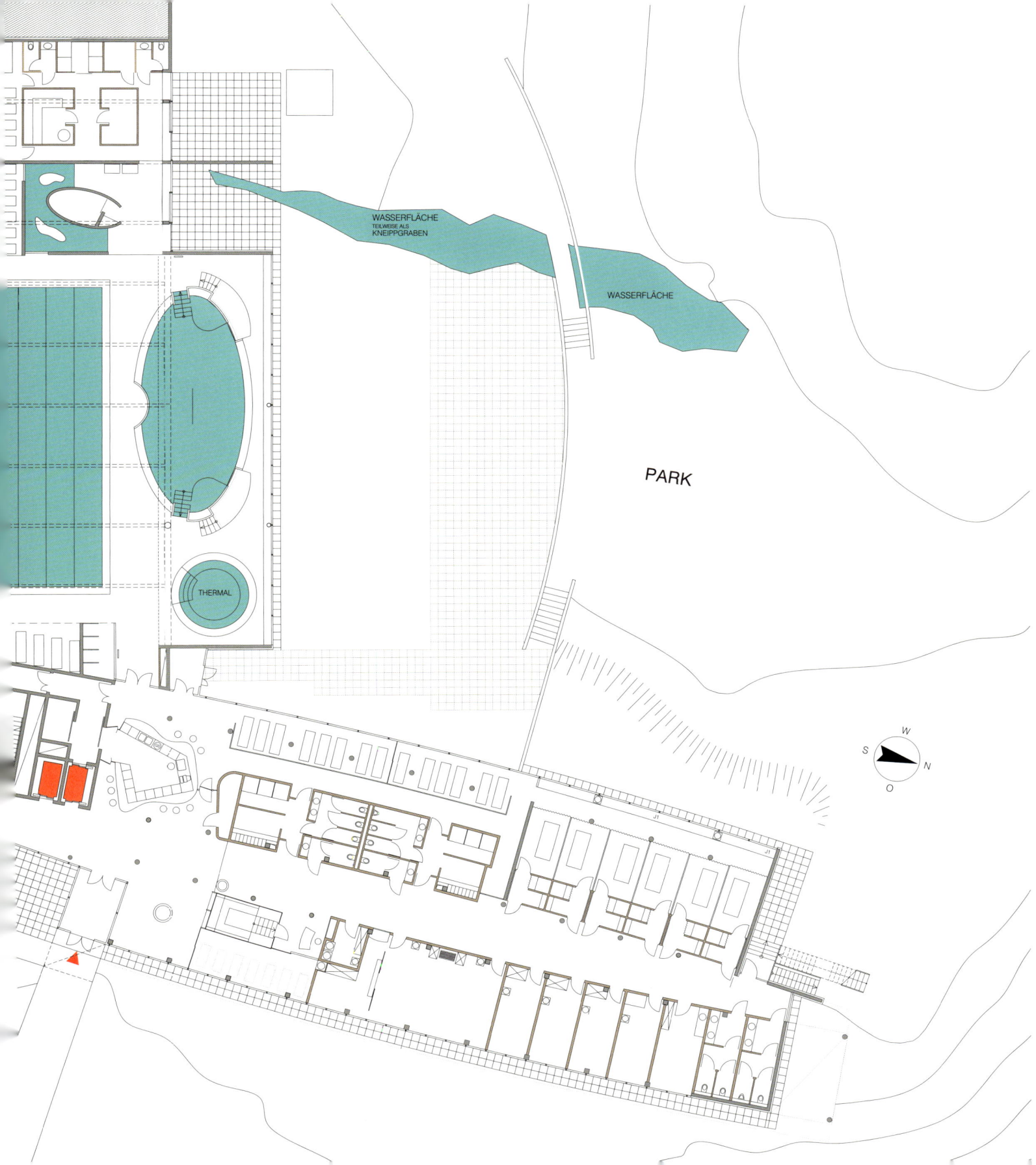

WASSERFLÄCHE

THERMAL

PARK

W
S N
O

Zimmertrakt Ostfassade, Blick gegen Süden

Zimmertrakt
Westfassade

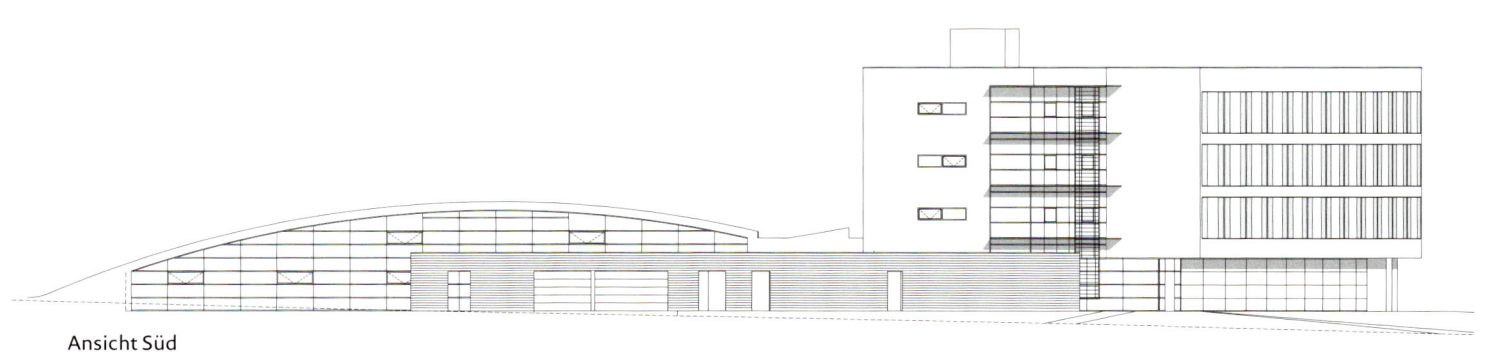

Ansicht Süd

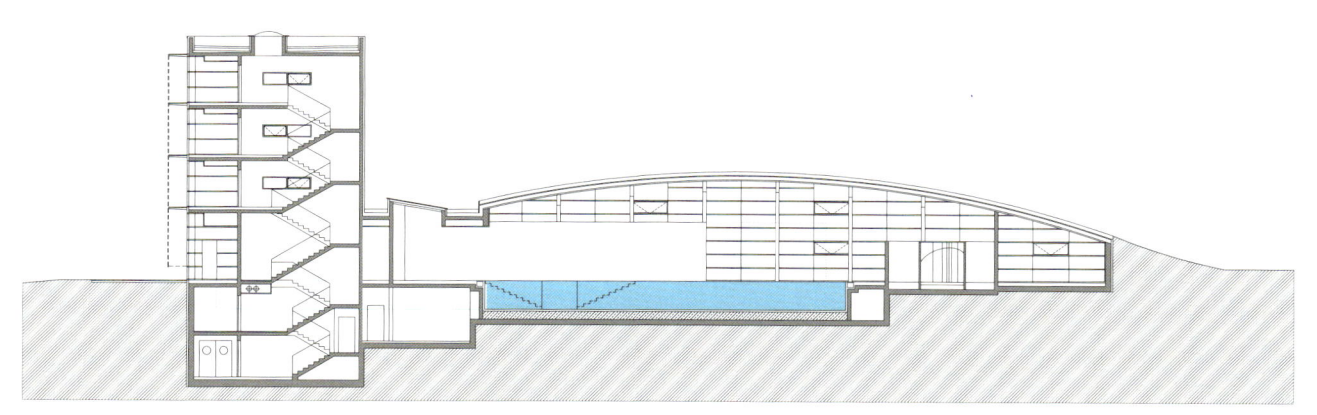

Schnitt durch Zimmertrakt und Hallenbad

Hallenbad mit verglaster Südfront

Wien 21, Siemensstraße / Giefinggasse
2005
Behörden- / Werkplanung Ernst Maurer
Farbgestaltung Charlotte Weinmann

* Seit 2010 Wirtschaftsagentur Wien.

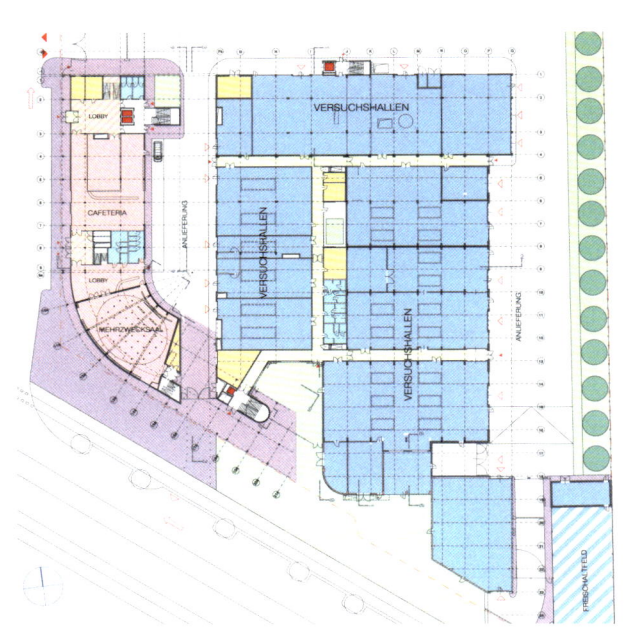

Gesamtanlage, Grundriss Erdgeschoß

AIT – Austrian Institute of Technology

Das 1996 hier für ein größeres Areal vom Wiener Wirtschaftsförderungsfonds (WWFF)* durchgeführte, städtebauliche Expertenverfahren blieb zunächst ohne Folgen. In Ermangelung von Bauwerbern lag der angedachte Masterplan fünf Jahre lang auf Eis. Schließlich zeigte sich Arsenal Research interessiert, denn man suchte einen Ersatz für die Anlagen im Arsenal, die nicht mehr den aktuellen und künftigen Anforderungen entsprachen. Da mein Masterplan von 1996 offenbar gefallen hatte, wurde ich mit dem Entwurf für den neuen Forschungskomplex beauftragt und in weiterer Folge auch mit den Leitdetails und der künstlerischen Oberleitung in der Realisierung.

Wegen der komplexen Anforderungen von Arsenal Research einerseits und der Forderung des WWFF nach maximaler Verdichtung andererseits war es aber nötig, die Planung komplett neu aufzusetzen. Das ausgeführte Projekt unterscheidet sich deshalb vom ursprünglichen Masterplan, der ja, ohne konkrete Nutzer zu kennen, auf idealisierten Annahmen fußte.

Das städtebauliche Layout definiert einen nord-süd-orientierten, fünfgeschoßigen Hauptbaukörper entlang der Giefinggasse sowie quer dazu kammförmig anschließende, viergeschoßige Nebenbauten. Diese Struktur gewährleistet eine flexible, etappenweise Erweiterungsmöglichkeit bei hoher Flächeneffizienz.

Der Hauptbau mit Foyer, Konferenzräumen, Labors und Büros schwenkt am Westrand des Grundstücks von Nord nach Südost und bildet an der Siemensstraße eine markante Silhouette. Die niedrigeren Versuchshallen des Research Center schließen in enger funktioneller Verklammerung an diese Spange an und treten mit der kompakten höheren Halle für Hochspannungsversuche und der niedrigeren Halle, in der sich riesige Magnetspulen befinden, gegen den Straßenraum in Erscheinung. Wegen der auftretenden internen Magnetfelder war es notwendig, diesen Bauteil als massive Holzleimkonstruktion auszuführen. In der ersten Bauphase wurde nur der südlichste Abschnitt gemäß der Gesamtplanung ausgeführt. Bei den späteren Erweiterungen, nördlich fortsetzend, wurden von anderen Planern dann nur einfache Querriegel errichtet.

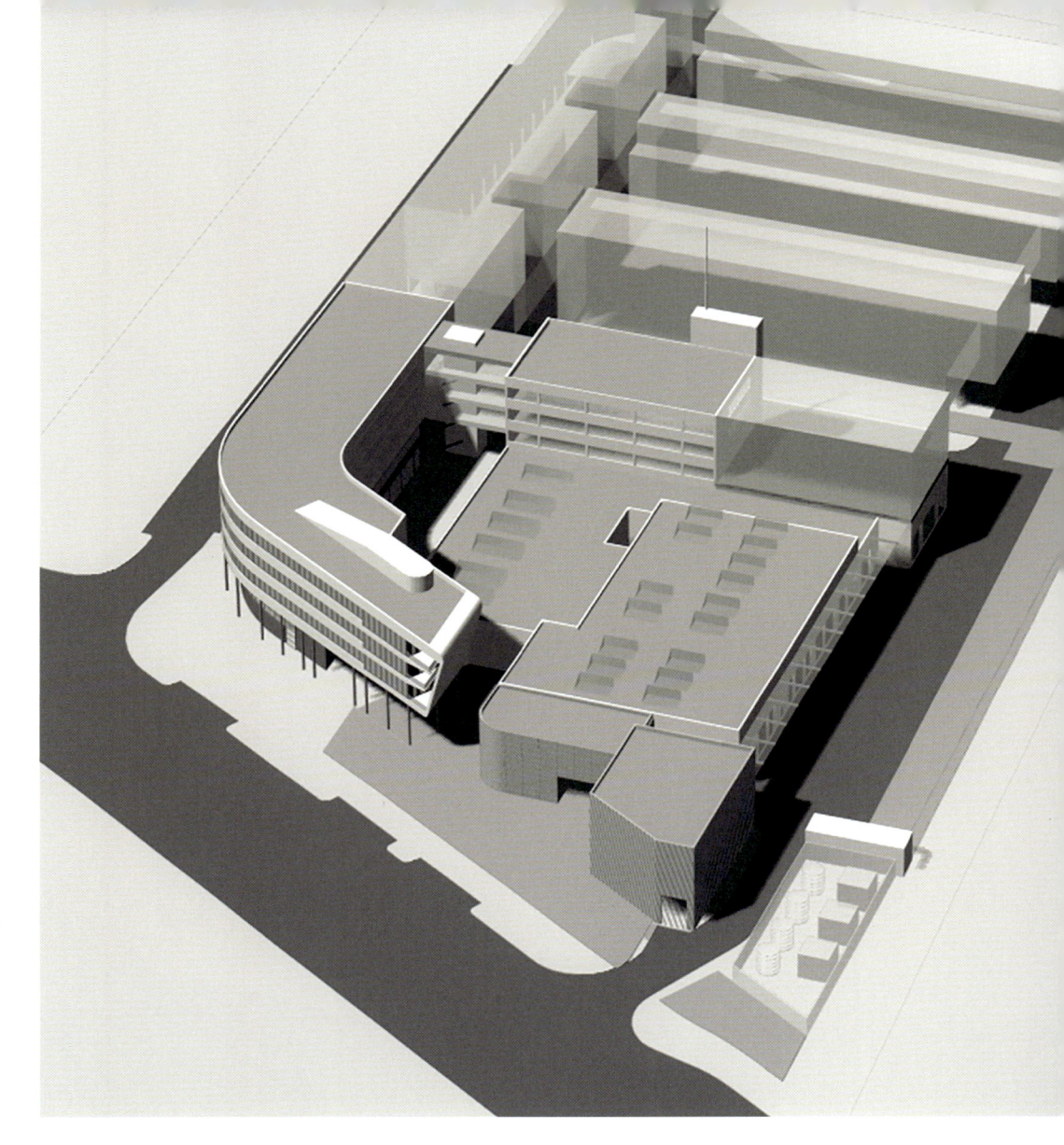

Blick gegen Norden,
Axonometrie der
Gesamtanlage

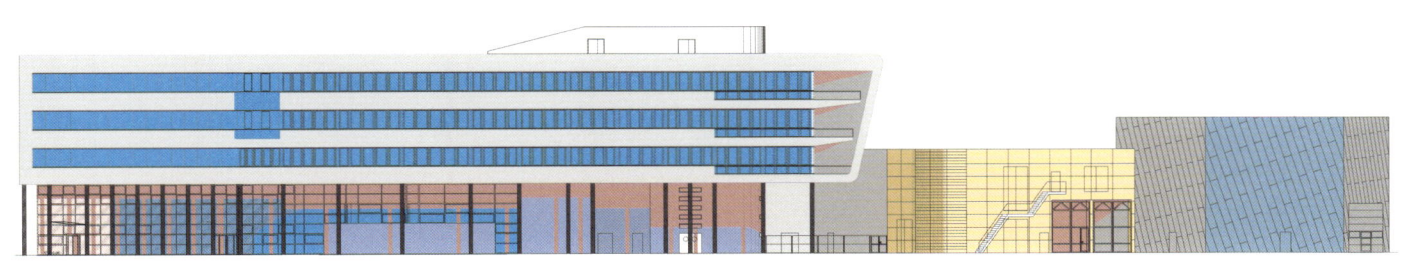

Ansicht Giefinggasse / Siemensstraße

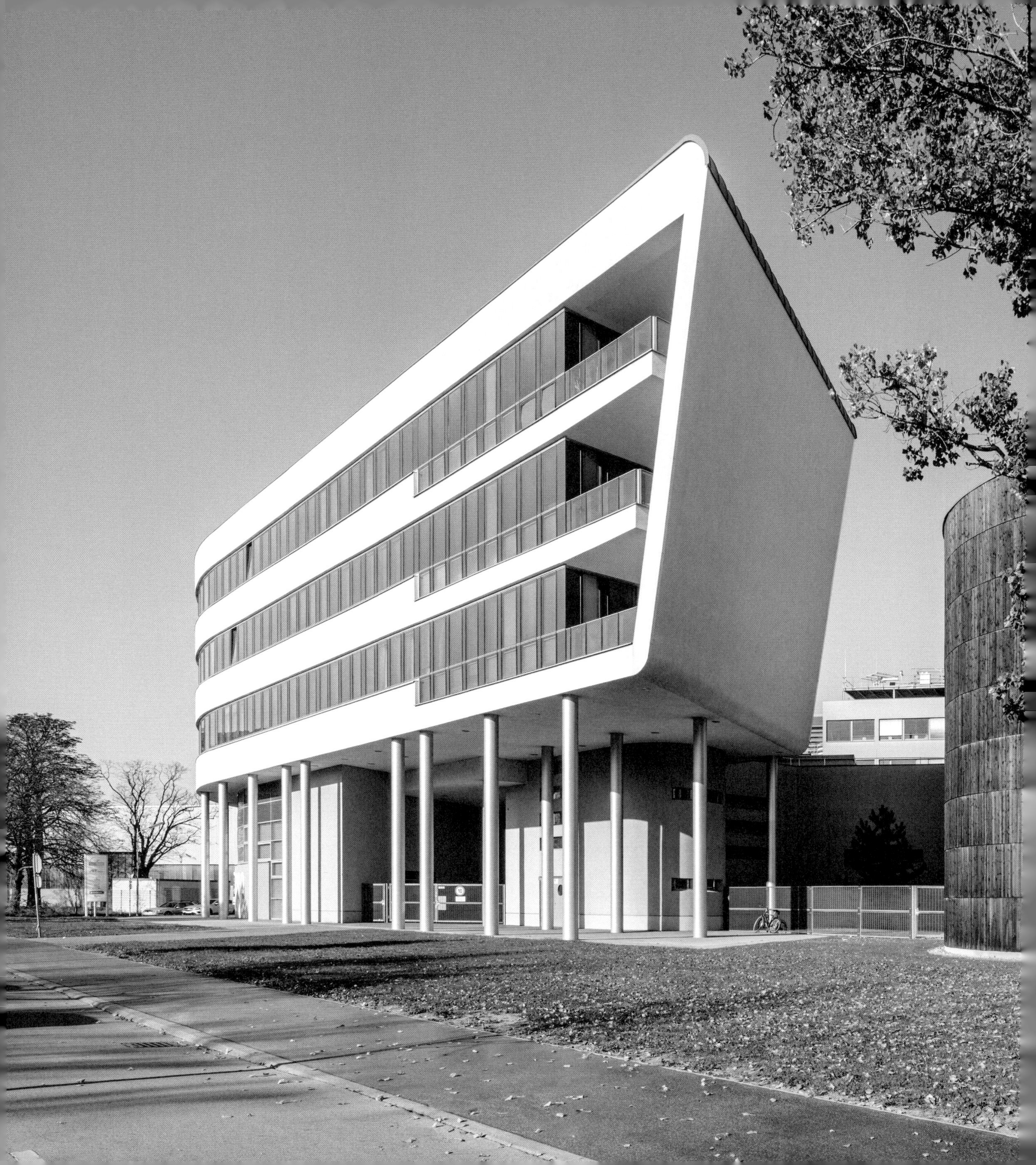

Ansicht Siemensstraße,
Blick gegen Nordwest,
Zustand 2019

Ansicht Giefinggasse, Blick gegen Süden, Zustand 2019

Kreuzung Giefinggasse/
Siemensstraße,
Blick gegen Nordost

Erschließungsgang
im Regelgeschoß

Mehrzwecksaal mit Technikgalerie

Bürokomplex Brehmstraße

Wien 11, Brehmstraße 10–14
2005
Generalplaner Porr AG

In unmittelbarer Nachbarschaft zur Spardat GmbH hatte die Porr AG einen Bürokomplex geplant. Der grundsätzliche Lösungsansatz für den Bau entspricht jenem der Spardat, denn die dort realisierte Kammstruktur hatte sich als flexibel und ökonomisch erwiesen. Erst nach Baubeginn wurde mein Büro als Konsulent für die Fassadengestaltung beigezogen, sodass Eingriffe in die Grundrissstruktur nur beschränkt möglich waren.

Der ziegelrote Hauptbaukörper entlang der Brehmstraße hat eine strikte Lochfassade, die hellgrauen Querriegel treten zur Brehmstraße als Risalite in Erscheinung, deren Fronten mittels Glasfassaden geschlossen sind. Nach hinten, gegen Norden, zeigen auch die in die Tiefe gestaffelten Querriegel serielle Lochfassaden.

Rückseitige Ansicht,
Blick gegen Nordwest

Ansicht
Brehmstraße,
Blick gegen
Osten

Atelier- und Wohnhaus N.

Stettenhof (Gemeinde Fels am Wagram), Niederösterreich
2013
Werkplanung zweiarchitekten ZT GmbH

Das Atelier eines befreundeten Künstlers im Dachgeschoß eines Gründerzeithauses im 7. Bezirk war für dessen Erfordernisse längst zu klein geworden. Ein neues Atelierhaus als neuer Schaffungsmittelpunkt auf einem schönen, gegen Süden abfallenden Grundstück in der Weinbaugemeinde Stettenhof sollte dem Abhilfe schaffen.

Die Zusammenarbeit gestaltete sich glücklich und der Bau wurde – unter tatkräftiger Mithilfe des Bauherrn, der praktisch die gesamte Vergabe und Bauleitung selbst bewerkstelligte – sehr kostengünstig ausgeführt. Entsprechend der Hangneigung und der Besonnung gliederte ich das Projekt in zwei schlichte, ebenerdige Trakte, wobei der nördlich situierte mit entsprechend aufgeklapptem Pultdach als Atelier und der südliche – mit komplementär geneigtem Dach und der vorgelagerten Veranda – dem Wohnen dient. In Resonanz mit dem östlich benachbarten einfachen Altbau sind die Umrisse, Fassaden und Materialien des Neubaus betont schlicht und klar gehalten.

Blick von der Straße gegen Südost

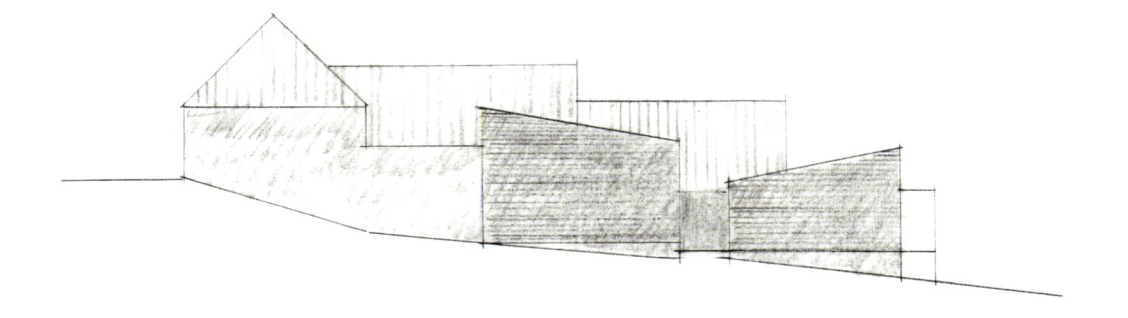

Das Atelier

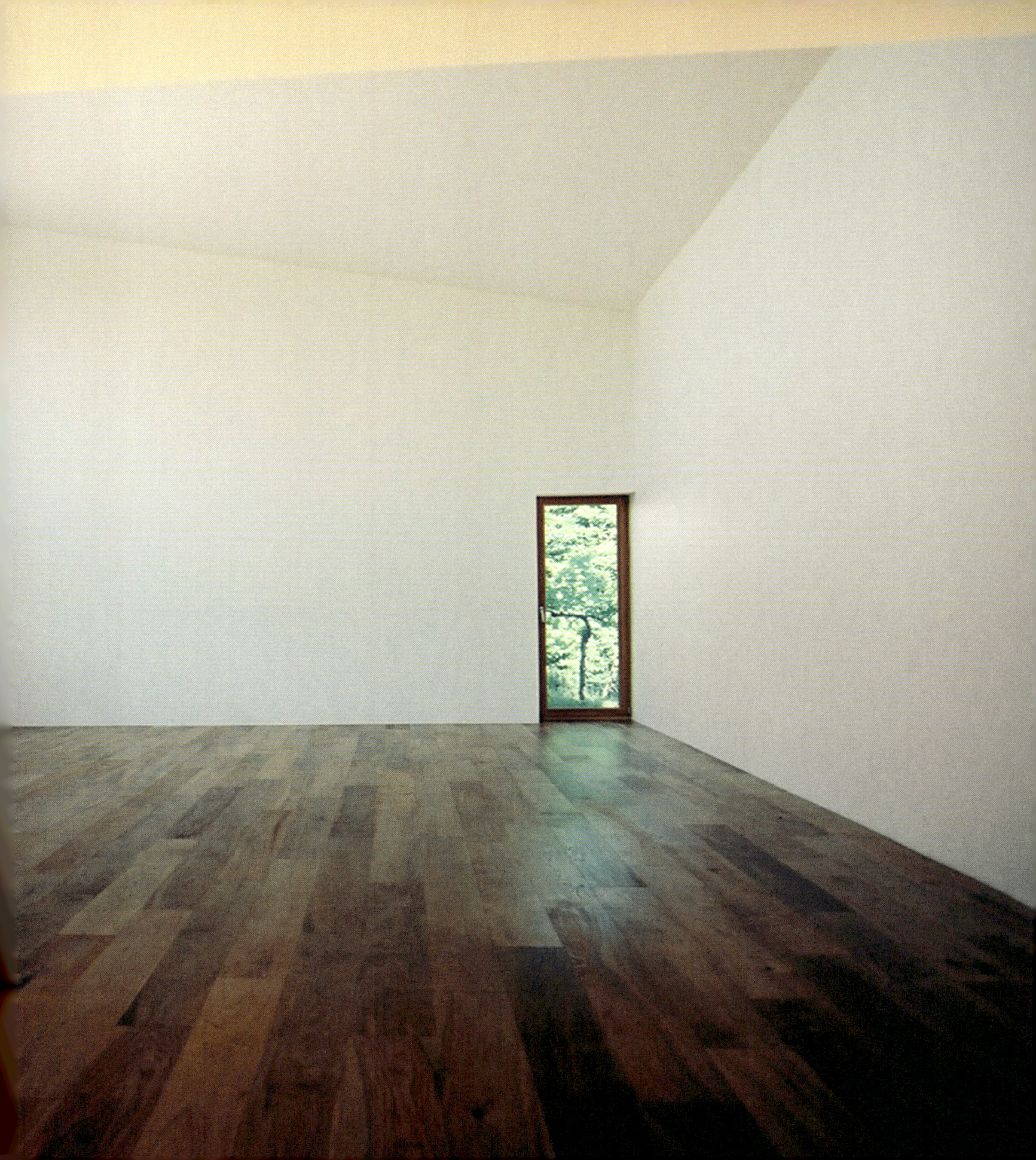

Im Kontext Wien:
Zu Leben und Werk von
Artur Paul Duniecki

Otto *Kapfinger*

Roaring Sixties
In den 1960er-Jahren kommen im politischen, kulturellen Klima Westeuropas und US-Amerikas drastische Veränderungen. Der wirtschaftlich grandiose Aufschwung entfesselt in der Pop- und Jugendkultur gegenläufige Phänomene: spielerisch freizügige, aber auch militant nonkonformistische Energien. »Make love not war«, »Trau keinem über dreißig«, »Macht kaputt, was euch kaputtmacht« und Ähnliches werden Schlagworte der Zeit. Die emsige Sachlichkeit, der disziplinierte Fortschrittsglaube der Nachkriegsgesellschaft generiert auf der ersten großen Welle des Massenkonsums die Protest- und Hedonismus-Szenen der nächsten Generation. Kalter Krieg, Vietnam-Eskalation, rasante Automobilisierung, die Bildwerdung allen Lebens in TV, Werbung und Illustrierten, der Wettlauf im Weltraum sind überlagert, begleitet von sexueller Befreiung, Flower-Power, Drogenexperimenten, Studentenunruhen, Aufständen gegen rassische, geschlechtliche und sonstige Diskriminierung.

Am Beginn der 1970er-Jahre schlägt das Pendel weiter aus, formieren sich erste Umweltbewegungen; 1973 erscheint der menetekelhafte Bericht des Club of Rome, gibt es weltweit die »Ölkrise«, werden die fragilen Fundamente des Wachstums deutlich; im urbanen Maßstab kommt die Abkehr vom unwirtlich erkannten Massenwohnbau, von den monofunktionalen Großstrukturen der Peripherien, wird die Erneuerung alter Stadtviertel ein Gebot der Stunde und vollzieht sich generell bei Neubauten die Rückkehr zu differenzierteren Figurationen. In wenigen Jahren kippt so das Visionäre, das utopistische Moment der Mondflug-Ära in die elegische, reflexive Stimmung der Postmoderne.

Technische Hochschule Wien
In diesen turbulenten 1960ern beginnt für Artur Paul Duniecki das Architektenleben mit dem Studium an der TH Wien am Karlsplatz. Dort zieht ab 1958 mit Karl Schwanzer als Professor für »Gebäudelehre und Entwerfen« frischer Wind in die nach 1945 halbherzig »entnazifizierte« und höchstens »moderat moderne« Architektulehre.

Authentischen Kontakt zum internationalen Diskurs bieten hierzulande schon ab 1956 die Seminare von Konrad Wachsmann, allerdings nur für kleine Gruppen im außeruniversitären Feld der Salzburger Sommerakademie. 1958 markiert Schwanzers Österreich-Pavillon auf der Brüsseler Expo einen viel beachteten Höhepunkt. Seine konstruktive Eleganz, rationale Geometrie, Transparenz in Stahl und Glas – Kernthemen der Moderne – sind fachintern freilich nicht mehr unumstritten. Kritik kommt auch aus »eigenem Haus«, nämlich von dem jungen Günther Feuerstein, der in Schwanzers Büro am Brüssel-Pavillon mitwirkt, doch im selben Jahr mit der Vision von »Inzidenter Architektur« sich neben die ähnlich radikalen Manifeste von Hundertwasser, Prachensky und Arnulf Rainer stellt, die provokant bei Otto Mauers »Internationalem Kunstgespräch« in Seckau auftreten. Emotion, Subjektivität und starke Form opponieren nun gegen rationale Kontrolle, gegen pure Funktionalität. Es zeigt Schwanzers Instinkt, dass er fortan im eigenen Werk anstelle der simplen Leistungsform vehement die bildkräftige Komposition pflegt, starke Images sucht, und dass er 1961 Feuerstein als Assistent an seinen Lehrstuhl holt. Und dessen »Klubseminar« wird ab 1964 an der TH zum Labor junger Revoluzzer, die zentrale Statements dessen liefern, was umgehend als »Austrian Phenomenon« international Furore macht.

Die Studienarbeiten von Duniecki spiegeln beispielhaft diese Umbrüche. Zeigt eine 1964 entworfene »Funkstation für ein Entwicklungsland« die typischen Gerüstformen, das luftige, reduzierte Spiel tragender Linien und ausfachender Flächen – Gestell und Tafelwerk im Sinn der Mies-van-der-Rohe-Schule –, so zeigt ein ebenfalls bei

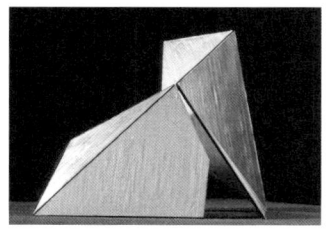

Funkstation und Ausstellungspavillon, Modellansichten

Studienarbeit Botschaft für eine Großmacht, Modellansicht

Beobachtungsbunker Atlantikwall

Schwanzer entwickeltes Pavillon-Modell nicht mehr das tektonisch akkurat Gefügte, sondern die frei gestaltende Geste, die mittels einer riesigen Faltung Raumhülle und Tragwerk in einem erzeugt. 1966 reiht sich die bei Erich Boltenstern entworfene »Botschaft für eine Großmacht« schon in den anbrechenden Brutalismus, eine Tendenz zu skulpturalen und monumentalen Formen. Hans Hollein, der 1960 von einem US-Aufenthalt mit revolutionären Ideen nach Wien zurückkehrt, propagiert die künstlerische Autonomie plastischer Figuration und hieratischer Komposition. Zusammen mit dem Designer/Bildhauer Walter Pichler fordert er 1963 mit einer umstrittenen Schau in der Galerie nächst St. Stephan die Überwindung des kommerziell entleerten Funktionalismus: Monumentale Kompositionen sollen künftig Technoides und Skulpturales, Archaisches und Maschinenhaftes zu ebenso hermetisch wie dominant auftretenden, neuen Bau- und Stadtorganismen amalgamieren.

Faszinosum Bunker, Monumente
Ideen, wie man die sprengungsresistenten Relikte der NS-Herrschaft in Wien, die sechs riesigen Flaktürme, postiert in Parks um die Innenstadt, künftig nützen könnte, gibt es schon in den Jahren 1958 bis 1960. Es existieren dazu Skizzen von Friedrich Kurrent, Hans Hollein, Wilhelm Holzbauer. Und Artur Paul Duniecki erinnert sich an Vorlesungen und Publikationen Feuersteins, wo er diese Wiener Flaktürme, die Bunker und Beobachtungstürme des Atlantikwalls, archaische Stufenpyramiden und dergleichen als zeitlos gültige Archetypen zeigt, – was in ihm einen nachhaltigen Impuls auslöst, eine Faszination von solchen autonomen Formen, homogenen Gestalten.

Duniecki hat in seiner Bibliothek ein im Studium erworbenes, seltenes Heft mit dem Titel *bunker archéologie*. Es ist die Nummer 7 der von Claude Parent und Paul Virilio in Paris herausgegebenen Reihe *architecture principe*. Virilio präsentiert darin ästhetische Schwarz-Weiß-Fotos der stillgelegten Anlagen des deutschen Atlantikwalls, aufgenommen um 1958, samt seinem damals verfassten Text, auf Französisch, wo er diese verödeten Bunker assoziativ mit ägyptischen Mastabas, etruskischen Gräbern, aztekischen Tempeln vergleicht …

Ähnliche Bilder von Fortifikationen, Tempelbergen, Getreidesilos – allesamt isoliert vom ursprünglichen Zweck und jeglichem Kontext – dienen 1962/63 Hollein und Pichler als argumentatives Panorama für ihr Manifest, zuerst publiziert im Jänner-Heft von *Der Aufbau*, dem Organ der Wiener Stadtplanung, im Mai darauf mit Katalog in Otto Mauers Galerie, ab Jänner 1965 fortgesetzt im neuformierten Magazin BAU.

Holleins begleitende Texte münden in das Resümee: »Wir wollen die totale Stadt, das Land beherrschend.« Als Modell dafür illustriert und beschreibt er den Atomkraft-Flugzeugträger USS Enterprise: »Eine Stadt unserer Zeit, weit voraus den Ergebnissen heutiger Stadtplanung und Architektur.« Skizzen und Fotomontagen Holleins imaginieren dann die in entleerte Landschaften versetzte Enterprise als Phänotyp kommender, autonomer Stadt-Maschinen!

Perspektivwechsel – Primärerlebnisse
Wie weit damals das Faible für formgewordene Martialik, für Ernst Jünger'sche Rhetorik wirkt, belegt u. a. die Erläuterung zum Entwurfsprogramm »Feriendorf in Hintermoos«, von Mitstudenten ebenfalls 1964 am Lehrstuhl

Schwanzer bearbeitet. Wir lesen da: »Die Burg als konzentrierte Form gemeinschaftlichen Lebens« [...] »Stadt – echter Kampfplatz des Geistes; Feriendorf – Festung der Ruhe und Erholung ...« Die dazugehörigen Modellfotos skulpturaler Formen, organhaft »frei« und dräuend gruppiert, belegen auch erste Werke von Laurids Ortner, der ab 1966 mit »Haus-Rucker-Co« dann die Wiener Experimentalbaukunst der Ära mitbegründet.

Wer zur *bunker archéologie* neben den Fotos die Texte von Virilio und Parent lesen kann, erhält freilich eine konträre Perspektive der Bunker-Manie, die als Meta-Ebene über dem Beton-Brutalismus der 1960er-Jahre zu schweben scheint. Virilio erzählt in luzider Prosa, wie er als junger Mann an der Küste der Bretagne diese rätselhaften Objekte nach dem Krieg entdeckt und erforscht, – erratische Posten über menschenleeren Dünen und Stränden, gerichtet auf die ferne Kante des Meeres unter gleißend leuchtendem Himmel. Er spricht von »Tempeln ohne Kult«, »Beton-Altären«, welche sinnentleert nun die »mythische Dimension des totalen Krieges« verkörpern. Und er diagnostiziert darin den Ursprung der okzidentalen Geometrien und aller Gesten der menschlichen Festsetzung an Orten, der Sicherung von Domänen, der schützenden Kontrolle von Habitaten, der normativen Organisation des Raumes. Das gleicht den späteren Erkenntnissen von Michel Foucault über die Muster der Überwachung und Kontrolle, die für Gefängnisse, Spitäler, Schulen und vieles mehr den Raumgestus abgeben.

Virilio zieht aber andere Schlüsse aus dem Archetypischen als Hollein & Co. Mit Claude Parent versucht er die Entkräftung, die Überwindung dieser alle Epochen der Siedlungsgeschichte prägenden Normativität. Statt der weiteren Steigerung und Stilisierung der Aufrichtung, der die Territorien dominierenden, überblickenden Türme oder der Eingrabung hermetischer Maschinen – in der ewigen Dichotomie von Waagrecht und Senkrecht, Horizont und Schwerkraft – projektieren sie eine offene »Architektur der Schräge« (*architecture oblique*) mit geneigten Flächen, weiten Rampen und komplex geschichteten Terrassen – monolithe Betonstrukturen, welche die Schwerkraft in einen »Tanz« von nicht-orthogonalen Bewegungsmustern dynamisieren und transponieren sollen ...

Noch vor solchen von außen kommenden Inputs der Studienzeit erinnert sich Artur Paul Duniecki an prägende, authentische Erfahrungen der Kindheit. Beeindruckend, wie er es mit dem Abstand von sieben Jahrzehnten dann versteht, die räumlichen, atmosphärischen Fakten und Aspekte dieser Ereignisse wieder zur Sprache zu bringen: Das Drama der Bombenangriffe auf Wien, das unbekümmerte Aufwachsen in den Ruinen rund ums Elternhaus, die Besuche beim Vater im Funkhaus von Clemens Holzmeister – wo er später selbst für fast zehn Jahre in Kindersendungen spielen wird –, die begeisternden Fahrten mit der Stadtbahn über Gürtel und Donaukanal, die erste Bahnreise über den Semmering, das intime Milieu der Besuche bei den Großeltern in der Gartenstadt Am Tivoli neben Schönbrunn, prickelnde Momente im Café Wortner, im alten Mittersteig-Kino, im nagelneuen »Filmcasino«, Auftritte als Kinderstar – neben legendären Darstellern am Volkstheater ...

Tivoli, Mittersteig, Filmcasino
Die von Duniecki eindrücklich erlebte Siedlung Am Tivoli zählt zu den in der fachlichen Geschichtsschreibung unterschätzten, fast untypischen Anlagen des Roten Wien. Sie entsteht 1927 bis 1930 nach Plänen von Wilhelm Peterle im Gefolge des Internationalen Städtebaukongresses in Wien 1926, der gegenüber den Geschoßwohnbauten der Wagner-Schüler die Ideen der Gartenstadtbewegung wieder zu Geltung bringen will. Ähnliche Intention charakterisiert auch den gleichzeitig errichteten, weiträumig durchgrünten, in Höhen und Ausdruck moderat gehaltenen George-Washington-Hof am Wienerberg. Eine Spätfolge ist bekanntlich die programmatische Werkbundsiedlung, zuerst am Wienerberg gedacht, 1932 aber am Roten Berg in Hietzing in Form von Eigenheimen realisiert.

Im Wohnbauprogramm der Gemeinde ist die Haus- und Wohnungstypologie Am Tivoli damals einzigartig,

Gartenstadt Am Tivoli, Luftbild gegen Norden, um 1930

auch ihre sonst selten erreichte Balance der Proportionen von Bauvolumina und Zwischenräumen, von Privatheit und Öffentlichkeit, Grün- und Erschließungsflächen. Äußerlich alltäglich und robust in allen Details, hat diese »Kolonie« für immerhin 380 Mietwohnungen innenräumlich ein vielfältiges Angebot von Grundrisslösungen, die jeweils zwei oder vier Familien pro Haustyp praktikabel zusammenfassen. In Wohnungsgrößen und Habitus zielt das wohl nicht mehr auf das Gros der Arbeitenden, eher auf die Mittelschicht. Samt Kindergarten, Wäscherei und Konsumläden wirkt es – nahe der Gloriette und nur 500 Meter vom Platz des berühmten FC Wacker – wie ein Cottage für Facharbeiter und Werkmeister.

Das Grätzel zwischen den inneren Abschnitten von Margaretenstraße und Wiedner Hauptstraße ist für Artur Paul der zweite wesentliche Ort der Kindheit. In der Nachbarschaft des Elternhauses am Mittersteig 2b gibt es eine Handvoll Kinos und die große Markthalle am Phorusplatz, Schulen und Plätze mit Brunnen, biedermeierliche Häuser mit grünen Höfen und klassischen Wirtshäusern, gemischt genutzte Miethäuser der Jahrhundertwende mit Läden und Cafés. Dem Elternhaus schräg gegenüber liegt ein solches Haus der Boom-Jahre vor dem Ersten Weltkrieg. Das Grundstück mit einem niedrigen Altbau hatte noch dem Großvater gehört. In den 1911 dort errichteten Neubau, Mittersteig 15, zieht ein ambitioniert gestaltetes Theater ein, das rasch zum Kino umfunktioniert wird. Wien erlebt damals eine regelrechte Hausse der Kinogründungen. Nach wechselhaften Jahren dient 1945 dieses »Ferdinand-Theater« angeblich als Bordell für Besatzungssoldaten; Artur Paul sieht dort um 1950 Propaganda-Pflicht-Filme der russischen Kommandantur und erinnert sich, dass sein Vater nach den Bombardierungen dorthin zum Wasserholen geht, weil es rundum den einzigen funktionierenden Brunnen hat.

Nur 200 Meter weiter in die andere Richtung spielt seit 1911 das »Bürgerkino« in der Margaretenstraße. Nach Bombenschäden 1945 gestaltet Architekt Albrecht Hrzan 1954 dort als »Filmcasino« das modernste Portal und Interieur der Zeit außerhalb der City: schwungvoller Espresso- und Nierenstil im Duktus italienischer Vorbilder, – für den jungen Duniecki ein pointiert erinnertes Primärerlebnis. Erstaunlicherweise überlebt dieses Kino die allgemeine Stagnation unverändert bis in die 1980er-Jahre und wird 1989 nach Revitalisierung durch Elsa Prochazka und Johanna Kandl als »Programmkino« wiedereröffnet ...

Atelier Wilhelm Holzbauer 1970–1974
Wie Otto Wagner pflegt Karl Schwanzer die besten seiner Diplomanden, vor allem die zeichnerisch Begabten, sofort in sein Büroteam einzugliedern. Duniecki ist ein hervorragender Zeichner und Entwerfer, von den freihändigen Skizzen, die stets auch Momente des Konstruktiven verfolgen, bis zu den in allen Details stimmigen großen Perspektiven. So folgt auf das Diplom 1968 ein Praxisjahr bei Schwanzer. Dieser strebt nach dem neuerlich erfolgreichen Österreich-Pavillon auf der Expo '68 in Montreal über internationale Wettbewerbe die nächste Etappe seines Höhenflugs an: Eine Filiale in München wird eröffnet, der Entwurf für die BMW-Zentrale dort ist in Arbeit. Als Erstes in Wien ist das Schwanzer-Büro in der Seilergasse 16 in der Art der US-Großbüros organisiert, mit »corporate identity« ausgestattet. Duniecki fühlt sich in der angedachten Rolle aber nicht wohl. Er wechselt 1970 zu Wilhelm Holzbauer.

Während Holzbauers Partner in der Arbeitsgruppe 4 – Friedrich Kurrent, Johannes Spalt – bei Konrad Wachsmann in Salzburg das kollektive, prozesshafte Entwerfen und die Humanisierung des industriell avancierten Bauens üben, reist Holzbauer 1956 zu einem Stipendienaufenthalt in die USA. Als einer der Überlebenden des dramatischen Untergangs der »Andrea Doria« ist seine Ankunft in New York medial viel beachtet. Er studiert in Amerika nicht nur die Stahl-Glas-Architektur von Mies van der Rohe, sondern sieht auch die mächtigen älteren Bauten der »Chicago School« – Adler & Sullivan, Daniel Burnham, Holabird & Roche …

Er kommt in Kontakt mit Frank Lloyd Wright und vor allem mit Paul Rudolph und Louis Kahn, die in den 1950er-Jahren stark plastische, skulpturale Alternativen zum dünnhäutigen International Style einleiten. Nach mehreren Lehrverpflichtungen in den USA ab 1966 wieder permanent in Wien und dann mit eigenem Atelier, ist er 1970, zwölf Jahre jünger als Karl Schwanzer, am Ort der absolute »rising star«. 1969 gewinnt Holzbauer unter mehr als 800 Einsendungen aus aller Welt den Wettbewerb für das neue Rathaus in Amsterdam. Sein Projekt gießt das enorme Raumprogramm in eine sehr straffe, terrassierte L-Form, überragt von einem monumentalen Saalkörper: Aus einem zentralen Schaft kragen die verlangten beiden Auditorien nach entgegengesetzten Seiten weit in den Luftraum und über die Hofbereiche unten hinaus. Es wirkt wie ein riesiger, symbolischer Bügel oder Griff. Kritiker taufen es umgehend zum »Amboss«.

Sein Entwurf trifft die zeitgenössische holländische Architekturszene wie ein Schlag ins Gesicht. Auch hier gibt es seit eineinhalb Jahrzehnten Bemühungen, den steril gewordenen »Stil« der klassischen Moderne zu überwinden. Der »Strukturalismus«, den Aldo van Eyck, Hermann Hertzberger und andere in den späten 1950er-Jahren entwickeln, kommt aus der Beobachtung von sozialen, mikrokosmischen Verhaltensweisen unterschiedlichster »Gemeinschaften«; er kommt zu großen Gestalten gleichsam »von unten«, aus der Addition und Superposition kleiner Grundmodule; er kennt keine formalen Dominanten und versteht sich als Äquivalent zu einer demokratischen Gesellschaft, die auf dem gemeinschaftlichen Interessenausgleich von Individuen beruht – in den Niederlanden trotz Repräsentanz durch ein Königshaus eine jahrhundertealte bürgerliche Tradition von Aufklärung und Toleranz …

Holzbauer kauft umgehend ein Wohn- und Atelierhaus im Zentrum der Grachten-Stadt. Im Verlauf der extrem emotionalen Auseinandersetzungen um den Entwurf wird das Haus einmal über Nacht »geteert und gefedert«. Duniecki verbringt dort einige Monate mit Arbeit, jedoch nicht am nun gestoppten Rathausprojekt, sondern an Holzbauers Eingabe zum Wettbewerb (1973/74) für die Erweiterung der Technischen Hochschule Wien auf den Freihausgründen.

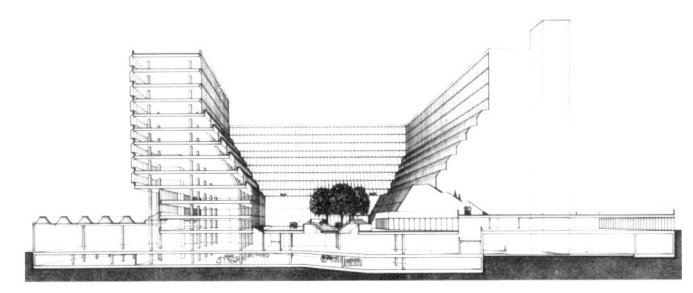

Wilhelm Holzbauer, Wettbewerbsbeitrag Erweiterung TH Wien Freihausgründe, Schnittperspektive

1970 gewinnt Holzbauer den Wettbewerb für die Ausgestaltung des Wiener U-Bahn-Netzes ex aequo mit dem Team Marschalek / Ladstätter / Gantar. Man fusioniert sich zum Wiener U-Bahn-Team, das auf Jahre hinaus mit diesem Auftrag beschäftigt ist und die vielleicht wichtigste städtebauliche Leistung der Stadt in der Nachkriegszeit optisch prägen wird. Für die Initialphase ist Duniecki von Holzbauer als »sein« Mann ins U-Bahn-Team delegiert, sammelt praktische Erfahrungen und Kontakte. 1971 folgt der Sieg im Wettbewerb für den Neubau der Universität Salzburg im Nonntal, neuerlich ex aequo mit Marschalek /

Ladstätter / Gantar. Auch da gibt es lokal massive Bürgerproteste, muss ein neuer, verkleinerter Ansatz gefunden werden, kommt die Realisierung – wie in Amsterdam – erst ein Jahrzehnt später in anderer Gestalt.

1969 bis 1975 wirkt im Büro Holzbauer eine Gruppe von etwa Dreißgjährigen, die im Verbund mit dem »Chef« wohl das beste Entwurfs- und Wettbewerbsteam der Epoche in Österreich sind: Mit Artur Paul Duniecki sind es Otto Häuselmayer, Gernot Kulterer, Dimitris Manikas, Heinz Tesar, noch als Studierende sind Elsa Prochazka und Franz E. Kneissl eingebunden. Bis 1975 arbeiten sie weiters am Wettbewerb für den Rechnungshofbau am Schottenring (1. Preis, nicht ausgeführt), am Wettbewerb in der bundesweiten Aktion »Wohnen Morgen« für den Wiener Standort (1. Preis), an der Ausführung des Bildungshauses St. Virgil in Salzburg / Aigen, am Umbau von Kärntner Straße und Stephansplatz zur Fußgängerzone u.a.m.

Holzbauers Qualität kommt einerseits aus der schon vor dem Diplom begonnenen Gruppenarbeit mit Kurrent und Spalt. Die »¾ler« schaffen eine Verbindung von funktionalem Ethos und konstruktivem Eros, – die professionelle Allüre ihres Lehrers Holzmeister wirkt stetig im Hintergrund. Holzbauer spart sich aber die konzeptionelle Reifung in den Seminaren Wachsmanns und begegnet in Amerika den ganz neuen, masse- und formkräftigen Ansätzen von Kahn und Rudolph – sowie dem allgemeinen Pragmatismus der US-Eliten. Apparative Ästhetik, Pop-Art oder mechanistische Vorbilder spielen im Gegensatz zu Hollein bei ihm keine Rolle. Er bleibt beständig beim strikt Architektonischen. Im städtebaulichen Maßstab knüpft er an robuste Systeme an, die noch Otto Wagner für Wien, Hendrik Berlage für Amsterdam oder Fritz Schumacher für Hamburg vordenken. Es ist bezeichnend, dass ihm die größte US-Architekturfirma – Skidmore, Owings & Merill (SOM) – ein Angebot macht; bezeichnend ebenso, dass er es ausschlägt und nach Europa zurückkehrt.

In diesem Klima des Holzbauer-Ateliers klären, festigen sich die Fähigkeiten von Duniecki zur Organisation großer, komplex programmierter Volumina, ganz allgemein zur städtebaulichen Ambition. 1970/71 zieht zwischendurch noch eine Leuchtspur zurück in die unbekümmerte Studienzeit. Nach der fulminanten »trigon '69« in Graz zum Thema »Architektur und Freiheit« soll 1971 die nächste »trigon« mit der Devise »Intermedia Urbana« noch näher in die aktuellen, von Marshall McLuhan befeuerten Diskurse eingreifen. »Instantan« – von Duniecki und Häuselmayer in der Freizeit neben der Arbeit bei Holzbauer entworfen – resümiert sowohl die freien, amorphen Formen der pneumatischen Environments der Wiener Experimentalgruppen, zeigt in den Schnitten und der hermetischen Außenerscheinung aber auch Anklänge an die früher für Duniecki so wichtigen Bunker- und Turmformen. »trigon '71« erleidet freilich einen ziemlichen Absturz, es werden entgegen der Ausschreibung keine Preise vergeben, die an Material überbordende Ausstellung im Künstlerhaus Graz wird in Grund und Boden kritisiert. Zeitgleich erfährt die vergleichbar progressiv angekündigte »Jugendkulturwoche Innsbruck« ein noch schlimmeres Desaster, wird einfach abgesagt.

»Instantan« findet immerhin in Feuersteins Magazin *Transparent* sofort gutes Echo und später zu Recht Eingang in die Geschichtsschreibung des »Austrian Phenomenon«, leider meist unter Weglassung der Autorschaft von Duniecki…

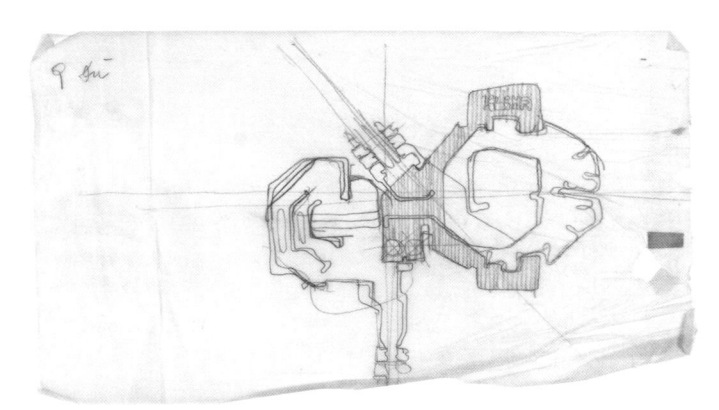

Instantan, Entwurfsskizze, Horizontalschnitt

Selbstständigkeit, Wendezeiten
Praxiszeit und Ziviltechnikerprüfung sind absolviert, 1975 hat Artur Paul schon eine Familie mit zwei Kleinkindern. Er kann das Büro von Architekt Liebe übernehmen und nun auf eigenen Füßen stehen. Erste Aufträge kommen aus dem Freundeskreis: Hausentwürfe, Läden, aktuelle offene Wettbewerbe – das Übliche. Aus dem Holzbauer-Büro läuft noch bis 1977 seine Verantwortung als Projektleiter der neuen Z-Bankfiliale Franz-Josefs-Kai 21. Daraus ergibt sich die Bekanntschaft mit dem im selben Haus ansässigen Juwelier Heinrich Stössel. So entsteht neben der »Z« der kleine, exquisite Stössel-Laden als erstes realisiertes Werk im eigenen Duniecki-Œuvre.

Zentralsparkasse und Juwelier Stössel, Franz-Josefs-Kai 21

Mit dem U-Bahn-Bau – die U4 fährt provisorisch ab 1976, offiziell ab 1978 – erfährt die im Krieg schwer zerstörte Front der Inneren Stadt am Donaukanal eine Aufwertung als U-Bahn-Knoten; die Tangentiallinie U4 und die wichtige, 1978 eröffnete Radiale U1 kreuzen einander hier am Schwedenplatz.

An dieser Stelle, zu dieser Zeit, treffen symptomatisch / zufällig zwei Kraftlinien zusammen, die für Wien generell und auch speziell für die Laufbahn von Duniecki wichtig sind: Der U-Bahn-Bau als öffentliche Infrastruktur, die etliche weitere städtebauliche Themen Wiens nach sich zieht – und die einzigartige Rolle der Zentralsparkasse der Stadt Wien als Mäzenin von Kunst und Baukultur von 1970 bis weit in die 1980er-Jahre. Stadtstrukturelle Themen werden uns im Werkverlauf von Duniecki noch mehrere begegnen. An der Stelle ein kurzer Einschub über die »Z«, später dann Bank-Austria. Für sie kann Duniecki immerhin dreimal bauen sowie zusätzlich noch für die Bank-Austria-Tochter Hypo-Bank.

Karl Vak und die Zentralsparkassa
Treibende Kraft in der Modernisierung der jahrzehntealten Zentralsparkasse ist der Jurist Dr. Karl Vak, zunächst im Vorstand, von 1977 bis 1990 dann Generaldirektor. Im Management der baulichen Agenden assistiert ihm Direktor Herbert Lugmayr. 1970 bis 1980 errichtet die »Z« über 90 neue Filialen. Es gibt keine vorgeschriebene »Linie«, jede Filiale wird speziell auf den Ort hin entwickelt, und es kommt ein Dutzend der besten Architekten der jüngeren Generation zum Zug. Bezeichnend, das 1968/69 der damals jüngste und auffälligste unter ihnen – Hans Hollein – mit dem Design des neuen Logos beauftragt wird. So entsteht die im Stadtbild bald sehr präsente »Z«-Kugel. Hollein plant 1969 auch eine Filiale am Floridsdorfer Spitz, lehnt sich mit dem von außen, übers Dach begehbar gedachten Terrassen-Bau aber zu weit hinaus. Daraus wird nichts. Gleichzeitig plant das »stilistisch« konträr zu Hollein stehende Duo Kurrent / Spalt erfolgreich eine große Filiale in Margareten, und sie übernehmen ab 1971 den erwähnten Bauplatz in Floridsdorf, schaffen dort als Erweiterung eines alten Eckhauses eine sofort als »Klassiker« akklamierte Lösung.

Außer den drei von Artur Paul Duniecki für unterschiedliche Kontexte jeweils maßgeschneiderten Filialen – Rennweg, Operngasse und Speising – gibt es noch solche von Luigi Blau, Günther Domenig, Rupert Falkner, Johann Georg Gsteu, Wilhelm Holzbauer, Karl und Eva Mang, Marschalek / Ladstätter, Hans Puchhammer / Gunther

Zentralsparkasse, Zweigstelle,
Franz-Josefs-Kai 21

DI Ernst Wölfl (Z), unbekannt, Artur Paul Duniecki, Wilhelm Holzbauer, Z-Generaldirektor Karl Vak, anlässlich der Eröffnung der Zweigstelle

Wawrik, Fritz Waclawek sowie die Revitalisierung von Hermann Czech der von Adolf Loos ursprünglich für die Anglo-Österreichische Bank gestalteten Filiale auf der Mariahilfer Straße 70.

Auch für Musik, bildende Kunst und Medien leistet die »Z« frische Impulse im sonst eher zähen Stadtklima. Unter der Leitung des nonkonformistischen Kunsttheoretikers und Volksbildners Dieter Schrage entsteht 1971 ein Freies Kino und ab 1975 der legendäre »Z«-Klub neben dem Kosmos-Kino – sowie eine zeitgenössische Kunstsammlung, die etlichen der einschlägigen jungen Akteure das Überleben oder ein erstes Start-up sichert.

Um 1976 eröffnen sich für Duniecki also drei, vier Portale oder optionale Stränge, in die seine Karriere sich einklinken und erfolgreich verzweigen kann. Mit dem angesprochenen Hintergrund sind es Aufträge für die »Z« und Planungen im Zusammenhang mit Aufgaben des U-Bahn-Teams – und von da abzweigend stadtgestalterische Projekte, Studien zu Verkehr und Infrastruktur, anvertraut von magistratlichen Dienststellen, die mit solchen Fragen frühzeitig konfrontiert sind.

Eine andere, von Beginn an wichtige Schiene sind Messe-Designs, Ausstellungsgestaltungen für große internationale Konzerne, die mitunter weitum ins Ausland führen und wo er 1976 mit der großen Produktenschau in der Philips-Zentrale am Wienerberg den denkbar besten Einstieg hat, eine erstklassige Referenz für Weiteres. Er steht da in direkter Nachfolge der einschlägigen Arbeiten von Josef Hoffmann, Oswald Haerdtl und eben Schwanzer – wobei aber, anders als bei diesen, in der zunehmend globalisierten Industriewelt jetzt kaum noch ein persönliches Gegenüber als Bauherrschaft wirkt, was alles doch anonymer, bürokratischer, viel weniger kalkulierbar macht. Einen vierten Ast bilden – erst im späteren Verlauf – Wettbewerbe und Gutachterverfahren zur Entwicklung größerer Grundstücke mit starken Anteilen gewerblicher Nutzungen.

Erstaunlicherweise gibt es im sozialen Wohnungsbau keine solche Kontinuität, obwohl er mit dem Wettbewerb für das Rennwegareal 1977 und mit der 1977 bis 1980 realisierten, viel publizierten Wohnanlage an der Dresdner Straße echte Talentproben ablegt. Gerade da kommen dann leider kaum mehr Folgeaufträge.

Wiener Stadtpolitik nach 1973

Eine der ersten Aufgaben für Duniecki in der Selbstständigkeit ist 1976 das Projekt der Platzgestaltung am Neuen Markt, ein Express-Auftrag der Magistratsabteilung (MA) 21. Die Tunnel der U1 zwischen Karlsplatz und Stephansplatz werden gerade fertiggestellt. Die erforderlichen Notausgänge, Ab- und Zuluftschächte sind am Neuen Markt vorgesehen, eine Detailplanung dazu aber fehlt noch, wird dringend gebraucht. Duniecki liefert umgehend das Design der Schachtabdeckungen und der drei hohen Zuluft-Stelen in der Südecke des Platzes. Sinnvollerweise denkt er die Sache weiter und konzipiert eine verkehrsberuhigte Neugestaltung der ganzen Platzfläche. 1975 wird ja unmittelbar daneben der Umbau von Kärntner Straße, Stephansplatz und Graben als »FUZO« nach Plänen von Holzbauer mit Traude und Wolfgang Windprechtinger realisiert, – der Kohlmarkt soll folgen; die hier sehr logisch

Platzgestaltung Neuer Markt, perspektivisches Schaubild

anschließenden Ideen für den Neuen Markt bleiben jedoch Papier. Nach Jahrzehnten des intensiven Gebrauchs erfahren die Fußgängerzonen Kärntner Straße, Stephansplatz, Graben 2017/18 ein komplettes, aufwendiges Facelifting.

Dunieckis Stelen am Neuen Markt werden 2018 demoliert: Entgegen allen aktuellen Erkenntnissen wird dieser Platz nun für den Einbau einer Tiefgarage völlig umgekrempelt.

Die Fußgängerzonen der 1970er-Jahre und andere Initiativen der Rückgewinnung innerstädtischer Flächen signalisieren die damals europaweit spürbare Wende in Sachen Verkehrsplanung und Stadtentwicklung. Für Wien gibt es eine spezifische Vorgeschichte. Victor Gruen (als Victor Grünbaum 1903 in Wien geboren), flüchtet 1938 nach New York, wird um 1950 Erfinder der großen US-Shoppingmalls, führt erfolgreich eines der größten Planungsbüros in den USA, zieht sich 1968 von Gruen Associates / Los Angeles zurück und nimmt wieder Wohnsitz in Wien. 1969 legt er einen Plan zur rigorosen Verkehrsfreimachung der Innenstadt vor: Die Pkw sollen in Tiefgaragen entlang der Ringstraße von der Oberfläche verschwinden, unterirdische Korridore von da die Versorgung der Geschäftszonen leisten; Elektrobusse sollen kreuz und quer die City aufschließen; u.a. soll auch das ganze Erdgeschoß des Rathauses geöffnet werden – und so vom 8. Bezirk über den Rathauspark eine Fußgängerverbindung zur City entstehen.

Gruen wandelt sich vom Saulus zum Paulus. Seit den frühen 60ern kehrt er den peripheren Einkaufstempeln, die den alten Stadtkernen das Leben entziehen, den Rücken. Er propagiert stattdessen Pläne zur Revitalisierung der verödenden Citys großer US-Städte. In Wien ist sein Einfluss um 1970 nicht gering, umso mehr, als im Wettbewerb für das Wiener UNO-Hauptquartier der Argentinier César Pelli mit dem Büro Gruen Associates den 1. Preis gewinnt (280 Einsendungen aus 50 Ländern). Pelli ist ab 1968 Chef des Büros in Los Angeles, er ersetzt als Chefentwerfer das pensionierte, seit den Studien an der Wiener Akademie gemeinsam agierende Duo Victor Gruen & Rudolf Baumfeld.

Im Verlauf des UNO-Projektes wendet sich das Blatt. Die Wiener Architektenkammer zitiert Gruen vor ein internes Disziplinargericht. Er tritt ja hier als Architekt auf, hat aber keine offizielle Befugnis in Österreich. Gruen gewinnt natürlich den »Prozess«. Die UNO aber baut ab 1973 Johann Staber …

Gruens Vision der autofreien Wiener Innenstadt wird nur in wenigen, leichter realisierbaren Fragmenten wirksam – die Fußgängerzonen in den erwähnten Straßen, auch der E-Bus kommt später. Am heftigsten und längsten ringen Wirtschaft und Magistrat um die angedachten, profitträchtigen Tiefgaragen an der Ringstraße – Schwarzenbergplatz, Heldenplatz, Schottentor u.a. In den meisten Fällen können widerständige rathausinterne Kräfte mit externen Gutachten die brutalen, Gruens Idee missverstehenden Pläne von Verkehrsplanern und »Garagenkönigen« verhindern, die exzessive Auf- und Abfahrten inmitten all dieser Plätze bedeutet hätten. Einzig neben der Oper und hinter dem Stephansdom sind seither die Freiräume durch große Rampen zerschnitten. Dem wird sich jetzt, vier Jahrzehnte später (!), der Neue Markt anschließen …

Wie eingangs angedeutet setzen die Jahre 1972/73 Wegmarken, national und international. Im Sommer 1972 erscheint der erste Bericht des Club of Rome – »The Limits to Growth«. Als im Herbst 1973 weltweit die »Ölkrise« ausbricht und viele Monate andauert, erfährt »Grenzen des Wachstums« enorme Aktualität, über 30 Millionen Exemplare werden verkauft.

Lokal ist der Mai 1973 auffälligster Wendepunkt. Wegen der Forderung von Bürgerinitiativen, den geplanten Bau des Zoologischen Instituts der Universität im Sternwartepark in Währing abzusagen und das sechs Hektar große Waldgelände für die Öffentlichkeit zugänglich zu machen, lässt die Stadtverwaltung erstmals eine Volksbefragung durchführen, wobei sich Bürgermeister Felix Slavik und die SPÖ für die Bebauung aussprechen. Die Wiener lehnen dies aber mit großer Mehrheit ab. Slavik tritt als Bürgermeister ab, – der junge, als Minister bewährte Leopold Gratz wird sein Nachfolger. Die Planung im Sternwartepark stammte übrigens von Karl Schwanzer aus einem 1972 gewonnenen Wettbewerb; ein anderes Wettbewerbsprojekt Schwanzers aus 1973 bleibt jetzt ebenso auf der Strecke: die Erweiterung der Universität, gedacht als riesiger Cluster von begrünten Terrassenbauten – anstelle der bis auf den »Narrenturm« komplett eingeebnet gedachten Trakte und Höfe des Alten Allgemeinen Krankenhauses.

Projekt Spittelberg, Perspektive

Auch die seit 1970/71 aktive Bürgerinitiative, die am Spittelberg gegen den magistratlich beabsichtigten Kahlschlag des traditionsreichen Stadtviertels kämpft, hat Erfolg: 1973/74 wird hier die erste gesetzlich verankerte und betreute Schutzzone Wiens deklariert, viele weitere folgen. Parallel dazu entwickelt sich medial sehr beachtet im Bezirk Margareten das »Planquadrat« – die hauptsächlich von privaten Initiativen betreute Gestaltung und Pflege einer 4.000 Quadratmeter großen Grünoase im dicht verbauten Bezirk Wieden.

Umschwung, auch im sozialen Wohnungsbau
In diesem Umfeld spiegelt der erste große Bau von Duniecki, die Wohnanlage in der Dresdner Straße (1977–1980), präzise und beispielhaft den auch im Wohnbau und im Stadtentwicklungskonzept der Gemeinde sichtbaren Kurswechsel. Im seit 1919 sozialdemokratisch regierten Wien sind Wohnungen grundsätzlich keine Ware, womit Profit erzielt oder maximiert wird. Leistbare Wohnungen sind vielmehr ein Eckpfeiler gemeinnütziger Fürsorge, ein soziales Grundrecht. Ein Großteil der Menschen lebt hier in Gemeindebauten oder in von der Stadt mit entsprechenden Auflagen geförderten, von gemeinnützigen Bauträgern errichteten, sozialen Wohnbauten. In den übrigen Häusern, vorwiegend Altbauten der Gründerzeiten, gibt es seit 1917 den Mieterschutz bzw. strenge Mietzinsgrenzen.

In den Konjunkturjahren 1961 bis 1971 nimmt die Wohnungsanzahl in Wien nun sprunghaft um 16 % zu, werden jährlich bis zu 18.000 neue Wohnungen errichtet, die meisten in neuartiger Montagebauweise von einer gemeindeeigenen Firma mit großen Betonelementen: Bis zu 12 Etagen hoch sind die Häuser in lange Zeilen gefasst, die Orientierung der Wohnungen entweder strikt Nord-Süd oder Ost-West; alle Parameter sind standardisiert, die städtebauliche Gliederung wird von den Bewegungen und Radien der Montagekräne bestimmt. Detailplanungen sind unnötig.

1969/70 sind solche Großsiedlungen am Stadtrand europaweit mit massiver Kritik konfrontiert. In Wien sind es paradigmatisch die Großfeldsiedlung, mit 5.500 Wohnungen, oder die Anlage auf den sogenannten Trabrenngründen mit über 10.000 Bewohnern, errichtet peripher auf ehemaligem Grünland, die nun in den Medien und in der kritischen Fachöffentlichkeit als »Schlafburgen«, »unwirtliche« Orte ohne Infrastruktur, potenzielle Sozialgettos firmieren. Die schiere Quantität hat sich verselbstständigt.

Unter der Ägide des Planungsstadtrates Fritz Hofmann (1969–1976) entstehen erste alternative Ansätze. Generell weht in den Planungsabteilungen des Magistrats ab 1970/71 ein neuer Wind. Den alten Seilschaften in Politik, Beamtenschaft und Interessenvertretungen gemeindenaher Körperschaften / Firmen steht jetzt rathausintern eine Gruppe junger »Revoluzzer« gegenüber – Absolventen der TH Wien mit Praxiserfahrung im Ausland, in alternativen Szenen oder in universitären Gremien. Innerhalb der für langfristige Planungen und für Widmungsverfahren zuständigen MA 18 und MA 21 betreiben sie eine Kurskorrektur: weg von der rein quantitativen Stadterweiterung – und hin zu qualitativer Stadterneuerung, zu vermehrter Bürgerbeteiligung, zur Verbesserung des Wohnumfelds, zur Vielfalt in der baulichen Gestaltung usw.

Aus dieser Gruppe rund um Wilhelm Kainrath, Horst Berger, Klaus Steiner, Reinhard Breit, Timo Huber, Peter Wünschmann, Wolfgang Brunbauer, Herbert Binder – unterstützt durch externe Fachleute mit parteiinternem Rückhalt wie Hugo Potyka oder Ernst Gehmacher – entstehen erste Ansätze für einen mittel- und längerfristigen Wiener Stadtentwicklungsplan. Er soll bestehende landschaftliche, stadträumliche, bauliche, soziale Charakteristika der damals eher schrumpfenden als wachsenden Donaumetropole behutsam schärfen, an neue Standards anpassen. Weniger schematische Beglückung »von oben« ist angesagt, vielmehr differenzierte Verbesserung, Ertüchtigung »von unten«; modellhaft dafür sind die ab 1973 startenden Gebietsbetreuungen in dichten alten, meist durch radikale »Assanierungen« bedrohten Stadtvierteln.

An neuen, in dieselbe Richtung weisenden Gemeindebauten entstehen ab 1973: die erste Anlage für partizipative Planung in der Feßtgasse in Ottakring, acht Etagen als Ergänzung älterer Baustrukturen, konzipiert von Ottokar Uhl; der große Josef-Bohmann-Hof südlich des Ortskerns Leopoldau – mit Reduktion der Höhe auf maximal vier Etagen, Abkehr von der Prefab-Großtafelbauweise, Vielfalt der Typologie und Morphologie durch Einbindung von acht Architekten in ein städtebauliches Grundkonzept – anstelle der Maximen der Moderne wieder die fußläufigen Muster von Gasse, Hof und Platz; als Input »von außen« schließlich die aus Bundesinitiative hervorgehende Anlage »Wohnen Morgen« von Holzbauer im Bezirk Fünfhaus – als räumlich hochdifferenzierte Einfügung in ein Gründerzeitquartier, wo auch Duniecki in der Entwurfsphase mitwirkt.

Wohnen an lauter Kurve
Dunieckis Entwurf für einen Gemeindebau, 1976 in einem internen Wettbewerb der MA 19 ausgewählt, gilt einer verkehrsbelasteten Straßenkreuzung in Brigittenau, nahe dem Winarskyhof und dem Friedrich-Engels-Hof aus der Zwischenkriegszeit. Die beiden Konkurrenten im Verfahren, Hans Bichler und Hubert Schober, werden ihm magistratsintern für die Bearbeitung weiterhin zugeteilt. Die Abwicklung der baulichen Ausführung, mit allen von Duniecki erstellten Systemdetails, wird unter seiner künstlerischen Oberleitung einem vierten Kollegen übertragen.

Die Anlage verkörpert emblematisch das Ende der großmaßstäblichen »Setzungen« auf der grünen Wiese und den neuen Fokus auf ortsspezifische Nutzung und Verbesserung »schwieriger« Stellen an innerstädtischen Lagen. Folgerichtig kommt auch statt großindustriell ausgerichteter Technologie wieder mehr handwerkliche Bauweise zum Einsatz.

In meinem ersten Jahr als Architekturrezensent für *Die Presse* stellt sich neben den vielen Anlässen für Kritik bald die Frage nach positiv zu würdigenden, neuen Beispielen. Eines der ersten, überraschenden ist die Begegnung mit diesem Bau. Zwei Absätze von damals, formuliert aus dem Erleben an Ort und Stelle:

»Die Lage an der stark befahrenen Straßenkreuzung veranlasste die Planer zur Kombination verschiedener Bautypen, die zu einem vieleckig gekurvten Baukörper führte. An den seitlichen, siebengeschossigen Teilen erschließen die Stiegenhäuser je zwei durchgehende Wohnungen pro Stockwerk; Küche und Essplatz blicken zur Straße, alles Übrige zum Hof. Im Eckbereich selbst, der lärmmäßig am meisten belastet ist, sind verglaste Laubengänge wie ein halbrunder Schutzschild vor- und um ein Stockwerk höhergezogen. Die Wohnungen in diesem Teil sind ausschließlich zum Innenhof orientiert. Zusätzlich wurden hier die beiden untersten Geschoße von der Straße zurückgesetzt und zu zweigeschossigen Maisonetten zusammengefasst, die mit kleinen Gärten in den Hof reichen und sich zur Straße hin mit den Nebenräumen abschirmen.

Das traditionelle Thema der akzentuierten städtischen Ecke ist damit in neuer Konsequenz aufgenommen und interpretiert. Im Unterschied zu den massiven und hermetischen Ecklösungen der Wohnhöfe (Winarskyhof und Engelsplatz liegen in unmittelbarer Nähe) ist gerade an der Ecke das Erdgeschoß zum Hof geöffnet und verweist damit auf die ›Öffentlichkeit‹ der Ecke im gründerzeitlichen Straßenraster, wo Läden, Beisl und Café sich zu betretbaren Erweiterungen der Straße konzentrieren. [...] Die strengen, rationalen Linien werden an der Hofseite zur beinahe barocken Bewegung der Loggien, welche die große Kurve der Eckfigur in mehrere kleine Schwünge auflöst. Die Strukturierung der Hofseite mit vielen kleinen Kurven hat damit zu tun, dass aus Umweltbedingungen die attraktiveren Räume eben an der kürzeren Innenseite liegen und deshalb versucht wurde, die Oberfläche hier mit verschiedenen ›Tricks‹ wieder zu vergrößern. Die Hauseingänge, Stiegenhäuser und speziell der Laubengang weisen angenehme räumliche Qualitäten und eine frische Atmosphäre auf, wie überhaupt die Detailausbildung an Türen, Geländern usw. in Farbgebung und Material über das übliche Sozialbauniveau hinausgehen. [...] Ein ambitioniertes Haus, das interessanterweise trotz des kleinen Volumens monumentaler und aussagestärker wirkt als die maßstabslose, kraftprotzende Baumasse des Versicherungspalastes gegenüber.«

Bis 1985 wird der Bau in allen einschlägigen Publikationen und Ausstellungen zum Thema Wiener Wohnbau prominent dokumentiert. Dass keine Folgeaufträge kommen, liegt daran, dass sich Duniecki nicht widerspruchslos in die angedeuteten magistratlichen Vergabe-Usancen fügt, und es liegt wohl auch daran, dass der in diesen Jahren bestimmende Planungsstadtrat Rudolf Wurzer – seit 1958 schon Ordinarius für Raumplanung und Siedlungswesen an der TH Wien – am Wohnbau kaum Interesse hat und dass die jährliche Wohnungs-Neubauleistung der Gemeinde um 1980 drastisch zurückgeht. In dieses Vakuum stößt ab 1982 – mit dem Label »Werkstatt Metropole Wien« – die Qualitätsinitiative der unter Erwin Wippel im Logo GWV zusammengefassten »schwarzen« Bauträger. Als Antwort von »roter Seite« folgt 1984/85 die Aktion »Vollwertwohnen«; ein publizistisch intensiv aufbereitetes Programm unter der Ägide von Gustav Peichl und Harry Glück in Kooperation mit Humanethologen und Verhaltensforschern sowie exklusiver Beteiligung ausländischer Architekten.

Wohnhausanlage Dresdner Straße, Blick gegen Norden

Kampfplatz Steinhofgründe

Um 1980, die »Dresdner Straße« ist gerade fertiggestellt, wird Duniecki in eine hochbrisante, öffentliche Auseinandersetzung involviert. Es geht um Bebauung oder Freihaltung des großen Grünlandes hinter Otto Wagners berühmter Leopoldskirche Am Steinhof. Von den Patienten der Pflegeanstalt wird das Gelände seit Jahrzehnten landwirtschaftlich und gärtnerisch genutzt. Im Juni 1980 beschließt der Gemeinderat für das Gebiet einen neuen Flächenwidmungsplan, der auch Höhe und Dichte einer künftig hier erlaubten Bebauung festlegt. Stadtrat Wurzer stimmt dem zu, obwohl der in seinem Resort erstellte Stadtentwicklungsplan dieses Areal dem »Wald- und Wiesengürtel« zuschlägt, und obwohl eine breite Initiative des Psychiatrischen Krankenhauses die Freihaltung des Geländes für therapeutische Zwecke fordert. Anfang Herbst kursiert schon ein detailliertes Wohnbauprojekt, das die maximale Ausnutzung der Gründe vorsieht – 900 Wohnungen sollen hier entstehen, in dreißig Baublöcken, die fast das ganze Plateau besetzen. Als Urheber firmieren die Architekten Glück + Partner. Die Medien greifen das umgehend auf, es hagelt kritische Stellungnahmen, in der Bevölkerung der Umgebung regt sich massiver Widerstand. Wurzer beauftragt daraufhin Architekt Potyka mit der zusätzlichen Ausrichtung eines Gutachterverfahrens. Unter dem Titel »Grünraum Steinhof« sollen alternative, die Landschaft »schonendere« Baukonzepte ausgelotet werden. Noch während die Architekten Erwin Christoph, Helmut Grasberger, Stefan Hübner, Manfred Stein sowie Wilhelm Holzbauer, der Artur Paul Duniecki beizieht, an solchen Alternativen arbeiten, beauftragt der Gemeinderat die stadteigene Sozialbau AG mit der Bebauung des Areals, und diese zieht sogleich Glück + Partner als Planer heran.

Ende April 1981 legen nun die fünf Gutachter ihre Entwürfe vor. Unter ihnen ist die Variante von Holzbauer/Duniecki die radikalste, denn sie lässt das Grünland zu 90 % unberührt und konzentriert die mögliche Wohnbebauung ausschließlich an den Rändern, entlang der Grundgrenzen: Ein Band von mäßig hohen Terrassenhäusern als begrünter »Saum« zwischen Siedlungsumfeld und Freiraum, wie es die große Perspektivzeichnung von Duniecki veranschaulicht.

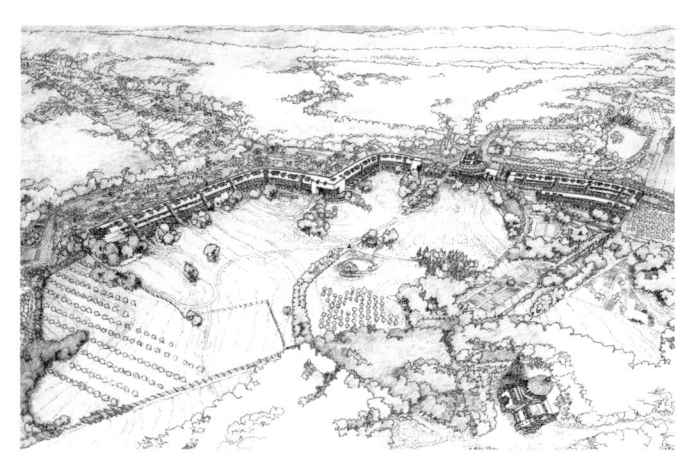

Wettbewerbsbeitrag Steinhofgründe, Vogelperspektive

Eine nicht näher bezeichnete, magistratsinterne Jury destilliert dann aus den fünf Gutachten eine offizielle Empfehlung. Der Titel des Ganzen ist von der anfangs kolportierten Version »Otto-Wagner-Siedlung« auf »Grünflächenplan für die Baumgartner Höhe« entschärft, ein breiter Streifen in der Mittelachse des Geländes soll freibleiben, die bebaubaren Flächen wären um mehr als die Hälfte reduziert. Die Sozialbau beharrt aber auf ihrem Projekt, weil es der »gültigen« Flächenwidmung entspreche. Daraufhin verstärkt sich der Druck aus Bevölkerung und Medien. Im Dezember 1981 wird eine gemeindeweite Volksbefragung durchgeführt. Von fast 270.000 teilnehmenden Personen sind 170.000 gegen die Bebauung. Das 45 Hektar große Gelände bleibt schließlich als vom Forstamt der Stadt betreutes, öffentliches Erholungsgebiet erhalten.

Die hier etwas tiefenschärfer skizzierte Episode hat nicht nur für Dunieckis Werk und Karriere Bedeutung. Sie zeigt allgemein das komplexe Kräftespiel und die Verwerfungen im Feld von Stadt, Politik, Wirtschaft, Medien,

Ideologien usw., denen besonders jeder individuelle, nicht durch Parteinähe oder sonstige Netzwerke gesicherte Werdegang ausgesetzt ist. Um 1980 stehen die Zeichen rathausintern bei den erwähnten »Jungen« längst gegen die alten Autoritäten, gegen die großmaßstäblichen Fürsorgeprojekte, in denen bürokratische Verknöcherungen und machtzentrierte, ökonomische Verselbstständigungen dominieren. Andererseits steht etwa gerade im sozialen Wohnbau Harry Glück im Zenit seines Laufs. Von 1968 an schafft er sich in Wien beinahe eine Monopolstellung. Anders als die früheren, großen Montagebauten benützt er die Schottenbauweise: Tragende Betonwände, die zugleich die Wohnungstrennwände bilden, sind quer zur Längsrichtung der Bauten gestellt. Die Wohneinheiten zwischen diesen »Rippen« sind nach links und rechts um innen liegende Flure gestapelt, sie öffnen sich ohne konstruktive Einschränkung jeweils einseitig ganz zum Freiraum hin, mit großen Pflanzentrögen über die gesamte Loggienbreite. Mit den großen Bauträgern GESIBA und Sozialbau perfektioniert, kann Glück auf sehr ökonomische Weise Tausende attraktive Wohnungen in Terrassenbauten realisieren, die in den Türmen von Alterlaa ihre ebenso umstrittene wie erfolgreiche Kulmination finden.

Am Steinhof überkreuzt sich nun zeitlich und räumlich dieses »System Glück« mit den von kritischen Stadtplanern der nächsten Generation konträr zu allen Großtechnologien vorgelegten Leitbildern sozialer Stadtentwicklung. Und als dritter, nochmals eigener Vektor, kommt ein Stadtplaner hinzu, der zwar inhaltlich und »wissenschaftlich« die Agenden der Jungen mitträgt, intern aber durch autoritäres Vorgehen viele Reibungsverluste erzeugt, und nach außen – von der Universität kommend und auf dem Wiener Politparkett isoliert – keine Strategien oder Mittel zur Hand hat, um im Nahkampf mit den mächtigen sozialistischen Bezirksvorstehern, mit den großen stadtnahen Wirtschaftsakteuren, die naturgemäß langfristigen, übergeordneten Ziele von Stadtentwicklung vorsorglich abzustimmen, durchzusetzen, abzusichern.

Jahrhundertprojekte versus Miniaturaufgaben
Um die Mitte der 1980er-Jahre verdichtet sich das Gefühl, Wien sei komplett, das alte Gehäuse der Donaumetropole sei ein zu groß gewordener Rock, in dem eine schrumpfende Gegenwart allein mit der Erhaltung des Vorhandenen überfordert sei. In Frankreich, Spanien, Deutschland beginnt dagegen, was sich als »Interkommunale Konkurrenz« um Standortvorteile definiert und herausschält. Unter Oriol Bohigas startet die »Rekonstruktion« von Barcelona als mediterrane Architektur- und Kulturmetropole, unter anderem mit der Neugestaltung spektakulärer, öffentlicher Park- und Platzräume; Paris intensiviert unter François Mitterand und Jacques Lang mit »Grands Projets« die Aufrüstung des Stadtzentrums: Anstelle der alten Schlachthöfe wird »La Villette« entstehen, ein Park des 21. Jahrhunderts mit Museen und Universitätsbauten, eine neue Oper kommt auf der Bastille, das Quartier La Défense kreiert einen Hochhaus-Cluster im Fluchtpunkt der Champs-Élysées, für 1989 plant man die Ausrichtung einer Expo zur 200-Jahr-Feier der Französischen Revolution, der Louvre wird vom Hof aus neu erschlossen; Frankfurt am Main, Stuttgart, Mönchengladbach prunken mit viel beachteten Museumsbauten und -quartieren; »Vom Müsli zum Kaviar« heißt die Devise global angesagter »Neuer Urbanität«.

In Wien resigniert 1983 der amtsmüde Bürgermeister Gratz, auch Wurzers Periode geht zu Ende. Der quirlige, medienerprobte und extrovertierte Helmut Zilk wird neuer Stadtchef, Fritz Hofmann kehrt kurz als Stadtplaner zurück; 1988, in Zilks zweiter Amtszeit, löst ihn der auffallend architektur- und diskursaffine Hannes Swoboda ab. Noch im Sinn des 1984 rechtlich fixierten Stadtentwicklungsplanes stürzt sich die Stadt zunächst auf Basisthemen der Infrastruktur. Der Magistrat etabliert einen mit ausländischen Kräften angereicherten Planungsstab, um die Probleme rund um die neuralgischen Verkehrsbänder Gürtelstraße, Wientalschneise und Südeinfahrt zu lösen. Der Anschub erfolgt freilich vonseiten der Bauwirtschaft: das »Jahrhundertprojekt« langer Autotunnels für den Durchzugsverkehr am Gürtel steht im Raum. 1985 juriert dieses Gremium einen offenen, städtebaulichen Ideenwettbewerb, der auch nach Konzepten für die Belebung der begleitenden Baublöcke fragt. Man wählt 14 Teams aus zur weiteren Bearbeitung von Teilbereichen. Nach Feedbacks durch zusätzliche, externe Gutachterverfahren werden die »Leitprojekte« erstellt, öffentlich diskutiert, im Frühjahr 1988 den politischen Instanzen zur Entscheidung vorgelegt.

Diametrale Auffassungen von Urbanistik stehen einander gegenüber: die lineare, kurzfristige Symptomkur durch massive bauliche Eingriffe – und das längerfristige Denken in gesamtheitlichen »sanften« Strategien. Fazit – die anfangs geplanten, geforderten Tunnels werden nicht gebaut, es geschieht aber auch sonst fast nichts. Eines der aufwendigsten Verfahren der Ära kehrt an seinen Ausgangs- und Nullpunkt zurück.

Wirtschaftlich, umweltpolitisch und medial ähnlich gelagert entwickelt sich die Frage der schon von langer Hand angedachten »Staustufe Wien« – die Aufstauung der Donau im Stadtgebiet für ein weiteres Kraftwerk der Donaukette unterhalb von Prater und Lobau samt komplexen Folgemaßnahmen. 1986/87 wird dieses Vorhaben in einen zweistufigen städtebaulichen Wettbewerb eingebracht und mit der überregionalen Zukunft des Donauraumes verknüpft: Für 1995 erhofft man den Zuschlag zur Ausrichtung einer Expo Wien-Budapest; zu all dem flankierend gefragt sind Visionen für »Wien an die Donau« und einen neuen Zentralbahnhof – »Jahrhundertchancen« zuhauf. 1987 läuft auch die erste Stufe des internationalen Wettbewerbs zum Transfer der alten Hofstallungen in ein »Museumsquartier« – mit schwachen Resultaten. Die zweite Stufe im Jahr danach überrascht dann mit klarer Weichenstellung – in der inhaltlichen Programmierung und dem medial hochgekochten Streit um die »Verträglichkeit« neuer Bauten im barocken Ensemble stehen wohl arge Einbußen in jahrelangem Tauziehen bevor, diese Sache wird dann – alles in allem – doch gelingen.

1989 gehen aber geopolitisch die Uhren plötzlich anders. Der »Eiserne Vorhang« fällt, die Warschauer-Pakt-Staaten lösen sich aus dem Stillstand unter kommunistischen Regimen; Wien »verliert« die stagnierende Randlage und kann wieder kräftiges Wachstum erwarten. 1990 hat somit der große Wettbewerb zum Expo-Standort Wiens am Ufer vor der UNO-City ein völlig neues Umfeld. Die Beteiligung von Budapest ist unsicher. Aus den vielfältigen Dilemmata versucht die Stadtregierung 1991 durch eine Volksbefragung auszubrechen, wobei Voten sowohl zur Staustufe als auch zur Expo gefragt sind. Die Expo wird mehrheitlich abgelehnt, bleibt bloße Vision; die Staustufe wird mehrheitlich vom Volk gebilligt – und somit auch realisiert.

Die Arbeit Dunieckis in diesem Jahrzehnt – das lokal zwischen hohen Erwartungen und herben Enttäuschungen pendelt, und das global enorme Umbrüche erlebt – hat mit all dem wenig zu tun. Nach starken Anfangswerken kommen kleinere, feine, »logische« Projekte:

Die erfolgreiche Arbeit für Philips zieht die Beauftragung durch eine weitere Weltfirma nach sich. Für Rank Xerox entsteht der IFABO-Messepavillon, der zehn Jahre lang im Einsatz bleiben wird.

Aus der Bewährung im U-Bahn-Team bei U1 und U4 folgt die nun selbstständige Projektierung für drei neue Stationsgebäude der Linie U6 (in ARGE). Auffälligste

U-Bahn-Station Längenfeldgasse, Aufnahmegebäude Ost

Änderung gegenüber den »dachlosen«, mit gerundeten Glaskanten geformten Pavillons von U1/U4 haben die Stationen Längenfeldgasse und Philadelphiabrücke dreiseitig auskragende Vordächer, schlank dimensioniert, die Schatten und Schutz bieten und vor den Abgängen informelle Raumzonen zum öffentlichen Raum definieren.

An prominenter Stelle neben der Oper kommt die Zentrale der Hypo-Bank mit eigenständigen, sorgfältigen Details und noblen Materialien; am stärksten von der leider nicht mehr existierenden Filiale in Erinnerung bleibt eine elegant gekurvte Raumtasche mit Windfang hinter der Glasfront, gerichtet für wechselnde künstlerische oder informative Präsentationen – als Blickfang für die hohe Passantenfrequenz zwischen Opernring und Albertinaplatz.

Hypo-Bank Wien, Operngasse 6

Gleich daneben entsteht für die Bank Austria eine größere Filiale mit drei Etagen, verbunden über eine grazile Wendeltreppe mit zentral integriertem Lift; im Erdgeschoß vorhandene künstlerische Keramikwände von Heinz Leinfellner bleiben erhalten, ihnen antworten im ersten Stock speziell angefertigte, farblich komplementäre Tafelbilder von Charlotte Weinmann.

Wie Duniecki in dieser Phase innerhalb der Szene wertgeschätzt ist, belegt die Einladung zum Wettbewerb für die Fußgängerbrücke im Stadtpark. Der 1945 anstelle der zerstörten Karolinenbrücke provisorisch über das Wienflussbett geschlagene Holzsteg muss ersetzt werden. Die MA 19 lädt sechs Architekten ein, Entwürfe vorzulegen. Neben Duniecki sind es Luigi Blau, Hermann Czech, Otto Häuselmayer, Werner Lamprecht und Heinz Tesar. Als Sponsor der Baukunst tritt wieder einmal die »Z« auf, die zusichert, bei einer anspruchsvoll gestalteten Brücke die Mehrkosten gegenüber einem minimierten Zweckbau zu übernehmen. Die Ausschreibung verlangt ausdrücklich eine Stahlkonstruktion in avancierter Form und Technik. In Dimension und Masse ist dies sicher nur eine Miniatur, ein winziger Mosaikstein im Stadtgefüge, und dennoch ist es, als exponiertes »Ereignis« innerhalb des historischen Park- und Ringstraßenensembles, eine Stelle, in der sich das allgemeine Niveau von Stadtgestaltung punktuell und konzentriert zeigen kann – und muss. Die ebenfalls hochkarätige Jury wählt den im Raumerleben reich differenzierten, attraktiveren Entwurf von Czech. Konstruktiv ist der Entwurf Dunieckis unter den vorgelegten der ambitionierteste: Das in flachem Bogen gespannte Tragwerk greift optisch am wenigsten in die von Friedrich Ohmann und Josef Hackhofer um 1900 geformten Uferkonturen ein, und der Gehweg samt Geländer ist so zart wie ein Streifen Papier oben über den stützenden Metallbogen gelegt.

Wunschkonzerte – Wettbewerbe – Wirklichkeiten
1990 findet Duniecki wieder Anschluss an die zuvor so virulente Szene großer Wiener Wettbewerbe. Alle drei Teilnahmen 1990/91 bringen hochfliegende Themen und von ihm engagierte Antworten, sind aber auch Lehrbeispiele für die in der Folge ernüchternden Wirklichkeiten. In Meidling/Philadelphiabrücke soll ein Einkaufs- und Bürozentrum mit Passagen entstehen, gekoppelt an den kommenden Verkehrsknoten, wo sich die U6 mit der Südbahn- und S-Bahn-Trasse überlagert, wo sich zusätzlich am oberen Ende der Bezirks-Magistrale und Fußgänger-Einkaufszone die Straßenbahn- und Buslinien weitum vernetzen. Ein potenter Developer mit eigener,

versierter Planungsabteilung veranstaltet das geladene Verfahren, ein hochrangiger Architekt präsidiert die Jury – und wählt den zeitgeistig exaltierten, »dramatischen« Entwurf eines jungen, ehrgeizigen Teams. Es musste aber jedermann mit Augenmaß klar sein, dass der Anlass und die prämierte Antwort allzu weit auseinanderklaffen, dass der angedachte »Geniestreich« nicht zu finanzieren, in den gegebenen Umständen nicht umzusetzen ist. Dunieckis vor allem stadträumlich klug angesetzter, auch noch kühner, aber doch realistischer Entwurf rangiert am 2. Platz. Das Siegerprojekt wird natürlich nicht gebaut, und was nach etlichen Jahren Hin und Her jetzt real dort steht, ist kaum noch kommerzielles Mittelmaß ...

Das Verfahren zum Abschnitt des Handelskais bei der Donau-S-Bahn-Brücke und deren Verknüpfung mit der Donauuferbahn und der Endstation einer weiteren S-Bahn in »Tieflage« ist 1991 ein nun handfester Baustein im hochstilisierten Wunschkonzert »Wien an die Donau«. Der von der Stadt geladene Wettbewerb trifft mit dem Staatsbetrieb OMV, die ihre Verwaltungszentrale hier ansiedeln will, auf interessante, aussichtsreiche Bauherrschaft.

Dieser Streifen entlang der Donau ist seit 1900 ein schematisch parzellierter, vorwiegend industriell genützter Hinterhof des Bezirkes im Anschluss an das riesige Gleis- und Abstellgelände des Nordbahnhofes. Stilllegung und Absiedlung alter Industrieanlagen und die Entstehung des neuen Verkehrsknotens bieten die Chance, in diesem Abschnitt gut gemischte neue Nutzungen und urbanes Alltagsleben direkt an die Flusskante zu bringen: eine baulich-funktionale »Stadtkante« der Donau, die es bisher nicht gab, und die es etwa in Budapest längst schon gibt.

Das Problem in Wien ist allerdings, dass zwischen dem Treppelweg direkt am Fluss und der vierspurigen, lauten Straße am Handelskai nicht nur der fast drei Meter hohe Hochwasserdamm liegt, sondern auch noch die Gleistrassen der Uferbahn verlaufen – mit einem freizuhaltenden Lichtraumprofil von gut sieben Metern Höhe über Straßenniveau. Uferstraße, Gleise und Damm bilden also eine räumlich und funktional veritable, komplexe Barriere zwischen jeglicher Baukante und dem Flussufer. Gehverbindungen zwischen Gebäuden und Ufer sind nur durch aufwendige Brücken- und Stiegenanlagen über diese Barrieren hinweg herstellbar.

Im Wettbewerb werden gleichrangig drei Entwürfe prämiert: jene von Roland Rainer, vom Team Neumann+ Steiner und von Duniecki. Sein Vorschlag für die bauliche Strukturierung auf dem fast 300 Meter langen Grundstück zieht aus Besonnung, Sichtwinkeln, Schallschutz und Höhenlagen sehr praktikable Schlüsse. Die künftige Bebauung riegelt das Ufer nicht ab, sondern achtet auf viele Blick- und Gehverbindungen quer durch die Neubauten hindurch – als Verzahnung zwischen dem alten Stadtquartier hinten und dem neu gestalteten Flussufer vorne. Höhendominanten gibt es (kongruent mit den Bedingungen der Wettbewerbsausschreibung) bewusst keine, auch nicht für die drei gestalterisch von den Wohnblöcken klar unterschiedenen Bürotrakte der OMV. Delikat ein Detail in Dunieckis Vision: Zwischen Verkehrsbauwerk, Brückenkopf und den OMV-Bauten verläuft (wie ein Puffer) ein schmaler, langer Trakt; er ist für öffentliche Verwaltungsnutzung gedacht, und er greift als einziger Hochbauteil über die »Barrieren« hinweg ganz nach vorne zum Donau-

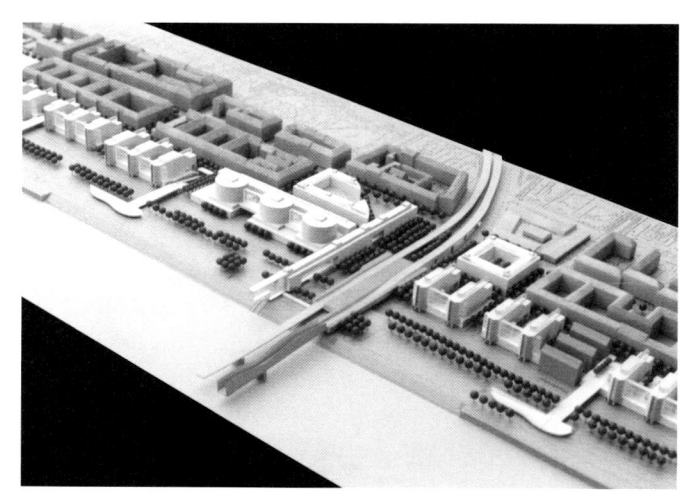

Projekt Handelskai, Modellfoto

ufer, bietet da exklusive Ausblicke in beide Richtungen der Flussachse. Diese Geste erinnert etwas an das gerade neu errichtete Finanzministerium in Paris an der Seine, wo ein schmaler, hoher Trakt vergleichbar aus dem Stadtkörper herausragt, über die Straßenbarrieren hinweggreift, und sich direkt am Flussufer »verankert«.

Für die konkrete Planung holt sich die OMV dann Stararchitekt Gustav Peichl. Er hatte mit dem Wettbewerb nichts zu tun (vermutlich hat Rainer ihm sein Pouvoir hier abgetreten; Peichl/Rainer planen damals gemeinsam den Akademiehof am Karlsplatz), – und er designt nun als Symbol/Landmark für die OMV zwischen den Basistrakten einen fast 140 Meter hohen Büroturm: schlanke Silhouette, konstruktivistisches Outfit. Die OMV zieht sich aber bald zurück, ein privater Investor erwirbt die Gründe und erwirkt dank exzellenter politischer Kontakte noch eine bedeutende Steigerung der Hochhauswidmung auf über 200 Meter. Peichl ist in dieser Planung noch am Rande involviert, den Stab der Entwurfsstafette trägt nun Boris Podrecca. Die Grundideen des Wettbewerbs sind im siebenstöckigen Basistrakt grundsätzlich umgesetzt. Das Hochhaus ist budgetmäßig freilich sehr eng gehalten – und bietet so auch im Detail keine Begründung für diese dominante Aufzonung, mit der privates Kapital Profit aus ursprünglich öffentlichem Anspruch schlägt. Neumann+Steiner planen große Wohnbautrakte, die nördlich und südlich anschließen. Duniecki hat im ganzen Quartier nichts mehr zu tun. Nach wenigen Jahren wird der Komplex »Millennium City« samt »Millennium Tower« nach Deutschland weiterverkauft, mit neuerlichen Gewinnen für Private.

Ideenfindung Bereich Schönbrunn
Schönbrunn ist eines der bedeutendsten und meistbesuchten Kulturgüter Österreichs. Jährlich haben das Schloss und der Park, der den weltweit ältesten bestehenden Zoo enthält, rund 9 Millionen Besucher. Zudem dient das Areal den vier angrenzenden Bezirken als Naherholungsraum, – und am Haupteingang vorbei führt die wichtigste Straßenverbindung vom Wiener Zentrum nach Westen bzw. zieht in umgekehrter Richtung hier die Haupteinfahrt von der Westautobahn zum Stadtkern direkt am Schloss vorbei.

Da die Umwelt- und Verkehrsverhältnisse entlang dieser Hauptstraße zwischen Hietzing und Meidling sich drastisch verschlechtern und auch die Bewältigung der Touristenströme akute Maßnahmen verlangt, entwickelt die Bundesstraßen AG in Kooperation mit der MA 19 der Stadt Wien ein großräumig angedachtes Umbauprojekt der Straßenführung und Freiflächengestaltung. Die erwogene Neutrassierung der B1 betrifft eine Bundesstraße, auch die Schlossverwaltung und -nutzung obliegt Bundesinstitutionen, während sämtliche Freiräume, Parkanlagen und stadtgestalterische Aspekte in die Hoheit der Stadt Wien fallen. Generell steht zur Disposition:
- Neugestaltung des Vorbereichs des Schlosses als Grünraum, weitgehend verkehrsberuhigt;
- Neugestaltung einer Kulturachse vom Schlossportal über das Wiental zum Technischen Museum mit Einbeziehung des Auer-Welsbach-Parks;
- Verlagerung der B1 und damit des Durchzugsverkehrs in Tunnels in Richtung Wienzeile, Unterfahrung des Schlossplatzes;

Wettbewerbsbeitrag Vorfeld Schönbrunn, perspektivische Skizze

- Errichtung von Garagen für Pkw und Busse auf dem ostseitigen, bisher als Sport- und Parkplatz genutzten Vorgelände des Schlosses …

Der Entwurf von Duniecki – in einem geladenen Verfahren – erfüllt all diese Vorgaben und gießt das technisch-organisatorische Grundmotiv in die Vision einer neuen Stadtlandschaft. Sie setzt die barocke, strenge Geometrie von Schloss und Schlosspark über den reaktivierten naturräumlichen Einschnitt des Wienfluss-Tales fort in eine organisch designte, urbane Parklandschaft. Die zentrale Achse wird da mit asymmetrischen Freiräumen überlagert. Mit neuen Wasserflächen, Baumgruppen, Alleen, teilweise gedeckten Promenaden und einer Reihe neuer Pavillons soll die fußläufige Erschließung vom Technischen Museum sich über das Wiental hinweg mit dem ganzen Schlossbereich verbinden.

Duniecki nimmt die in den Raum gestellten Perspektiven beim Wort. Sein Entwurf nimmt auch eindeutig Maß an den »Grands Projets«, ob in Paris, Barcelona oder Berlin, die in dieser Ära großzügige neue Plätze, öffentliche Freiräume europäischer Urbanität kreieren. Zur Umsetzung solcher Dimensionen braucht es allerdings auch die entsprechend potenten Akteure und Ressourcen.

Wie bei den Ideen für die Gürtelstraße stehen einander aber in Wien mit Bundes- und Stadtagenden schwierig zu koordinierende Kräfte gegenüber. Wie beim Gürtel fällt in dieser »Ideenfindung« unter sieben eingereichten Konzepten zum Weiterdenken die Wahl auf jenes, das den Status quo weitgehend belässt, nur marginalste Eingriffe vorsieht. Ein Garagenprojekt für die Busse scheitert.

1996 wird das Schönbrunn-Areal Weltkulturerbe. 2001 startet ein internationaler Wettbewerb, der sich auf die Neugestaltung des Schloss-Vorplatzes konzentriert und auch einen neuen Empfangsbereich, Parkmöglichkeiten u.a.m. anspricht. Davon werden nur einige subtile, verbessernde Maßnahmen am Schlossvorplatz umgesetzt. Die Fragen des Durchzugsverkehrs und der Busparkierung sowie der besseren Erschließung für Touristen bleiben offen.

Dazu kommen 2017/18 nun Vorschläge, speziell für den Busparkplatz, die in Fachwelt und Öffentlichkeit sehr kontroversiell diskutiert werden. Seit September 2019 nimmt nun ein neu geschaffener Parkplatz als »Arrival Center« 48 Busse auf und die Fläche wird mit neu gepflanzten Bäumen gerahmt, zum Schloss hin abgeschirmt.

Raum – Struktur – Gebrauch
In der letzten Gruppe der vorgestellten Projekte stehen Strukturpläne für großflächige Gebietsentwicklungen, Bauten für gewerbliche Zentren, Produktionsstätten, feine Innenräume für verschiedene Zwecke. Einige Entwürfe gehören in die für Wien in den 1990er- und Nullerjahren typische Wandlung industrieller oder landwirtschaftlich genutzter Peripherien. Ein solcher Streifen zieht von den Gleisen der Ostbahn und Aspangbahn zwischen Erdberg und Simmering ostwärts bis zum Prater: die Standorte der aufgelassenen Schlachthöfe und anderer Betriebsstätten entlang der 1978 aufgeständerten Trasse der A23, der Südosttangente. Der Bau für die Spardat GmbH liegt in einem solchen Areal: bis vor Kurzem ein krasses Nebeneinander alter Gartenflächen, ziegelroter Betriebsstätten, lapidarer Wohntürme der späten 1960er-Jahre u.dgl. entlang der Geiselbergstraße. Sie bildet mit der Gudrunstraße die

Spardat Rechenzentrum

Verbindungsspange zwischen Favoriten und Simmering, zwischen Triester Straße und Simmeringer Hauptstraße, ein Weg meist quer durch »Niemandsland«.

Die den Spardat-Komplex ausführende Firma Porr AG, eine der größten in Europa, legt auch gleich den Entwurf vor. Die finanzierende Bank ist damit nicht zufrieden. Sie initiiert einen geladenen Wettbewerb und bringt als einen der Teilnehmer Artur Paul Duniecki ins Spiel. Sein Projekt gewinnt. In der Umsetzung setzt die Porr speziell bei Details und Materialien gnadenlos den Rechenstift an. Dunieckis Architektur ist dank der großen Linien, der einfachen Proportionen robust genug. Das Fehlen feiner Details oder komplexer Formaspekte wird in dieser rauen, heterogenen Umgebung sogar ein Vorteil. Denn so wird die Geste der gekurvten Fassade aus Betonrastern und Glasbausteinen noch klarer, noch eindeutiger wirksam. So schafft der »strenge« Spardat-Baublock inmitten des unkoordinierten, banalen Wirrwars mit dem großen Schwung in die Blocktiefe, mit der klaren Dachkontur und dem schön begrünten Vorplatz einen beruhigenden, zusammenfassenden, fast noblen Akzent.

Jenseits der Donau in Floridsdorf existiert seit mehr als 120 Jahren ein anderes, riesiges Industrieviertel an der Gabelung der Nordwest- und der Nordbahn mit etlichen abzweigenden Schleppgleisen: auf 2 km² verteilt Eisenbahnerwerkstätte, Maschinen- und Traktorenfabriken, Gaswerke, Chemiewerke und auch die Zentrale der Elektrowerke Siemens & Halske. Um 1990 ist vieles davon außer Betrieb, teilweise abgerissen – und es läuft eine rege Umstrukturierung mit neuen Betrieben und Forschungszentren. Von der Siemensstraße nördlich ausstrahlend bis zum Nordbahngleis steht ein 14 Hektar großes Areal zur Disposition. Das Gelände gilt als Hoffnungsgebiet für einen international herzeigbaren Gewerbepark der Zukunft. 1997 wird dazu ein geladener Wettbewerb zur Formulierung eines Masterplans abgewickelt. Duniecki gewinnt ex aequo mit dem Team Coop Himmelb(l)au. Sein Entwurf bietet eine in Streifen gegliederte Partitur, deren orthogonales Gewebe mit wenigen nicht-orthogonalen

Technologiepark Siemensstraße, Modell

Sonderteilen und einem Vertikalakzent einen differenzierten Charakter gewinnt, eine die Tiefe des Geländes erschließende, räumlich suggestive Identität.

Das Ganze versandet freilich etwas. 2000 bis 2002 entsteht dann im Nordteil der große Klimawindkanal mit Einbindung aller europäischen Hersteller von Schienenfahrzeugen – allerdings quer zu der angedachten Baufiguration; 2007 bis 2008 kommt daneben, immerhin im ursprünglich geplanten Zuschnitt, das ökologisch avancierte Bürohaus »Energy-Base«. Duniecki selbst realisiert auf einem Bruchteil der Masterplanfläche direkt an der Siemensstraße 2005 einen »Kopfbau« für das Austrian Institute of Technology. Es ist ein Labor-Test-Bürozentrum, dessen sehr komplexe Funktionen hohe Ansprüche an die innenräumliche Logistik stellen. Die unterschiedlichen Materialien und Geometrien der Außenhüllen bringen dies zumindest andeutungsweise zum Ausdruck.

In die Periode Mitte der 1990er-Jahre fällt auch das Gutachten für eine künftige Gartenstadt südlich des alten Dorfkerns von Aspern. Wie schon angesprochen, rüstet sich Wien nach dem Fall des »Eisernen Vorhangs« für ein kräftiges Bevölkerungswachstum, und dies soll vorwiegend die großen Freiflächen jenseits der Donau als Wohn-, Arbeits- und Freizeitgebiete aufschließen und entwickeln. Für Wohnbauprojekte auf den hier durchwegs ebenen, windexponierten, zumeist noch landwirtschaftlich oder gärtnerisch genutzten Flächen wird eine interessante Maxime ausgegeben: »Neue Siedlerbewegung« – als zeitgemäßes Weiterdenken der frühen Wohnanlagen des Roten Wien, eine Kulturinitiative verdichteter Flachbausiedlungen mit intensiver Verbindung zu kleineren und größeren Nutzgärten, – heute nun weiterzudenken mit einfachen, naturnahen, ökologisch astreinen Bauweisen, mit Möglichkeiten der partizipativen Planung, der Eigenleistung im Ausbau und Weiterbauen solcher Haustypen.

Dunieckis »Gartenstadt in der Au« erfasst ein etwa sechs Hektar großes, ebenes Freigelände – südwärts an den Dorfkern Aspern anschließend und einen Kilometer südlich von der jetzt entstehenden »Seestadt Aspern«. Zur Donau hin wird das Planungsgebiet vom Mühlwasser begrenzt, einem der verbliebenen, weitverzweigten Altarme des Donaustroms – heute stehende Gewässer, spezielle Biotope mit großer Beliebtheit als informelle Bade- und Freizeitgelände. Im Kontrast aber zu den meisten seither realisierten Wohnbauprojekten jenseits der Donau und speziell zur umstrittenen städtebaulichen Figuration der »Seestadt« findet Dunieckis Konzept eine schlüssige Antwort auf den »Genius Loci« und auf die stadtpolitisch anfangs ausgegebene Vision »Neue Siedlerbewegung«. Die enge Beziehung zum Boden, zu Grünräumen, Gartenpartien und zum Wasser ist da im kleinen und großen Maßstab als teppichartige Partitur auf die Fläche gewebt. In einer freihändig skizzierten und sparsam aquarellierten Perspektive aus erhöhtem Standpunkt erinnert dieser Entwurf an alt-chinesische oder japanische Kalligrafie und Landschaftsprospekte. Nicht dass damit oberflächliche »Bilder« evoziert wären, vielmehr sehen wir eine gezeichnete Abbreviatur, einen künstlerischen Verweis auf die zunächst gedanklichen und dann ganz alltagsbezogenen Muster, die ein solches humane Habitat prägen, einen solchen Umgang mit Klima, Ort und Ressourcen leiten sollten. Gebaut sind dort bisher nur Teilbereiche im nordöstlichen Gebietsquadranten, doch durchwegs Kleinhäuser mittig frei stehend auf Kleinparzellen, nicht der von Duniecki gedachte, verdichtete Flachbau als neue Variante von Roland Rainers Konzepten.

Kommerzielle Welt, poetische Antworten
Zum Abschluss Gedanken zu zwei großen und einem kleinen Projekt, – alle drei dienen der heute dominanten Welt des Kommerziellen. Wie alle Einkaufszentren sind auch die großen Einrichtungshäuser der letzten Dekaden strikt introvertierte Container. Im Inneren sorgen die sogenannten Fachplaner für die üblichen Entscheidungen und Abläufe, Maximen sind die möglichst zwanghaft mäandrierende Führung der Passanten durch alle Produktabteilungen, die maximale Schaustellung von Angeboten auf ökonomisch kleinstmöglichem Raum, Standardisierung der Konstruktion, die tunlichst nicht auffällt oder von den Waren ablenkt, wechselnde Inszenierungen bühnenbildhaft ephemerer Art zur Bewerbung von Sonderaktionen usw., im Außenraum markanter Auftritt durch monumentale Displays oder leuchtturmhafte Logo-Masten, große Schriften etc. – Architektur spielt nirgends eine Rolle (bahnbrechende Ausnahme bilden z. B. die bekannten M-Preis-Märkte seit den 1990er-Jahren in Tirol und Nachbarregionen).

Zur Zeit der Errichtung steht das Einrichtungshaus Kika-Nord noch ziemlich isoliert an der Kreuzung der Wagramer Straße mit dem Rautenweg – zwei Kilometer

Kika Wien Nord

242

nördlich vom Ortskern Kagran und 500 Meter nördlich der anfangs erwähnten Montagebau-Großsiedlung Trabrenngründe / Rennbahnweg. Heute ist die Stadt über diese Kreuzung hinaus heftig nachgewachsen, stehen in der Nachbarschaft u. a. zwei nagelneue Wohnhochhäuser. Das von Duniecki gestaltete Outfit von Kika-Nord ist inzwischen von brutalen Umfärbungen und plumpen Torapplikationen überformt. Die einfache, aber gar nicht simple Idee, aus einem banalen Container, möglichst fensterlos, im äußeren Auftritt doch ein Stück Architektur zu formen, scheint aber immer noch durch. Das Volumen ist grundrisslich auf ein exaktes Quadrat getrimmt. Eine allseits weit auskragende Dachplatte (das Dach, nach Semper und Wagner: ein Ur-Element allen Bauens) verankert dieses Volumen rundum am Ort, schafft eine informelle Pufferzone zwischen Baukörper und Umraum, gibt Wetterschutz, gibt Beschattung für das unter dem Dach weit zurückgesetzte umlaufende Fensterband, das auch die Dachplatte optisch »entlastet«, gleichsam über einer dunklen »Fuge« schweben lässt.

Der Hauptteil des Volumens wird von weiß verputzten, homogenen Flächen ummantelt, die ihrerseits dann wieder das gegenüber dem Mantel zurückgesetzte, umlaufend verglaste Erdgeschoß plastisch überschneiden. Der weiße Mantel ist strukturiert durch ein regelmäßiges, diagonal versetztes Muster von kleinen, quadratischen Fensteröffnungen. Sie überspielen die Geschoßebenen dahinter, verwischen die Maßstäbe, geben dem Mantel Plastizität, lassen den Bau optisch größer wirken oder einfach uneindeutig; sie bringen zumindest dosiert da und dort Licht und Sicht in den Innenraum. Wo die Eingänge sind, in der Mitte der vier Seiten, ist der Mantel unterbrochen, eingekerbt zu einem dunkleren Torfeld, und es bringt dort jeweils ein kreisrunder Ausschnitt in der Dachplatte Lichteinfall und formale Prominenz, Signifikanz für die Portale. Es ist wenig, aber es ist präzise und elementar geformt – und es genügt: Statt des üblichen banalen Containers mit schreiend applizierten Schriften und Logos ein Gebäude – eine sehr einprägsame, einfache Gestalt, welche die Grundelemente von Architektur in minimalistischer Art für unsere global so beschleunigte, oberflächliche Umweltwahrnehmung zur Geltung bringt.

Das Projekt für Kika-West ist ein Folgeauftrag. Die Lage auf schmalem Grundstück im Wiental, an der Westausfahrt der Stadt, ist viel komplexer. Dunieckis Entwurf reagiert darauf, bringt wohlüberlegt eine ganz andere Figuration und Formensprache. Während Kika-Nord gut in Dunieckis Aspekt des in sich zentrierten »Monumentalen« passt, spiegelt Kika-West dazu seinen konträren Aspekt des »gespannten Bogens«, bringt aber auch diesen zu jener Einfachheit und Prägnanz, die Qualitäten jeder monumentalen Wirkung sind. Die »freien« Kurven aus membranhaften Wänden und großflächigen Sichtfenstern, die sehr entspannt kreierte Raumdynamik dieses Kika-West erinnert an Erich Mendelsohn (speziell bei den vorbereitenden Skizzen) und – in den Modellen und Perspektiven – auch an die Formensprache von Álvaro Siza. Das wird aber nicht ausgeführt. Was jetzt dort steht, ist nur mehr eine Karikatur von Dunieckis Konzept.

Erwähnenswert ist noch die Idee eines Gewerbehofes, als Trostpflaster von Investoren offeriert auf einem Restgrundstück im Areal Handelskai. Es ist die originäre, spannende Version einer Hochgarage, umhüllt mit einer Schicht aus großen Gewerbe-, Werkstatt- und Loftetagen; als Fassaden nur Rasterfelder, bespielt mit wechselnden Schriften – nicht ausgeführt.

Konträr dazu steht als »Aufgabe« die äußere Gestaltung des von der Porr vorweg fertiggeplanten, neuen Zentrums bei Wien Mitte. An der prominenten Ecke zum Anfang der Landstraßer Hauptstraße ist ein mehrgeschoßiger Bau mit kleinen Kinosälen vorgesehen, nach außen völlig fensterlos. Duniecki findet hier also wieder eine »bunkerartige« Vorlage. Er gibt dem Baukörper andererseits mit einigen kleinen Eingriffen die gestraffte, markant skulpturale Form, und »öffnet« ihn andererseits zum Stadtraum durch Perforierung mit kleinen Oculi und mit der Applikation großer, digital bespielbarer Screens – exakt an den Positionen der dahinterliegenden Säle: Diese Screens können für die Projektion von Werbung, von Trailern zu den laufenden Filmen u. dgl. genutzt werden. Nur halbherzig ausgeführt, verschwinden diese leicht ausgestülpten Bildtaschen nach einigen Jahren wieder, werden die Fassaden mit gitterartigen, dekorativen Metallstreifen völlig unbedarft »verschönt«.

Architekt Duniecki integriert in den letzten aktiven Jahren regelmäßig künstlerische Akzente und Farb-Raum-Gestaltungen in seine Entwürfe. Autorin und Kooperationspartnerin ist die bekannte Malerin Charlotte Weinmann, seine zweite Ehefrau. Es macht den Eindruck, als würde sich in den Jahren durch dieses Teamwork auch seine Architektur etwas verändern. Man sieht es am deutlichsten bei der Innengestaltung für eine späte »Z«-Filiale in Speising, bei seinen Kindergärten, sogar in den Mustern der großen städtebaulichen Konzepte: Sein kompositorischer Ansatz, an sich schon betont reduziert, und mehr noch die Materialität des Gebauten erfahren eine weitere Abstraktion, eine graduelle Rücknahme auf das rein Strukturelle, um den mehr immateriellen, den atmosphärischen Qualitäten Entfaltungsraum zu geben: Lichtführung, Lichtwirkung, Farbklang, Variation und Interferenz von Farbcharakter im Raum – im Raum der Zeit.

Bank Austria Speising

Gespannter Bogen / Monumentalität

Mit einer Reihe von kleinen Skizzen illustriert Artur Paul Duniecki selbst zwei Motive als über die Jahre hinweg typisch für seine Kompositionen: Es ist einerseits die Qualität des »Monumentalen« und andererseits die Figur des »gespannten Bogens«. Es sind dies scheinbar unvereinbare, widersprüchliche Aspekte. Es sind tatsächlich sehr antagonistische Motive, die aber eben in dieser Konjunktion ein elementares Kraftfeld ergeben, das als Metaebene ein den rein pragmatischen Entwurfskriterien übergeordnetes Feld des Ausdrucks, der Sprachlichkeit von Baukunst aufspannt.

Dem »Monumentalen« wird ja meist bloß die Qualität der im Anblick und Umgang spontan eintretenden, rezeptiven Überwältigung, der Einschüchterung und Beeindruckung zugeordnet, wenn uns etwas durch bloße Größe, Mächtigkeit, dramatische Übersteigerung und/oder formale Geschlossenheit, durch optische Undurchdringlichkeit und Hermetik auffällt und anspricht. Das »Monumentale« stellt einen Anspruch auf überindividuelle »ewige Dauer«, es postuliert eine unhinterfragbare Verfestigung von Macht, es etabliert den Entzug des individuellen oder ephemeren Wahrnehmungs- und Interpretationsspielraums zugunsten einer absoluten, aus der Zeitlichkeit herausgenommenen Behauptung.

Das sind sicherlich in der Geschichte der Architektur oft eingesetzte und mitunter auch problematische Facetten und Wirkungen des »Monumentalen«.

Es gibt allerdings eine phänomenologisch neutralere und auch etymologisch tiefere Wurzel für »Monumentales«. Im Begriff steckt das Wort *monere* – lat. für ›Erinnern‹. Erinnern kann nun ganz allgemein eine Technik des Festhaltens von Verlorenem bedeuten, des Vergegenwärtigens von Vergangenem oder auch von Transitorischem. Zudem steckt darin auch das Moment des »Erinnerungsfähigen«, das Phänomen nämlich, dass wir etwas prägnant und klar schnell erfassen können und es uns perzeptiv und kognitiv leicht »einverleiben« können – also das gut »Einprägsame«.

Und das wäre die Eigenschaft von Formen, die eben so abgeklärt und verdichtet sind, dass sie »sofort« und »einfach« zu uns sprechen und orientierungsfreundlich im Gedächtnis bleiben können. Ich denke, dass Dunieckis Hang zu klaren, einfachen Formen mit dieser zweiten allgemeineren Ebene zu tun hat. Architektur sollte uns gute Orientierung verschaffen, erinnerungsfähige Übersichtlichkeit, Klarheit und leitende Struktur im ansonsten ungestalteten, chaotisch Hochkomplexen von alltäglichen Lebensabläufen. Wir könnten es in die Nähe des Apollinischen einordne: Es wäre die ordnungsgebende, die dem wimmelnden Kosmos der lebendigen Kräfte feste Gleise und Ufer schaffende Wirkungsmacht von Raum- und Baugestaltung.

Das Monumentale steht dem Sog der unablässigen Veränderung entgegen, es versucht, dem »panta rhei« allen Seins Haltepunkte abzutrotzen. Das Monumentale will die »Stasis«, die Beruhigung, die Zähmung jeglicher Kräfte, – und seien es die des feindlichen Geschützfeuers, dem ein »Bunker« seine allseitig extrem versammelte, abgedichtete Form entgegensetzt. Das Monumentale steht für Ordnung, für eine gewollte, gestaltete Normativität, für die Kontrolle eines Feldes, eines Zentrums gegenüber allen Unwägbarkeiten von außerhalb.

Nicht umsonst waren die ersten Monumente – und die heute teilweise noch überlebenden Zeugen längst vergangener Baukunst – jene über Gräbern oder auf Kultplätzen, wo man die Willkür der theistisch vorgestellten, personifizierten Naturkräfte in regelmäßigem Ritual zu bannen versuchte.

Der »gespannte Bogen«, in vielen Entwürfen Dunieckis im Aufriss, Grundriss oder Schnitt der Bauten präsent, bietet ein komplementäres Motiv. Mit bogenförmigen Elementen, Konstruktionen löste sich entwicklungsgeschichtlich die Architektur aus der Statik der bloß horizontal-vertikalen Figuration archaischer Techniken – hin zu weiter, zu offener gespannten Räumen. Der Bogen überwindet die Schwerkraft, er drängt, er schiebt die Stützen weiter auseinander und schafft unter sich die geschützte Weite und Leere. Bögen und daraus Gewölbe – als räumlich

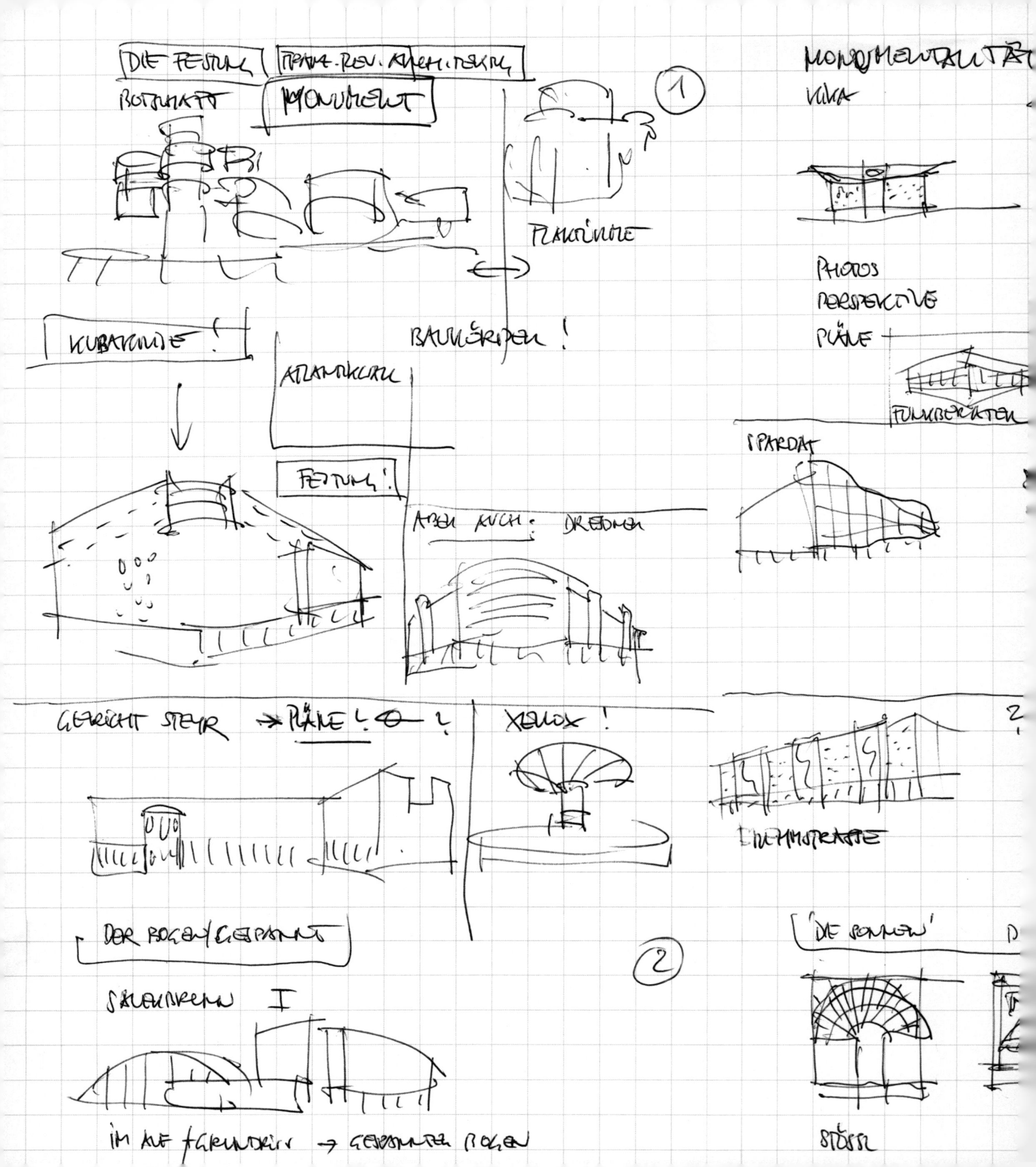

[DIE FESTUNG] [PRAG.REV. ARCHITEKTUR]   MONUMENTALITÄT
BOTSCHAFT [MONUMENT]   ①   WIEN

                              PLAKATIVE

                                         PHOTOS
[KUBATUREN!]   BAUKÖRPER!   PERSPEKTIVE
                                         PLÄNE
       ATLANTIKWALL
                                         FUNKBUNKER
             [FESTUNG!]
                                  SPARDAT
             ABER AUCH: DRESDEN

GERICHT STEYR → PLÄNE ! ? XEROX!   ②
                                         DEMOKRATIE

[DER BOGEN GESPANNT]   ②   [DIE FORMEN]

SAULENBOGEN I

IM AUFGRUNDRISS → GESPANNTER BOGEN   STÖSSL

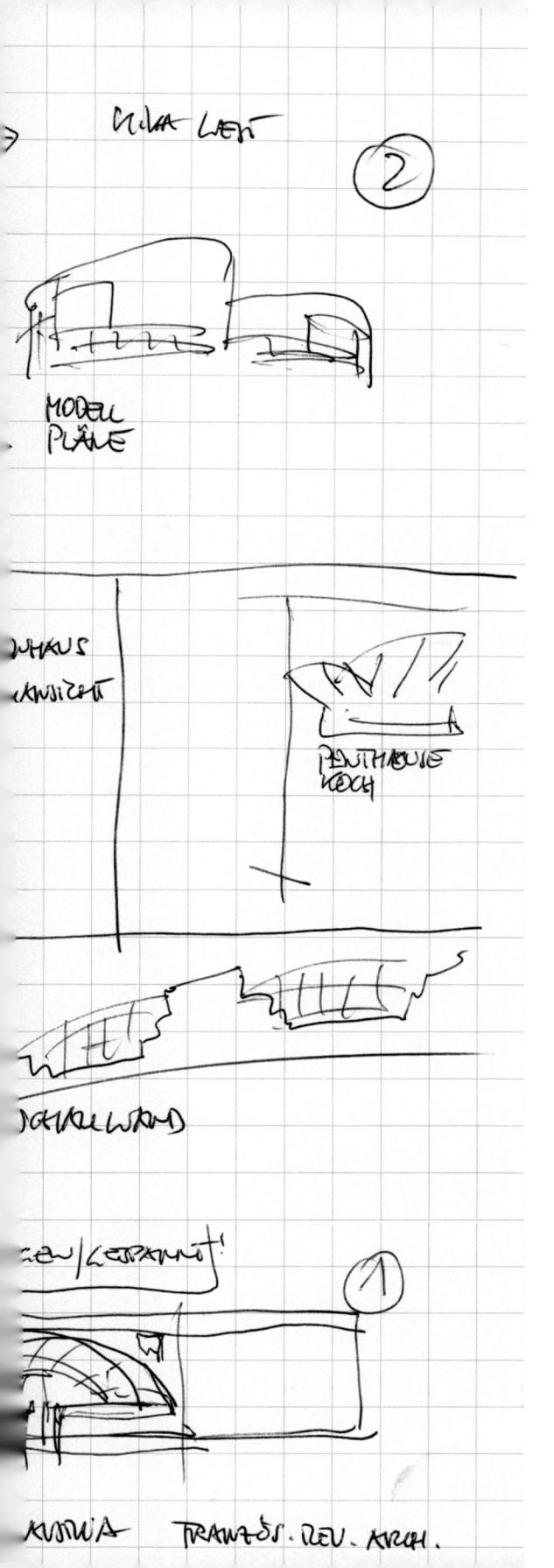

entfaltete Bögen – weiteten die Räume ganz enorm, sie überspielten die Starre der Schwerkraft mit der Dynamik ihrer »Ekstasis«. Es gibt zu diesem Charakter des Bogens, der die normative Dynamik der Schwerkraft überlistet und in eine andere Dynamik der Raumgestalt überführt – und diese natürlich wieder »verfestigt« – eine frappierende Deutung eines Dichters. Heinrich von Kleist formulierte es so:

»Warum, dachte ich, sinkt wohl das Gewölbe nicht ein, da es doch keine Stütze hat? Es steht, antwortete ich, weil alle Steine auf einmal einstürzen wollen – und ich zog aus diesem Gedanken einen unbeschreiblich erquickenden Trost.«

Der Bogen ist also – im Gegensatz zur hermetischen Stasis des Monumentalen – das dynamische Umformen und sozusagen »in Unruhe Festhalten« von normativen Kräften. Speziell der gegenüber dem Halbkreis unvollständige, flache Segmentbogen hat diese latent gemachte, starke Dynamik in sich. Er hebt sich riskanter über die nach unten ziehende Macht der Schwerkraft, er schiebt deutlicher an seinen Enden seitlich nach außen als ein doch wieder klar in die Lotrechte, in die Gravitation einleitender Halbkreisbogen. Der Segmentbogen ist das dynamische Fragment eines Kreises. Und als vollkommene Primärform hat der Kreis immer die Tendenz, dass wir optisch instinktiv jedes Fragment einer Kreisgestalt zum Ganzen ergänzen. In allen Richtungen, ob im Grundriss oder im Aufriss. Das ist die virtuelle und zugleich ganz reale, dynamische Macht der Bögen – wir könnten sie in der Nähe des Dionysischen verorten –, des vitalen, Normen sprengenden, Mauern und Grenzen überwindenden Prinzips in Natur und Kosmos.

Mit diesen beiden Aspekten hat die Architektur von Artur Paul Duniecki mehr oder weniger explizit immer wieder auch beide semantischen und existenziellen Pole des Seins in sich inkorporiert: Chaos und Ordnung, Statik und Ekstasis, Starre und Bewegung, Vergangenheit und Zukunft, Erinnern und Projizieren.

Werkverzeichnis

Studienarbeiten und Instantan

Ausstellungspavillon für eine Aluminiumfirma
Studienarbeit
1964
Technische Hochschule Wien
Lehrkanzel Professor Karl Schwanzer

→42

Funkstation für ein Entwicklungsland
Studienarbeit
1964
Technische Hochschule Wien
Lehrkanzel Professor Karl Schwanzer

→42

Botschaft für eine Großmacht
Studienarbeit
1967
Technische Hochschule Wien
Lehrkanzel Professor Erich Boltenstern

→44

Instantan
mit Otto Häuselmayer
1970/71
→48

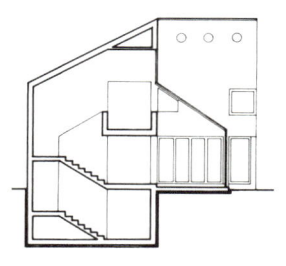

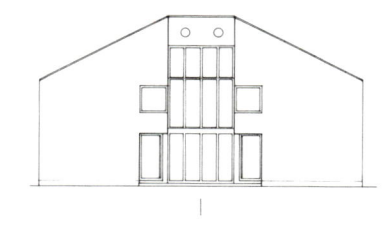

Werke 1975–2013

Wohnhaus S.
Purkersdorf, Niederösterreich
1975
nicht ausgeführt

Man betritt das Haus von Norden und gelangt in den Flur, der sich zum zentral angeordneten Wintergarten öffnet und den Blick nach Süden zum Garten freigibt. Der Wintergarten ist in den geschlossenen Baukörper eingeschnitten und »verklammert« die Räume sowohl horizontal als auch vertikal.

Galerie Plank
Wien 7, Kirchengasse 13
1975
nicht ausgeführt
→55

Hi-Fi-Studio Fernsehkratky
Wien 12, Schönbrunner Straße 273
1976
nicht erhalten
→56

Wohnhaus U.
Zubau
Uttendorf bei Mattighofen, Oberösterreich
1976
verändert erhalten

Der nach Süden orientierte Zubau, eine bogenförmige, verglaste Holzleimkonstruktion, verbindet die beiden Wohnhäuser der Familie und bietet einen geschützten naturnahen Bereich als sommerlichen Lebensmittelpunkt.

HAK und HAS Stegersbach
Stegersbach, Burgenland
1976
Wettbewerb, Preisträger
nicht ausgeführt
→58

Philips Produktenschau
Philips-Zentrale Wien
Wien 10, Triester Straße 64
1976
nicht erhalten
→60

Juwelier Stössel
Wien 1, Franz-Josefs-Kai 21
1976
zerstört um 2000
→65

Neuer Markt
Platzgestaltung
Wien 1, Neuer Markt
1976
nicht ausgeführt
→68

Wohnhaus K.
Um- und Zubau
Mödling, Niederösterreich
1977
nicht ausgeführt

Wohn- und Geschäftsviertel Rennweg
Wien 3, Rennweg / Landstraßer Hauptstraße /
Schlachthausgasse / Oberzellergasse
1977
Wettbewerb
nicht ausgeführt
→73

**Buch- und Weinhandlung
Chorherrenstift Klosterneuburg**
Klosterneuburg, Niederösterreich
1977
nicht erhalten

Juwelier Eisenstein
Wien 8, Josefstädter Straße 46
1978
verändert erhalten
→74

Ruovo Düngemittelhalle
Maria Lanzendorf, Niederösterreich
1978
nicht ausgeführt

Die Firma Ruovo benötigte für die Champignonzucht eine neue Halle zur Düngeraufbereitung. Entsprechend den Funktionserfordernissen plante ich eine dreischiffige Halle in konventionellem Mauerwerksbau. Die Mittelmauer mit den großen, halbkreisförmigen Ventilationsöffnungen ragt über den Dachfirst hinaus und verleiht dem Gebäude sein charakteristisches Aussehen.

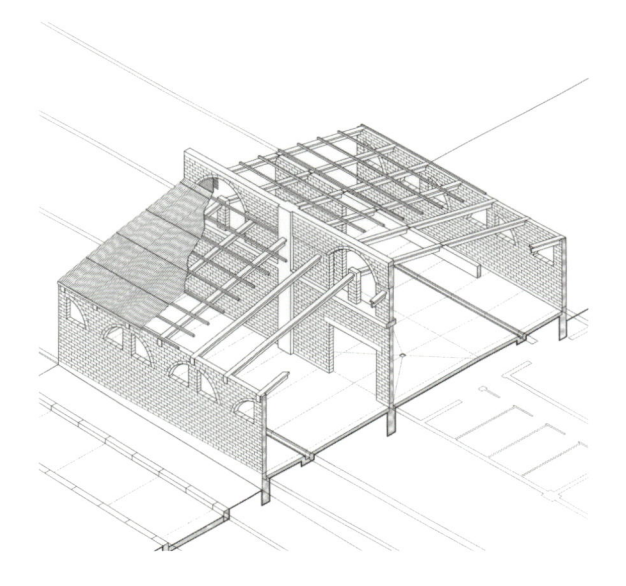

Philips Ausstellungspavillon
Internationale Herbstmesse Wien
Wien 2, Messegelände
1978
nicht erhalten

Matador Ausstellungsraum
Wien 19, Heiligenstädter Straße
1978
nicht erhalten

Im Maßstab monumental übersteigerte Bausteine dienen als Mobiliar. Sie bilden Regale, Tische und Podeste. Es wird so eine Wesensverwandtschaft zwischen den ausgestellten Produkten und dem Mobiliar hergestellt.

Freizeitzentrum St. Pölten
Ratzersdorf bei St. Pölten, Niederösterreich
1978
Wettbewerb, Preisträger
nicht ausgeführt

Das Freizeitzentrum sollte einen Badesee samt Folgeeinrichtungen, ein Freibad, Restaurants sowie Sportanlagen umfassen. Der Entwurf postuliert eine funktionellen und ästhetischen Grundsätzen folgende Landschaftsgestaltung sowie Baukörper, die aus einem Formprinzip entwickelt sind.

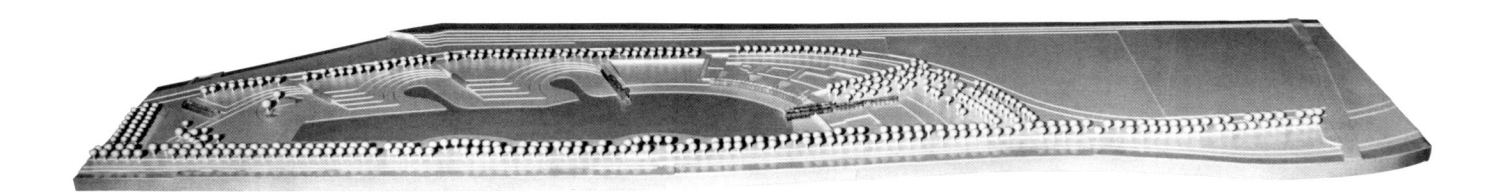

Röhsler Betriebsgebäude
Wien 23, Brunner Straße
1979

Raiffeisenbank Scheibbs
Scheibbs, Niederösterreich
1979
Wettbewerb
nicht ausgeführt

Der steil überdachte »Vierkanter« ist den traditionellen Bauformen der Umgebung verpflichtet und schließt den Kapuzinerplatz räumlich ab. Der großzügige, gläsern überdachte Kassensaal entspricht dem damaligen Selbstverständnis eines großen Bankinstituts.

Philips Großmessestände
Wien 2, Messegelände, Europahalle
14 Wiederholungen in Variationen
1979–1993
nicht erhalten

Für die großen Messen der Unterhaltungselektronik in Wien (HIT) gestaltete ich für Philips eine Serie von Großmessständen. Auf rund 3.000 m² wurde die gesamte Produktpalette in aufwendigen Messebauten präsentiert.

Wohnhausanlage der Stadt Wien
Wien 20, Dresdner Straße / Adalbert-Stifter-Straße
1980
in Arge
→77

Steinmetz Wallner Ausstellungshalle
Gänserndorf, Niederösterreich
1980
nicht ausgeführt

Der längsgerichtete Baukörper, von der Straßenflucht zurückgesetzt, hält einen Vorplatz zum Verweilen und Betrachten der Exponate frei. Der zweigeschoßige Ausstellungsraum hat eine über die gesamte Höhe reichende Fensterfront, um bestmögliche Belichtung und optimalen Einblick zu gewährleisten.

Wohnbebauung Brigittaplatz
Wien 20, Brigittaplatz
1980
nicht ausgeführt

Wohnhaus G.
Purkersdorf, Niederösterreich
1980
verändert erhalten

Das Haus befindet sich auf einem schönen Grundstück mit altem Baumbestand. Im Zuge des Umbaus wünschte sich der Bauherr auch ein Schwimmbad und eine Familiensauna. Um im Haus keine Flächen zu verlieren, schlug ich einen Zubau und ein Saunahäuschen im Garten vor.

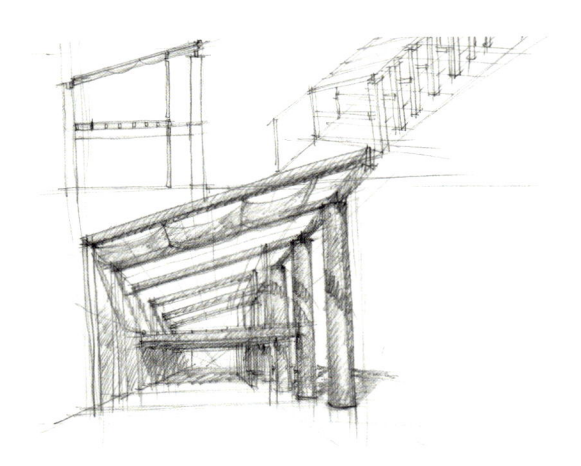

Wohnhaus S.
Interieur
Wien 19
1980
nicht ausgeführt

Wohnbebauung Rosenthal-Steinhof
mit Wilhelm Holzbauer
Wien 14, Steinhofgründe
1980
Gutachten
nicht ausgeführt
→88

Boutique Jenny
Wien 1, Kärntner Straße 16
1980
nicht ausgeführt

Der Entwurf zitiert den Archetypus der Galeria. Schlanke Pilaster »tragen« die Lichtdecke und strukturieren den schmalen, tiefen Verkaufsraum der Boutique.

Philips Lichtstudio
Philips-Zentrale Wien
Wien 10, Triester Straße 64
1980
nicht erhalten
→90

Städtebauliche Studie Brigittaplatz
Wien 20, Brigittaplatz
1980
nicht ausgeführt

Zentralsparkasse Rennweg
Wien 3, Rennweg 37
1981
verändert erhalten
→92

Sony Flagship-Stores
Budapest, Prag, Sofia, Warschau
1981–1985
nicht erhalten

In den aufwendig nach westlichen Standards gestalteten Shops in einigen Hauptstädten des damaligen Ostblocks wurden neueste Produkte der Unterhaltungselektronik angeboten, allerdings gegen Devisen. Auf diese Weise wurden »eingesickerte« Dollarbestände vom Staat abgeschöpft.

Hochschule für Musik und darstellende Kunst Wien
Festsaal
Wien 1, Seilerstätte 26
1982
nicht erhalten

Feuerwehr Mödling
Mödling, Schulweg 9, Niederösterreich
1982
Wettbewerb
nicht ausgeführt
→96

Schallschutzwand Bruckhaufen
Wien 21, Donauuferautobahn A22 im Bereich
Brigittenauer Brücke / Floridsdorfer Brücke
1982

Die Schallschutzwand wird vom Vorbeifahrenden als eine ins Riesenhafte gesteigerte Zinnenstruktur wahrgenommen. Die verglasten Bereiche ermöglichen den Blick von der dahinter liegenden Siedlung auf den Leopoldsberg und Kahlenberg.

A22 im Bau, Blickrichtung gegen Nordwest

U-Bahn
1982–1994
Stationsplanungen für die U4 / U6 Längenfeldgasse, U6 Niederhofstraße und U6 Philadelphiabrücke; generelle Planungen sowie städtebauliche Begleitplanungen für das Wiener U-Bahn-Netz
in Arge

Station Längenfeldgasse, Aufnahmegebäude Ost

Rank Xerox Messestand
IFABO, Wien 2, Messegelände, Europahalle
1982–1992 (10-malige Wiederholung)
nicht erhalten
→100

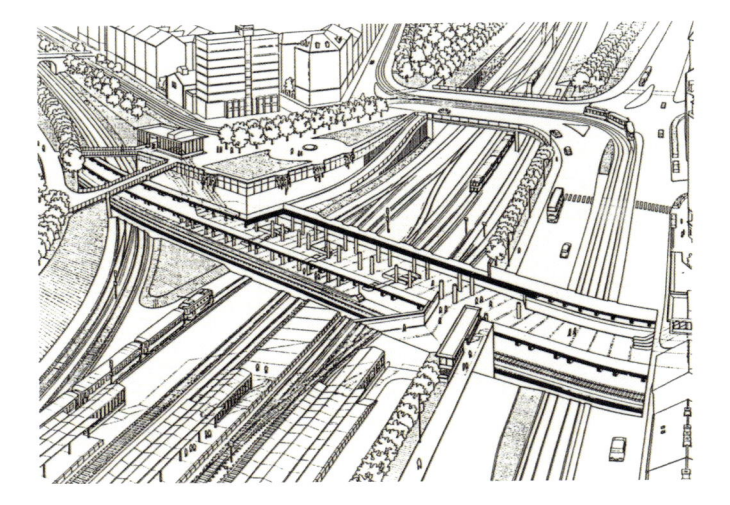

Stationsumfeld Philadelphiabrücke
Wien 12, Philadelphiabrücke
1983
in Arge
teilweise ausgeführt

Wohnhaus M.
Klosterneuburg-Kierling, Maital, Niederösterreich
1983

Katholische Kirche St. Margarethen
Erweiterung
St. Margarethen, Steiermark
1983
Wettbewerb
nicht ausgeführt

Bezirksgericht Steyr
Steyr, Oberösterreich
1983
Wettbewerb
nicht ausgeführt

Österreich-Pavillon | Internationale Messe Jakarta
Jakarta, Indonesien
1984
Wettbewerb
nicht ausgeführt

Fremdenverkehrsmesse Wien
1984
Wettbewerb
nicht ausgeführt

Städtebauliche Begleitstudie Europaplatz
Wien 15
1984

Vorortelinie Station Hernals, Stationsumfeld
Wien 17, Hernalser Hauptstraße / Julius-Meinl-Gasse
1984
in Arge
nicht ausgeführt

Hypo-Bank Wien
Wien 1, Operngasse 6
1984
geringfügig erhalten
→102

Philips Messestand »YES«
Internationale Computermessen in London und München
1985
nicht erhalten
→104

Wiener Stadtwerke–Gaswerke, Direktion
Interieur
Wien 8, Josefstädter Straße 10–12
1985
nicht erhalten

Fußgängerbrücke Stadtpark
Wien 1 / Wien 3, Stadtpark
1985
geladener Wettbewerb
nicht ausgeführt
→107

Funkberaterring, Zentrale
heute RED ZAC
Biedermannsdorf, Georg Humbhandl-Gasse 7,
Niederösterreich
1986

Die Zentrale beherbergt auf rund 1.000 m² einen großzügig dimensionierten Konferenz- und Präsentationsbereich, Büros für die zentrale Administration und Lagerflächen. Sämtliche Räume sind barrierefrei in einer Ebene angeordnet. Die aufwendigen Verschattungsanlagen schützen die Fensterzonen vor direkter Einstrahlung, sodass auf eine Klimatisierung des Baus verzichtet werden konnte.

Payer Shop-in-Shop
Mobiler Ausstellungsstand
1986
nicht erhalten

Boutique Farone
2 Filialen
Baden, Niederösterreich
1986
Wien 3, Rochusmarkt
1987
nicht erhalten

Zentralsparkasse, Filiale Operngasse
Wien 1, Operngasse 8
1987
zerstört um 2005
→110

ITT Großmessestand »HIT 87«
Wien 2, Messegelände, Europahalle
1987
nicht erhalten
→112

Röntgenordination Dr. Kleedorfer
Wien 20, Wallensteinstraße 31
1987
nicht erhalten

Besonderes Augenmerk wurde der Atmosphäre der Ordination gewidmet, indem, wo immer es möglich war, warme Holzflächen zum Tragen kamen und der Beengtheit der Räume mittels umlaufender Spiegelflächen begegnet wurde.

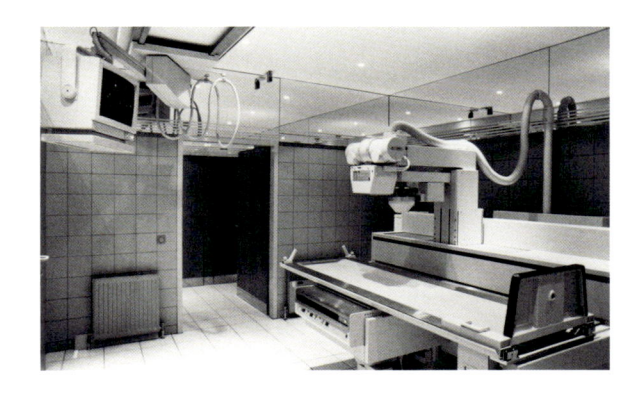

Atelierhaus S.
Ernstbrunn, Niederösterreich
1987
nicht ausgeführt
→114

Lugner City
Wien 15, Gablenzgasse 11
1988
geladener Wettbewerb, 1. Preis
nicht ausgeführt
→116

Kunstgalerie der Zentralsparkasse
Wien 1, Operngasse 8
1988
nicht ausgeführt

Wohnhaus K.
Kitzbühel, Tirol
1990
→118

Fußgängerzone Vöcklabruck
Vöcklabruck, Oberösterreich
1990
geladener Wettbewerb
nicht ausgeführt
→121

Einkaufszentrum Philadelphiabrücke
Wien 12, Meidlinger Hauptstraße / Vivenotgasse
1990
geladener Wettbewerb, 2. Preis
nicht ausgeführt
→124

Stadtteilplanung Handelskai
Wien 20, Handelskai, Bereich zwischen
Brigittenauer Brücke und Floridsdorfer Brücke
1990
geladener Wettbewerb, 1. Preis
(ex aequo mit Roland Rainer und Neumann+Steiner)
nicht ausgeführt
→128

Möbelhaus Leiner
Wien 7, Mariahilfer Straße / Karl-Schweighofer-Gasse
1991
Zu- und Umbau
zerstört 2021
→134

Penthouse K.
Wien 7
1991
nicht ausgeführt

Das Penthouse sollte sowohl dem familiären Leben als auch den repräsentativen Verpflichtungen des Bauherrn den entsprechenden Raum bieten, wobei dem spektakulären Blick gegen Norden auf die Innenstadt Rechnung zu tragen war. Der damit verbundenen Problematik der »falschen« Orientierung zum Licht wird mit verschiedenen Maßnahmen, wie der Ausbildung von Atrien, entgegengewirkt.

Vorfeld Schloss Schönbrunn
Wien 13, Bereich zwischen Grünbergstraße und Kennedybrücke
1991
geladener Wettbewerb
nicht ausgeführt
→136

Charlotte Weinmann | »Das Gleichnis der Natur«
Ausstellungsgestaltung
Wien 3, Parkgasse 18, Palais Wittgenstein
1991

Skizze einer Grundrissvariante

Bundesstraßen B1/B221/B222
1991–1994

Stadtstrukturelle und stadtgestalterische Begleitplanungen in den Bereichen Europaplatz, Mariahilfer Gürtel, Gaudenzdorfer Knoten, Wiental – Meidling – Fünfhaus, Gaudenzdorfer Gürtel und Margaretengürtel
in Arge

Gaudenzdorfer Knoten, Blickrichtung Wiental stadtauswärts
Querschnitt

Wohnhaus H.
Breitenbrunn, Burgenland
1992
nicht ausgeführt

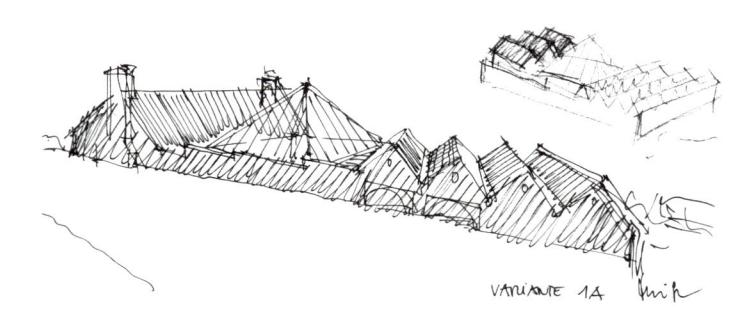

Oberhalb von Breitenbrunn mit schönem Blick über den See war ein Wohnhaus für die Familie geplant, das in gleichem Maße den vielfältigen Interessen des Bauherrn dienen sollte. So waren ein Glashaus für exotische Schmetterlinge und große Flächen für die Oldtimersammlung einzuplanen.

Hotel Weisses Rössl
Erweiterung
Kitzbühel, Bichlstraße, Tirol
1992
nicht ausgeführt

Philips Videowerk Tagungsraum
Wien 10, Zanaschkagasse
1992
künstlerische Intervention von Walter Weer
nicht erhalten

Philips Großmessestand »Idealprojekt«
Wien 2, Messegelände, Europahalle
1993
nicht ausgeführt

Das Idealprojekt für die Consumer-Elektronikmesse »HIT 93« sah spektakuläre Bauten auf rund 3.000 m² vor, die die Messebesucher beeindrucken und der Konkurrenz die Marktmacht von Philips demonstrieren sollten.

Öffentliche Garage »Maria vom Siege«
Wien 15, Mariahilfer Gürtel Nord
1993
in Arge
nicht ausgeführt

Das Garagenprojekt nahe der Kirche Maria vom Siege sollte die Parkplatznot der angrenzenden Bezirke lindern. Der schlanke Baukörper der Hochgarage ruht über dem Einschnitt der U6-Trasse und zeigt eine transparente, metallisch schimmernde Oberfläche.

Spardat Rechenzentrum
Wien 11, Geiselbergstraße 21–25
1994
geladener Wettbewerb 1991, 1. Preis
Werkplanung Porr AG
künstlerische Interventionen von Charlotte Weinmann
verändert erhalten
→140

GiroCredit
Filiale im Spardat-Gebäude
Wien 11, Geiselbergstraße 21–25
1994
künstlerische Interventionen von Walter Weer
nicht erhalten

Kindergarten der Stadt Wien Rosenbergstraße
Wien 22, Rosenbergstraße 35
1994
künstlerische Interventionen von Charlotte Weinmann
und Lisbeth Zwerger

Kindergarten für sechs Gruppen in zwei Ebenen mit einer zweigeschoßigen Erschließungshalle und strikter Südorientierung, geplant und gebaut als Schule des Raumes, des Lichtes und der Farben.

Austria Email
Produktion, Lager und Verwaltung
Wien 12, Eibesbrunnergasse
1994
geladener Wettbewerb
nicht ausgeführt
→150

Wohnhaus der Stadt Wien Lazarettgasse
Wien 9, Lazarettgasse 17
1995
geladener Wettbewerb 1992, 1. Preis
→154

Kurhotel Agias
Bad Sauerbrunn, Kurpark, Burgenland
1996
nicht ausgeführt
→158

Wissenschafts- und Technologiepark Siemensstraße
Wien 21, Siemensstraße / Giefinggasse / Richard-Neutra-G.
1996
geladener Wettbewerb, 1. Preis
(ex aequo mit Coop Himmelb(l)au)
nicht ausgeführt
→162

Kika Wien Nord
Wien 22, Wagramer Straße / Rautenweg
1996
verändert erhalten
→166

Multifunktioneller Baublock der Stadt Wien Schrödingerplatz
Wien 22, Schrödingerplatz / Donaustadtstraße
1997
nicht ausgeführt

Multifunktioneller Baublock mit Volksbücherei, Volkshochschule, Kundenzentrum der Stadt und Sozialwohnungen als städtebauliche Dominante südlich des Schrödingerplatzes.

Bank Austria Donau-City
Wien 22, Donau-City-Straße 4
1997
geladener Wettbewerb
nicht ausgeführt

Artur Duniecki und Charlotte Weinmann,
»colour walking«, begehbares Farblabyrinth

»La Tentation Murale«
Ausstellungsgestaltung und Ausstellungsbeteiligung
mit Josef Schweikhardt, Walter Weer, Charlotte Weinmann
Wien 9, Galerie Cachet
1997

Gewerbehof Engerthstraße
Wien 20, Engerthstraße / Hellwagstraße
1997
nicht ausgeführt
→170

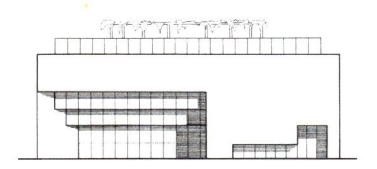

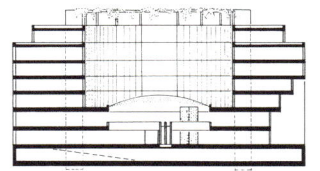

Multifunktioneller Baublock Engerthstraße
Wien 20, Engerthstraße / Maria-Restituta-Platz /
Wehlistraße
1997
nicht ausgeführt

Multifunktioneller Baublock, direkt an einem
Verkehrsknoten der U-Bahn und S-Bahn gelegen,
mit einer mehrgeschoßigen Shoppingmall sowie
Büro- und Wohnflächen.

Südstadtzentrum
Südstadt / Maria Enzersdorf, Niederösterreich
1998
nicht ausgeführt

Das Projekt umfasst die Sanierung und Attraktivierung des
Altbestandes sowie Erweiterungsbauten für gemischte
Nutzungen über einer neuen Tiefgarage auf dem Gelände
der bestehenden Parkplätze. Eine zentrale Fußgängerzone
erschließt sowohl den Altbestand als auch die Neubebauung, deren Kopfbauten an der Johann-Steinböck-Straße eine
besondere Ausbildung erfahren, die als architektonische
Willkommensgeste erlebbar wird.

Gästehaus der Chinesischen Botschaft Wien
Wien 13, Auhofstraße 62
1998
nicht ausgeführt

Kika Wien West
Wien 14, Hadikgasse / Hochsatzengasse
1999
nicht ausgeführt
→174

Bank Austria Speising
Wien 13, Speisinger Straße 42
1999
künstlerische Interventionen von Charlotte Weinmann
→178

Zentrum am Stadtpark | Village Cinemas
Wien 3, Landstraßer Hauptstraße / Invalidenstraße
2000
Generalplaner Porr AG
verändert erhalten
→182

Bürohaus Hernalser-Hof
Wien 17, Hernalser Gürtel 1
2000
nicht ausgeführt

Das Grundstück war über lange Zeit unbebaut geblieben, da die sehr kleine Fläche einer Verwertung entgegenstand. Untersucht wurden mehrere Varianten unter teilweiser Einbeziehung des Bereiches vor dem Yppenheim. Letztlich kam die Variante ohne Beanspruchung von Fremdgrund zum Zug und unter Beifall der Bezirke erfolgte nach meinem Projekt die neue Widmung. 2006 wurde ein geladener Wettbewerb abgehalten. Das Siegerprojekt entspricht bis ins Detail diesen Widmungsvorgaben.

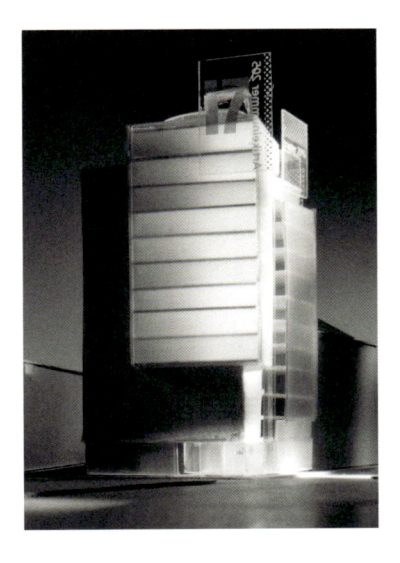

Wohnbau Pointengasse
Wien 17, Pointengasse 8
2000

Aspern Süd | Gartenstadt in der Au
Wien 22, Aspern
2000
geladener Wettbewerb
nicht ausgeführt
→184

Wohn- und Geschäftshaus Parkside Lofts
Wien 5, Schönbrunner Straße 81
2002
nicht ausgeführt

Für eine Baulücke an der Schönbrunner Straße war ein Neubau geplant, der eine Mischnutzung für Büro- als auch Wohnzwecke optimal ermöglicht.

Büronutzung   Wohnnutzung

Kindergarten der Stadt Wien Bernoullistraße
Wien 22, Bernoullistraße 7
2002
geladener Wettbewerb, 1. Preis
künstlerische Interventionen von Charlotte Weinmann
→188

Kurzentrum Heilbad Sauerbrunn
Bad Sauerbrunn, Hartiggasse 4, Burgenland,
Haus Esterházy (heute Haus Rosalia) mit Badekomplex
2004
Werkplanung Johann Schandl
→198

AIT – Austrian Institute of Technology
Wien 21, Siemensstraße / Giefinggasse
2005
Behörden- / Werkplanung Ernst Maurer
Farbgestaltung Charlotte Weinmann
→206

Bürokomplex Brehmstraße
Wien 11, Brehmstraße 10–14
2005
Generalplaner Porr AG
→214

Retrospektive Artur Paul Duniecki | Charlotte Weinmann
Ausstellungsgestaltung mit Peter Duniecki
Wien 1, Karlsplatz, Künstlerhaus Wien
2011

Die Retrospektive umfasste die wichtigsten Planungen und Bauten von Artur Paul Duniecki sowie architekturbezogene Arbeiten der Malerin Charlotte Weinmann, die im Kontext mit seinen Werken entstanden sind.

Atelier- und Wohnhaus N.
Stettenhof (Gemeinde Fels am Wagram), Niederösterreich
2013
Werkplanung zweiarchitekten ZT GmbH
→216

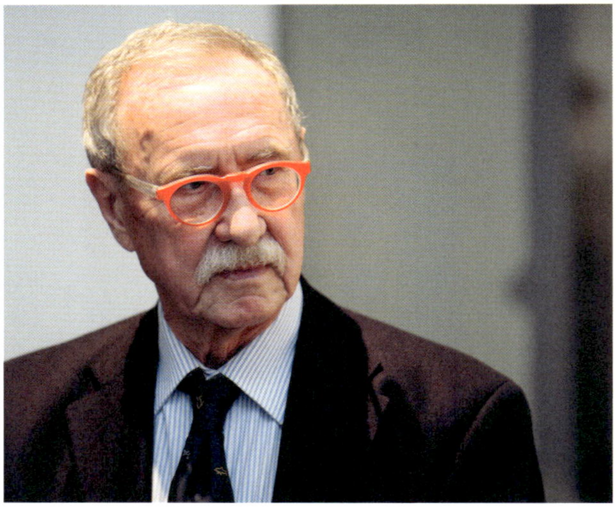

Biografie

1939	geboren in Wien
1959	Matura, Beginn des Architekturstudiums an der Technischen Hochschule Wien
1967	Heirat mit Waltraud Isnardy (1941–1994) Kinder: Boris (1968), Peter (1970), Nadja (1976)
1968	Diplom
1969–1974	Praxis bei Prof. Karl Schwanzer, Wien, Prof. Wilhelm Holzbauer, Wien und Amsterdam, sowie Stevenson & Gibney, Dublin
1974	Verleihung der Ziviltechnikerbefugnis
1975	Gründung eines eigenen Büros in Wien
1978–1980	Lehrauftrag an der Hochschule für angewandte Kunst Wien
1994–1998	stellv. Vorsitzender der Architekten Österreichs der Bundeskammer der ZiviltechnikerInnen
1994–2017	Mitglied des Wiener Künstlerhauses
2004	Heirat mit Charlotte Weinmann (1944–2008)
seit 2007	Projektgemeinschaft mit zweiarchitekten ZT GmbH

Mitarbeiterinnen und Mitarbeiter 1975 – 2005

Ein Lebenswerk zu vollbringen, ist ohne die Menschen, die unterstützend und anregend daran beteiligt sind, nicht möglich – und ein Werkverzeichnis ist nicht vollständig, ohne zumindest einige zu nennen, die im Team u. a. die großen Projekte, wie zum Beispiel das Rechenzentrum Spardat, mit zum Erfolg geführt haben. Einige von ihnen haben ihre Praxiszeit bei mir absolviert und leiten heute selbst erfolgreiche Büros. Mit ihnen allen, daran erinnere ich mich gern, bedeutete die Arbeit neben der Herausforderung auch Freude über gelungene Planungen und Projekte.

DI Zoran Bodrozic
DI Georg Böhm
Mag. arch. Wolfgang Buchebner
DI Franz Demblin
DI Dieter Eder
DI Bernhard Edlinger
DI Josef Frommwieser
DI Andreas Graf
DI Maria Hartig
DI Claus Hasslinger
DI Leslie Jordan
Thomas Klöpfer
Bettina Kuhn
DI Gernot Leitner
DI Wolfgang Nozar
DI Christian Nuhsbaumer
DI Gordana Pivarski
DI Michael Stepanek
DI Evelyne Tomes
DI Michael Vater
DI Peter Winklehner

Personenregister

Achammer, Christoph 124
Adler & Sullivan 226
Altenberg, Peter 27
Baumfeld, Rudolf 230
Berger, Horst 232
Berlage, Hendrik 227
Bichler, Hans 77 232
Binder, Herbert 232
Blau, Luigi 228 237
Bohigas, Oriol 235
Boltenstern, Erich 44 223 250
Brahms, Johannes 30
Breit, Reinhard 232
Brunbauer, Wolfgang 232
Burnham, Daniel 226
Christoph, Erwin 234
Coop Himmelb(l)au 162 241 269
Czech, Hermann 107 229 237
Doderer, Heimito von 25 27
Domenig, Günther 44 124 228
Duniecki, Arthur Stanislaus (Vater) 11 12 13 18 27 224 225
Duniecki, Boris (Sohn) 12 33 275
Duniecki, Clemens (Onkel) 12
Duniecki, Gustav (Onkel) 12
Duniecki, Lydia (Mutter) 11 12 13 16 17 23
Duniecki, Nadja (Tochter) 275
Duniecki, Paul (Großvater) 12 225
Duniecki, Peter (Sohn) 33 273 275
Duniecki, Waltraud (geb. Isnardy) 33 275
Einem, Gottfried von 29
Esders, Stefan 134
Eyck, Aldo van 226
Falkner, Rupert 228
Feuerstein, Günther 30 35 44 222 223 229
Gantar, Bert 226 227
Gehmacher, Ernst 232
Ghega, Carl von 27
Glück+Partner 234
Glück, Harry 233 235
Grasberger, Helmut 234
Gratz, Leopold 231 235
Gruen, Victor 230
Gsteu, Johann Georg 32 228
Hackhofer, Josef 237
Haerdtl, Oswald 229
Häuselmayer, Otto 34 35 48 227 237 250
Hertzberger, Hermann 226
Hoffmann, Josef 229
Hofmann, Fritz 232 235
Holabird & Roche 226

Hollein, Hans 44 90 223 224 227 228
Holzbauer, Wilhelm 11 32 33 34 35 36 37 88 110 223 225 226 227 228 229 232 234 257 275
Holzmeister, Clemens 11 28 224 227
Hrzan, Albrecht 225
Huber, Timo 232
Hübner, Stefan 234
Hundertwasser, Friedensreich 222
Jünger, Ernst 223
Kahn, Louis 226 227
Kainrath, Wilhelm 232
Kleist, Heinrich von 247
Klimt, Gustav 23
Kneissl, Franz E. 34 227
Kulterer, Gernot 34 227
Kurrent, Friedrich 223 226 227 228
Ladstätter, Georg 226 227 228
Lamprecht, Werner 237
Lang, Fritz 22
Lang, Jacques 235
Leinfellner, Heinz 110 237
Liebe, Anton 29 228
Loos, Adolf 229
Lugmayr, Herbert 228
Lugner, Richard 116
Madersperger, Josef 30
Mang, Eva 228
Mang, Karl 228
Manikas, Dimitris 34 227
Marschalek, Heinz 226 228
Mauer, Otto 222 223
Maurer, Ernst 206 272
McLuhan, Marshall 48 227
Mendelsohn, Erich 243
Mies van der Rohe, Ludwig 30 226
Mitterand, François 235
Nadler, Friedrich 121
Neumann+Steiner 128 238 239 265
Neutra, Richard 28 30
Neville, Franz 107
Null, Eduard van der 73
O'Herlihy, Gabriel 33
O'Herlihy, Liam 33
Ohmann, Friedrich 237
Ortner, Laurids 224
Palladio, Andrea 24
Parent, Claude 44 223 224
Peichl, Gustav 233 239
Pelli, César 230
Peterle, Wilhelm 224
Pichler, Walter 44 223
Plojhar, Ernst 29

Podrecca, Boris 229
Potyka, Hugo 232 234
Prachensky, Markus 222
Prochazka, Elsa 34 225 227
Puchhammer, Hans 228
Rainer, Arnulf 222
Rainer, Roland 128 184 238 239 242 265
Rudolph, Paul 226 227
Schandl, Johann 198 272
Schiele, Egon 23
Schnitzler, Arthur 27
Schober, Hubert 77 232
Schrage, Dieter 229
Schumacher, Fritz 227
Schwanzer, Karl 30 31 32 42 60 222 223 225 226 229 231 250 275
Schweikhardt, Josef 270
Sicardsburg, August Sicard von 73
Siza, Álvaro 243
Skidmore, Owings & Merill 227
Slavik, Felix 231
Solschenizyn, Alexander 39
Sottsass, Ettore 90
Spalt, Johannes 226 227 228
Staber, Johann 230
Stein, Manfred 234
Steiner, Klaus 232
Stevenson & Gibney 33 275
Stössel, Heinrich 228
Strauss, Richard 29
Swoboda, Hannes 235
Tesar, Heinz 34 227 237
Uhl, Ottokar 232
Unger, Klaus 33
Vak, Karl 228
Virilio, Paul 44 223 224
Wachsmann, Konrad 226 227
Waclawek, Fritz 229
Wagner, Otto 88 225 227 234 243
Wawrik, Gunther 229
Weer, Walter 267 268 270
Weinmann, Charlotte 110 140 178 188 206 237 244 265 268 270 271 272 273 275
Windprechtinger, Traude 229
Windprechtinger, Wolfgang 32 229
Wippel, Erwin 233
Wright, Frank Lloyd 226
Wünschmann, Peter 232
Wurzer, Rudolf 30 233 234 235
Zilk, Helmut 235
zweiarchitekten ZT GmbH 216 273 275
Zwerger, Lisbeth 268

Bildnachweis

Umschlagbild: Stadtteilplanung Handelskai, Artur Paul Duniecki, 1990

Albert, Nick 274 (Archiv Duniecki)
Amt der Burgenländischen Landesregierung 59 oben
Architekturzentrum Wien, Sammlung / Foto Friedrich Achleitner 110
Archiv der 6B47 und Sans Souci 64 Mitte 64 unten
Archiv für Bau.Kunst.Geschichte / Foto Julius Scherb 10 links unten
Archiv Friedrich-Mielke-Institut für Scalalogie OTH Regensburg / Fotos
  Peter Tölzer 37 229 links
Bwag / Commons 25
Duniecki, Peter 18 oben 19 21 27 36 68 273
Erlacher, Gisela 148 149 155 183 (Archiv Duniecki)
Hurnaus, Hertha 10 unten rechts 80/81 82/83 84/85 135 142/143
  144/145 208/209 210 211 214 215 236 240 259
Kapfinger, Otto 199
Lindner, Stefan 178 179 180 181 192 193 194/195 244 (Archiv Duniecki)
Nährer, Erich 26
Nationaal Archief 32
ÖNB Bildarchiv 10 oben 44 oben 225
Semerad, Andreas 44 unten
Spiluttini, Margherita 166 167 168/169 233 242 (Archiv Duniecki)
Wien Museum 20 22

Archiv Duniecki 4 11 12 13 oben 13 unten aus: Festschrift, 60 Jahre
  Volkstheater, 1949, S. 72 14 15 16 17 18 unten 22 oben 23
  24 aus: Paul Kortz, Wien am Anfang des XX. Jahrhunderts, Bd. 1,
  Wien 1905, S. 1101 28 29 34 35 42 aus: Festschrift, 150 Jahre
  TH Wien, 1965, Cover und S. 513 44 Mitte aus: Architecture
  principe, Nr. 7, 1966, Cover 60 129 aus: Die Presse, 1990, S. 14,
  24. Jänner 184 223 aus: Architecture principe, Nr. 7, 1966, S. 14
  228 229 rechts

Alle anderen Fotos, Zeichnungen und Pläne: Artur Paul Duniecki

Impressum

Herausgeber: Artur Paul Duniecki
Redaktion: Peter Duniecki, Otto Kapfinger
Lektorat: Brigitte Ott
Gestaltung und Satz: Peter Duniecki

Bildaufbereitung: Pixelstorm
Druck: Holzhausen, die Buchmarke der Gerin Druck GmbH
Bindearbeiten: Buchbinderei Papyrus GesmbH & Co KG

Schriften: Novel Pro und Novel Sans Pro (Christoph Dunst);
Papiere: Überzug Surbalin glatt 6122 von Peyer Graphic GmbH;
Inhalt 120 gm² PERGRAPHICA® Classic Smooth, Vor- und Nachsatz
120 gm² PERGRAPHICA® Mysterious Blue, hergestellt von Mondi
Paper Sales GmbH und vertrieben von Europapier Austria GmbH

Acquisitions Editor: David Marold, Birkhäuser Verlag, Wien
Content & Production Editor: Bettina Algieri, Birkhäuser Verlag, Wien

Library of Congress Control Number: 2021942439

Bibliografische Information der Deutschen Nationalbibliothek:
Die deutsche Nationalbibliothek verzeichnet diese Publikation
in der deutschen Nationalbibliografie; detaillierte bibliografische
Daten sind im Internet über http://dnb.dnb.de abrufbar.

Dieses Werk ist urheberrechtlich geschützt. Die dadurch begründeten Rechte, insbesondere die der Übersetzung, des Nachdrucks, des Vortrags, der Entnahme von Abbildungen und Tabellen, der Funksendung, der Microverfilmung oder der Vervielfältigung auf anderen Wegen und der Speicherung in Datenverarbeitungsanlagen, bleiben, auch bei nur auszugsweiser Verwertung, vorbehalten. Eine Vervielfältigung dieses Werkes oder von Teilen dieses Werkes ist auch im Einzelfall nur in den Grenzen der gesetzlichen Bestimmungen des Urheberrechtsgesetzes in der jeweils geltenden Fassung zulässig. Sie ist grundsätzlich vergütungspflichtig. Zuwiderhandlungen unterliegen den Strafbestimmungen des Urheberrechts.

Copyright © 2021 beim Herausgeber und Birkhäuser Verlag,
© der Texte bei den Autoren, © der Bilder bei den Fotografen

Birkhäuser Verlag GmbH, Postfach 44, 4009 Basel, Schweiz
Ein Unternehmen von Walter de Gruyter GmbH, Berlin/Boston
9 8 7 6 5 4 3 2 1 | www.birkhauser.com

ISBN 978-3-0356-2478-6
e-ISBN (PDF) 978-3-0356-2482-3

Dank

An der Entstehung dieser Publikation haben zahlreiche Personen mitgewirkt, denen ich für ihre Arbeit, ihre Ideen und ihre Ermutigung und konstruktive Kritik herzlich danke.
Otto Kapfinger danke ich für die Diskussionen und Gespräche, die für die Entstehung des Bandes wesentlich waren. Seine Expertise hat das Buch architekturhistorisch verankert.
Für das engagierte Lektorat danke ich Brigitte Ott und Andreas Nierhaus für das zur Verfügung gestellte Archivmaterial.
Besonderer Dank gebührt meinem Sohn Peter Duniecki. Ohne ihn wäre das Buch nicht zustande gekommen.

Für die Förderung der Drucklegung und Produktion des Buches danke ich: Bildrecht GmbH, Walter Burka, Kulturland Burgenland, Architekten Maurer&Partner ZT GmbH, Andreas Pilz, Stadt Wien und zweiarchitekten ZT GmbH